이정선 기타교실 5

[음악세계]

저자의 말

개정판 기타교실 5권을 내면서

유튜브 등 인터넷 매체의 발달로 쉽게 정보를 접할 수 있어서 악기를 배우기 쉬운 시대가 되었음에도, 오히려 꼼꼼하게 기타 연주를 하는 사람을 보기가 힘들어지고 있습니다. 동영상 시대에 악보책의 역할은 무엇인가를 생각하며 기타교실 5권의 개정판을 작업했습니다.

기타교실 5권에서는 구하기 힘든 악보의 수록과 함께, 애드리브(Adlib)로 연주하기 위한 스케일(음계)의 기초 연습을 특집으로 마련했습니다.

좋아하는 노래의 반주를 하면서 기타 주법을 익히다 보면 어느 순간엔가 멜로디 연주를 하고 싶어지고, 더 나아가서 멜로디 뿐 아니라 애드리브라고 하는 즉흥 연주를 하고 싶어집니다. 물론 애드리브 연주, 그 자체는 수십 권의 책으로도 다 설명할 수 없을 만큼 광범위한 이론과 연습이 필요한 분야이지만, 아무리 현란한 연주라도 분석해서 들어가 보면 결국은 「도, 레, 미, 파, 솔, 라, 시, 도」로 구성되어 있는 것이거든요. 그러니까 연주의 시작은 음계 연습이고, 이 책에 있는 기본적인 장음계(메이저 스케일)만이라도 꾸준히 익히다 보면 어느 순간에 애드리브 연주를 하고 있는 자신을 발견할 수 있으리라 확신합니다. 시간 나는 대로 아니 시간을 억지로 만들어서라도 항상 음계 연습을 하기를 권합니다.

개방현의 울림을 유지하면서 코드를 변화시키는 것은 기타만이 낼 수 있는 사운드의 매력인데, 부록으로 그런 개방현의 울림을 활용한 반주의 노래를 몇 곡 실었습니다. 점점 다양해져 가는 음악적인 욕구를 모두 만족시켜 드리기에는 어려움이 따르겠지만 「이정선 기타교실」은 앞으로도 계속됩니다. .

2018년 8월. 이 정 선

참고

요즘에는 연설이나 연기 등을 즉흥적으로 하는 것을 애드리브(Adlib, 라틴어)라고 하고, 악기로 하는 음악적 즉흥 연주는 임프로비제이션(Improvisation, 영어)이라고 용어가 정착되어 가고 있는데, 이는 미국식 음악 교육을 접한 연주자들이 많아진 결과라고 생각합니다. 사실, 음악에서 두 단어는 같은 뜻입니다.

이정선 기타교실 5 목차

제1부 - 애드립을 위한 스케일 연습

※ QR 연주 영상을 참조하세요.

제2부 - 연습곡

개방현을 활용한 코드 연습

이정선기타교실 5

개정판

제1부

제 1 부

애드립을 위한 스케일 연습

애드립을 위한 스케일(Scale : 음계) 연습

●기타를 배우다 보면 자기 자신의 음악을 하고 싶은 욕심이 생겨나는 것은 당연한 일입니다. 자신의 음악은, 기존의 패턴들을 조금씩 변화시켜 본다든가 코드를 바꾸어 가면서 연주하는 가운데 다른 사람과 다른 자신만의 음악이 자연스럽게 만들어지는 것입니다.

●애드립에는 멜로디를 변화시켜 나가는 것과 멜로디와는 관계없이 코드의 구성을 따라 나가는 방법의 두 가지가 있는데, 어느 경우라도 먼저 알아두어야 할 것은 기타 지판의 모든 포지션에서 만들어지는 음정의 차이입니다.

●기본적인 스케일(Scale:음계)연습을 통해 지판의 음정을 익혀 봅시다.

기타로 음계 연습을 할 때 사용되는 핑거링의 패턴에는 몇 가지가 있습니다. 다른 악기와 달리, 기타의 경우에는 한 패턴을 익힌 후에 포지션만 이동하면 각각 다른 조(Key)가 되기 때문에 멜로디를 연주할 때에는 당연히 핑거링의 패턴을 이용하게 되는 것입니다.

일반적으로 핑거링 패턴에는 5가지가 있습니다. 따라서 이 5개의 패턴을 익히고 있으면 기타의 지판 모두를 사용해서 연주할 수가 있습니다. 또한 각 패턴은 서로 연결이 되어 있으며, 보통의 경우 왼손의 1, 2, 3, 4번 손가락이 쉽게 움직일 수 있는 네 개의 프렛(경우에 따라서 다섯 개의 프렛)을 묶음으로 해서 하나의 패턴이 만들어집니다.

●C장조의 음계를 지판위에 적어 보면 아래와 같습니다.

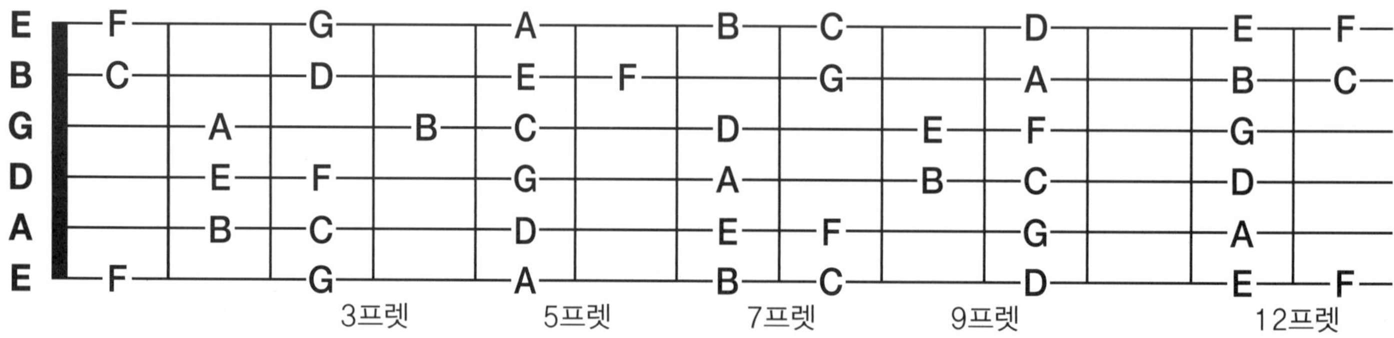

위의 음계를 연주하기 편하게 정리를 해 보면 다음의 다섯 가지 패턴이 만들어집니다.

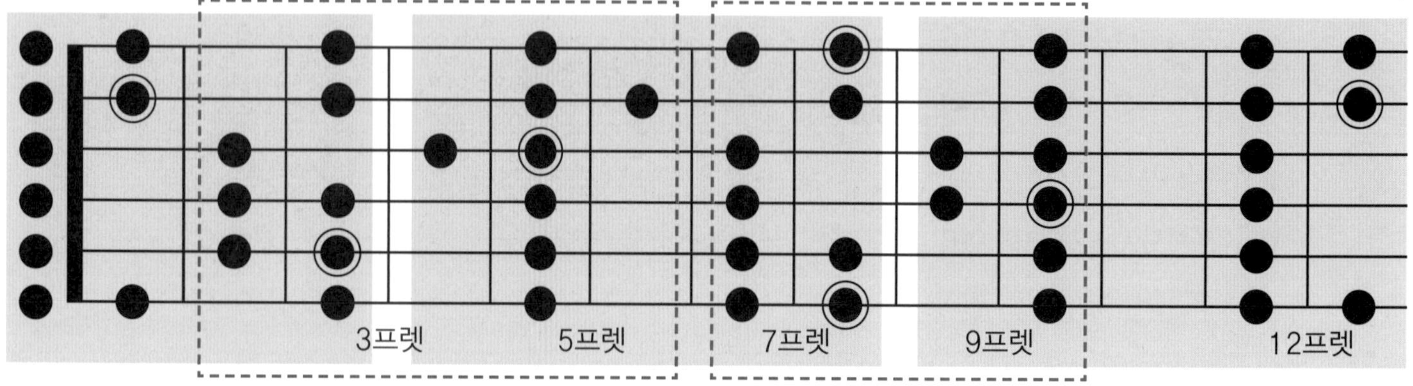

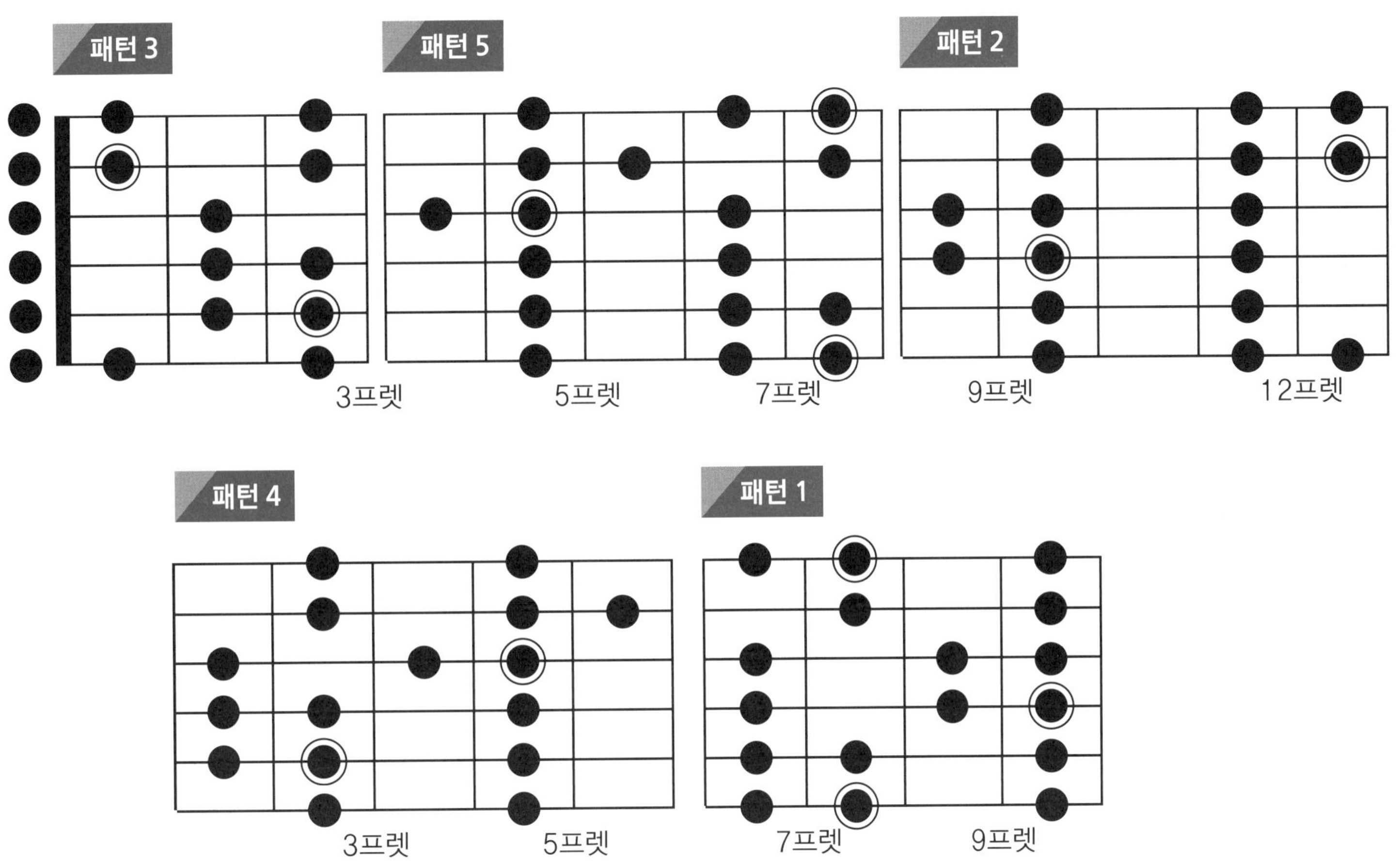

• 패턴의 번호는 연습의 순서에 따라 임의로 정한 것입니다.

위와 같이 다섯 개의 묶음(핑거링 패턴)으로 나눌 수가 있습니다. 물론 각각의 패턴은 독립되어서 쓰여지기도 하지만, 대부분의 경우에는 각 패턴이 밀접하게 연결되면서 보다 아름다운 애드립의 선율을 만들어 냅니다.

자, 그러면 간단하게나마 다섯 개의 핑거링 패턴을 공부해 봅시다. 각 패턴마다 오선보와 타브보를 참고로 그려 놓았습니다. 지판에 표시된 숫자는 많이 사용되고 있는 왼손가락의 번호이며, 좀더 편리한 핑거링이 있다면 손가락을 바꾸어 눌러도 상관없습니다. 무엇보다도 중요한것은 핑거링이 자연스럽게 될 수 있도록 숙달시키는 것이 중요합니다. 또한 각 패턴을 눈으로 익혀두는 것도 중요합니다. 언제 어느 순간에 어떤 패턴이라도 능숙하게 연주 할 수 있게 되면 이미 애드립은 시작된 것입니다.
패턴을 외우기 쉽게 하기 위해 토닉(Tonic:조의 근음)은 동그라미(◉)로 표시해 놓았습니다.

참고 앞에서 살펴본 핑거링 패턴은 C장조의 스케일입니다만 다른 종류의 스케일은 메이저 스케일에서 부분적으로 조금만 바꾸어 주면 됩니다. 예를 들어 하모닉 마이너 스케일(화성단음계)은 메이저 스케일에서 5도음만 반음 올린 것과 같은 핑거링입니다.

참고 코드를 익힐 때 5 · 6번선의 기본음을 외우는 것처럼 스케일 역시 5 · 6번선의 기본음을 외워두어야 각 조에 맞는 음계를 연주할 수 있습니다.

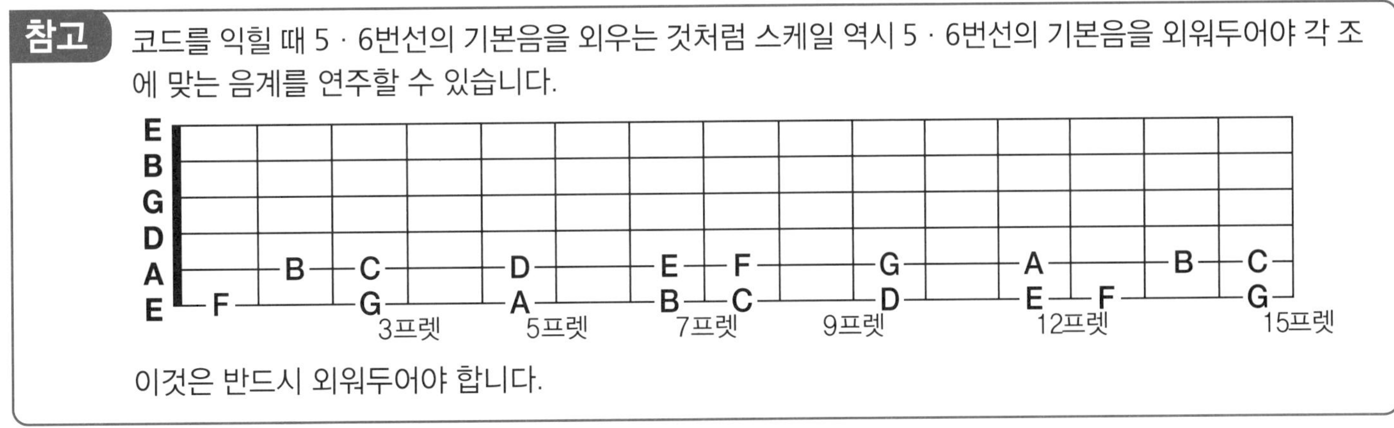

이것은 반드시 외워두어야 합니다.

메이저 스케일(Major Scale) 패턴 1

● 스케일 패턴 1부터 연습을 해 나갑시다.

● 스케일 패턴 1의 운지표입니다.

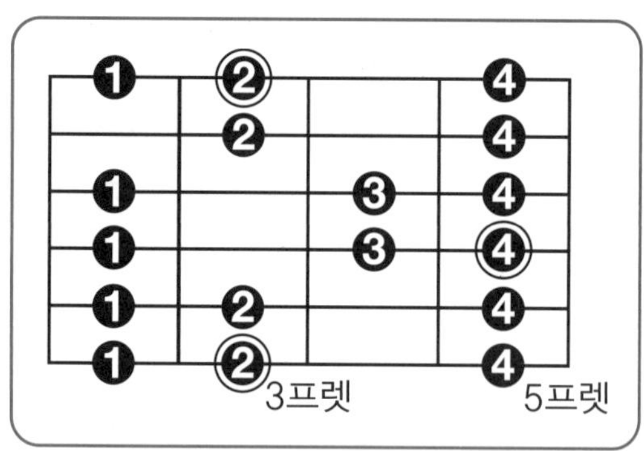

● 패턴 1을 지판에 옮겨보면 아래와 같습니다. 이 스케일 패턴에서 왼손 2번 손가락으로 누르는 6번선의 음정이 조의 근음(Tonic)이 됩니다.

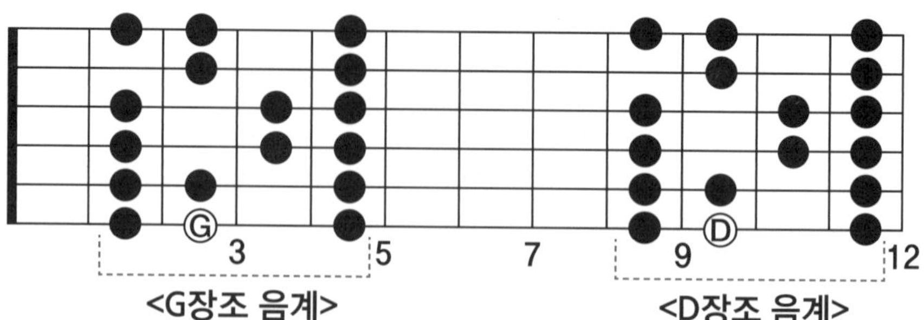

● 이 스케일 패턴에 대해 충분히 이해했으리라 믿고 지금부터는 실제로 연습을 해 봅시다.

● 연습을 좀더 편하게 하기 위해서 C장조보다는 G장조의 음계를 예로 들겠습니다.

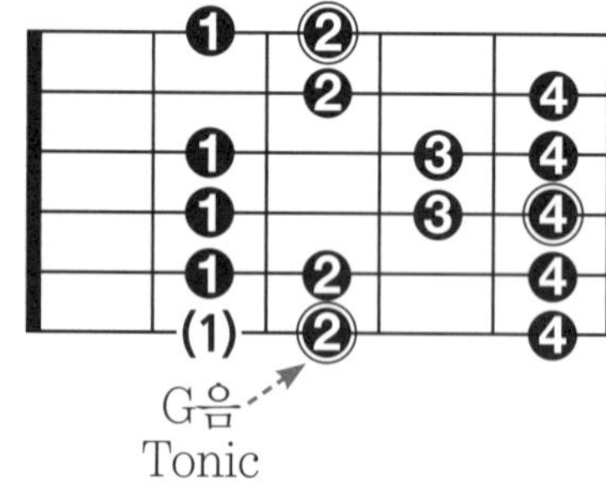

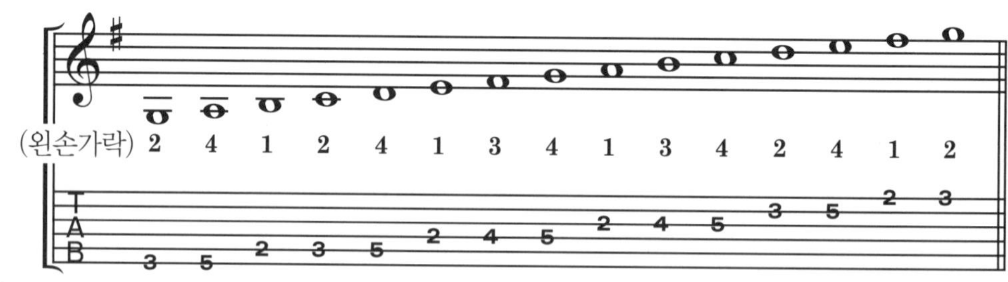

연습 1

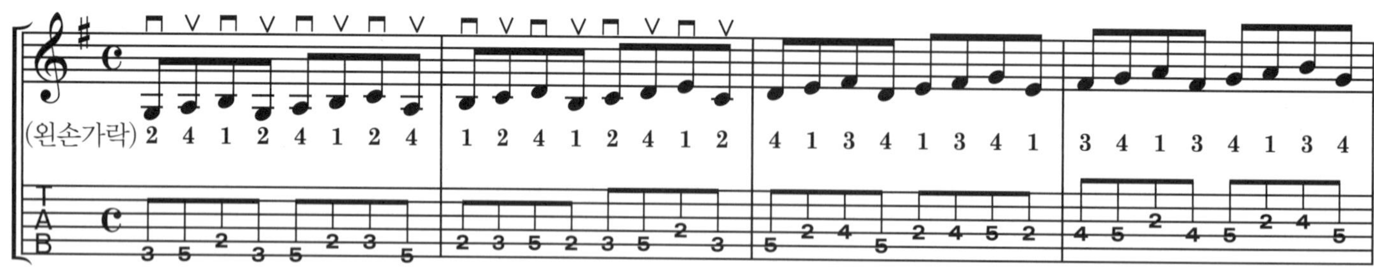

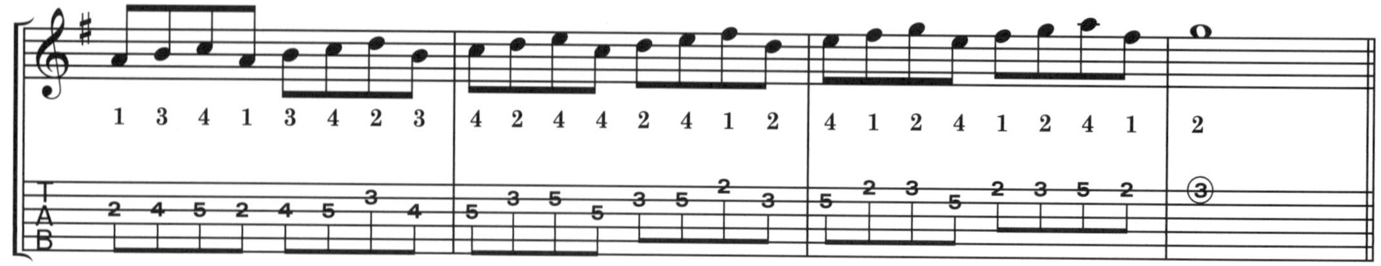

- 피킹은 항상 다운 · 업(ㄇ · V)을 교대로 합니다.
- 처음에는 느린 템포로 각각의 음정이 정확히 울리도록 연습을 하고 익숙해지면 속도를 올려도 됩니다.
- 네크 뒷면을 받치고 있는 왼손의 엄지손가락은 움직이지 말고 1 · 2 · 3 · 4 손가락만 움직여서 지판(줄)을 누릅니다.
- 지판을 보지 않고도 핑거링이 될 때까지 몇 번이고 반복 연습을 해야 합니다.

- 연습 2, 연습 3, 연습 4를 연습 1과 같은 요령으로 연주해 봅시다.

연습 2

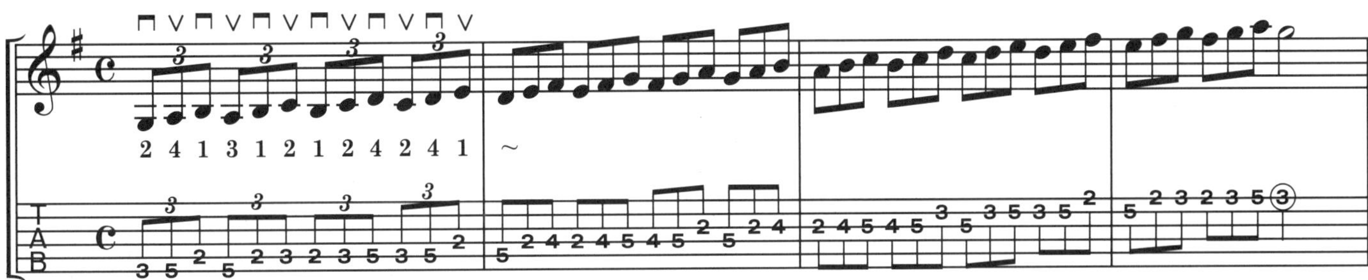

연습 3

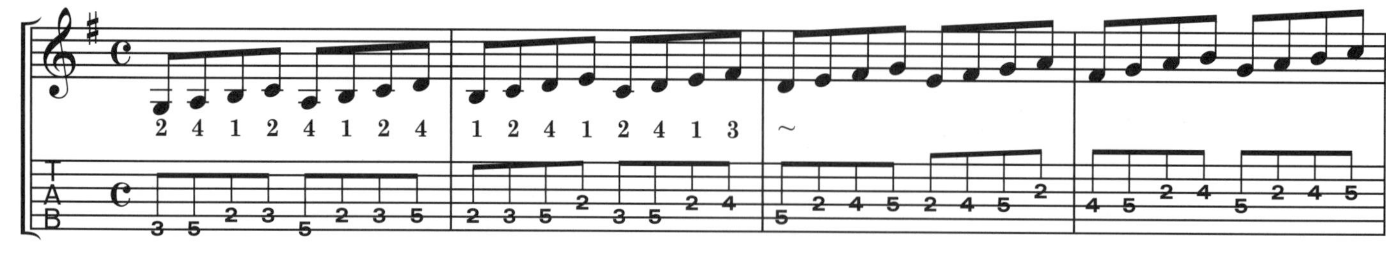

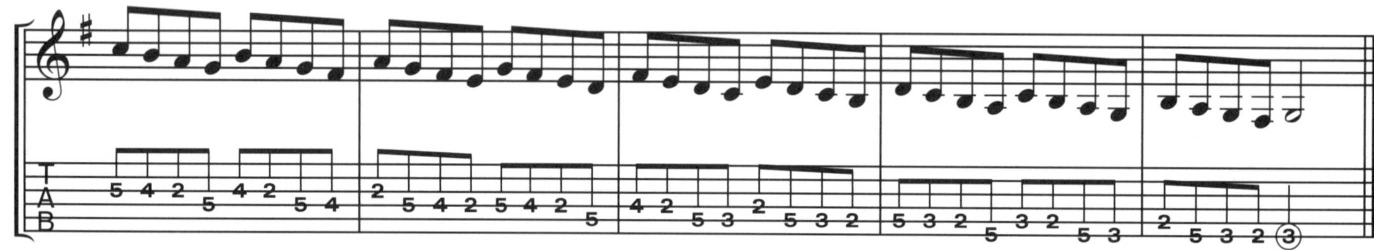

연습 4

- 연습 4까지 마쳤다면 스케일 패턴 1에는 어느 정도 익숙해졌으리라 믿습니다.
- 지금 익힌 패턴을 C Key, A Key, B♭ Key, F♯ Key, E♭ Key, D Key…등으로 조를 바꾸어(프렛을 옮겨) 연습해 봅시다.
- 기타의 지판은 올라갈수록 프렛의 간격이 조금씩 좁아지므로 많은 연습을 통해 손가락의 감각으로 프렛의 간격을 기억해 두는 것이 중요합니다.

패턴 1의 실전 응용

● 다음의 연습곡을 통해서 패턴 1의 응용 방법을 배워 봅시다. 연주 영상과 함께 연습해 봅시다.

<C Key의 스케일 패턴 1>

3 5 7 9

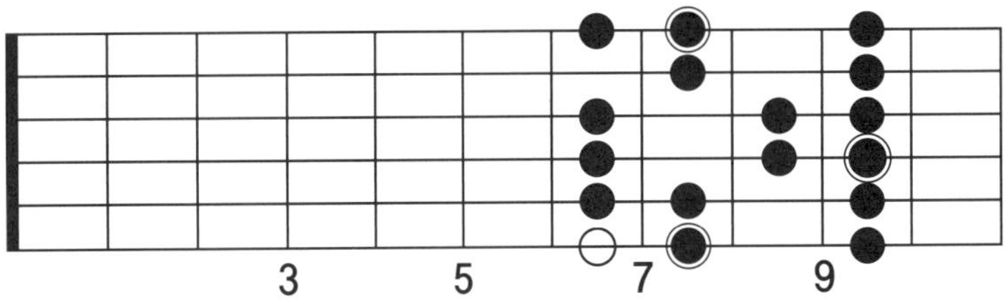

C Key

Bounce

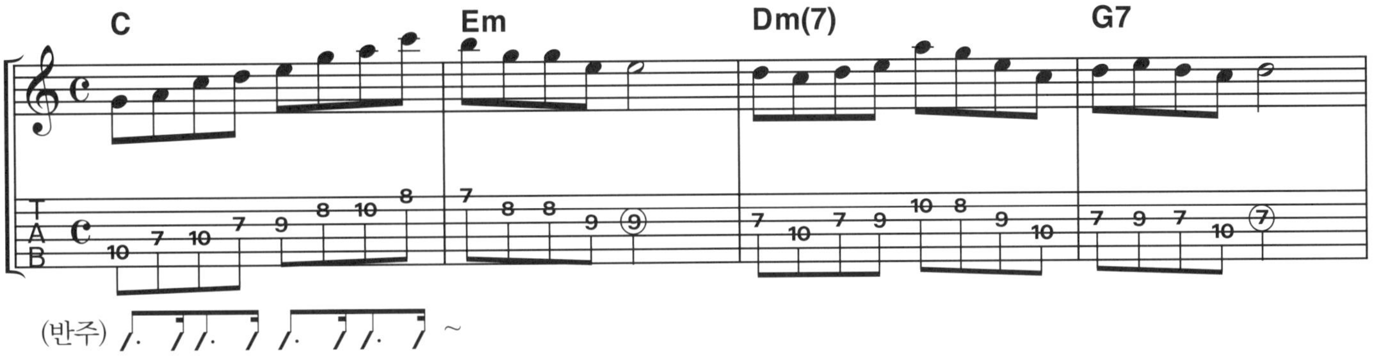

C Em Dm(7) G7

(반주)

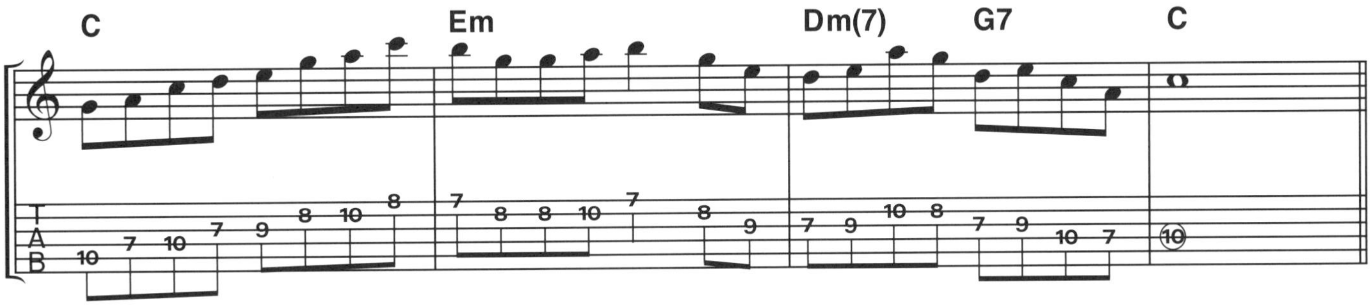

C Em Dm(7) G7 C

<A Key의 스케일 패턴 1>

3 5 7 9

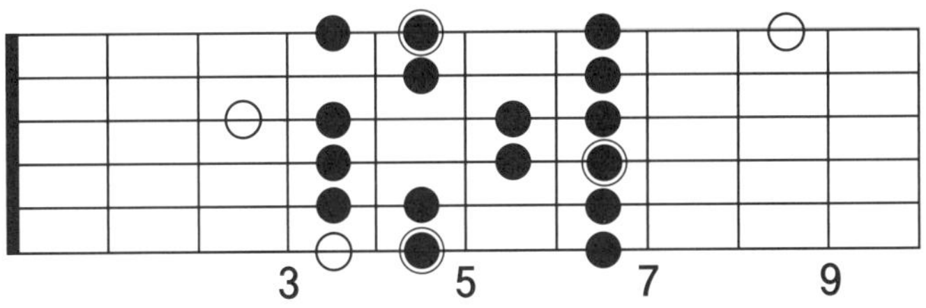

A Key

Slow Beat

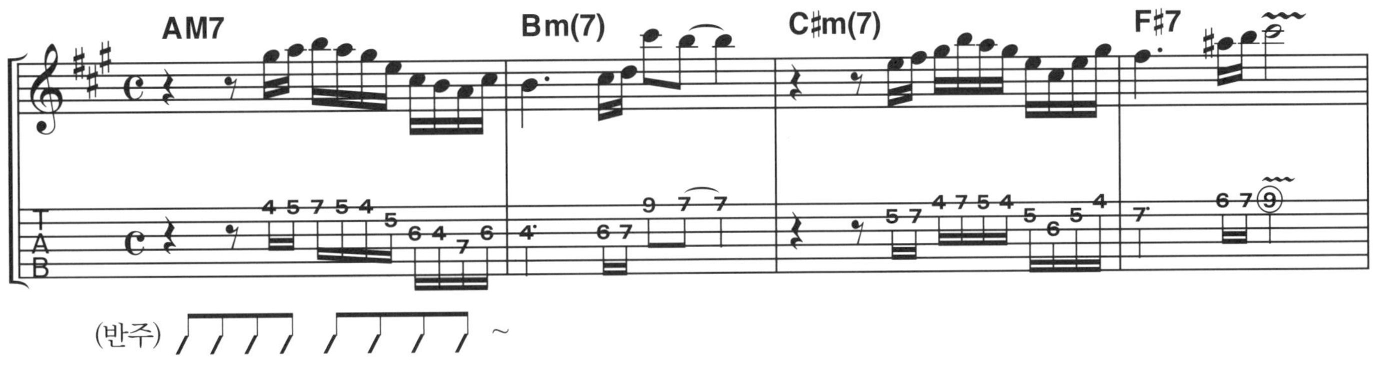

AM7 Bm(7) C♯m(7) F♯7

(반주)

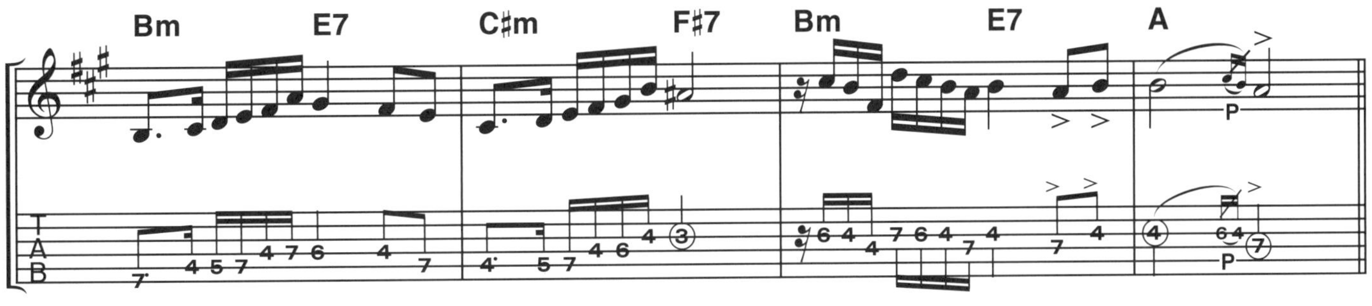

Bm E7 C♯m F♯7 Bm E7 A

메이저 스케일 패턴 2

● 패턴 2는 4번선에 근음(Tonic)이 있습니다.

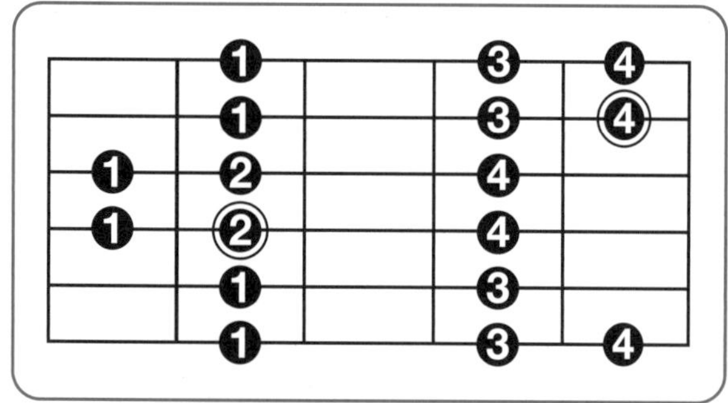

참고

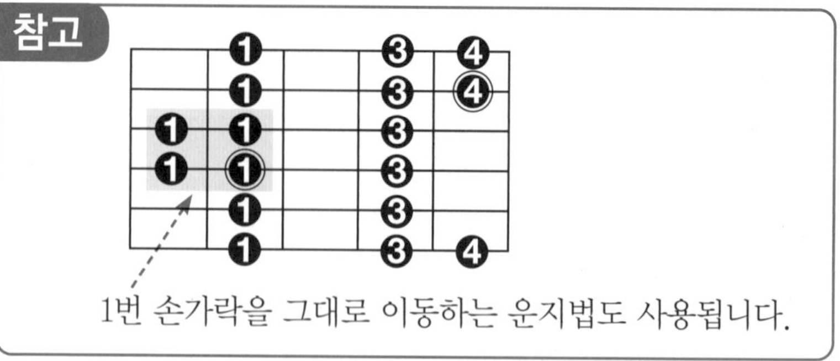
1번 손가락을 그대로 이동하는 운지법도 사용됩니다.

● 패턴 2를 지판에 옮겨보면 아래와 같습니다(이 스케일 패턴에서 왼손2번 손가락으로 누르는 4번선의 음정이 조의 근음이 됩니다).

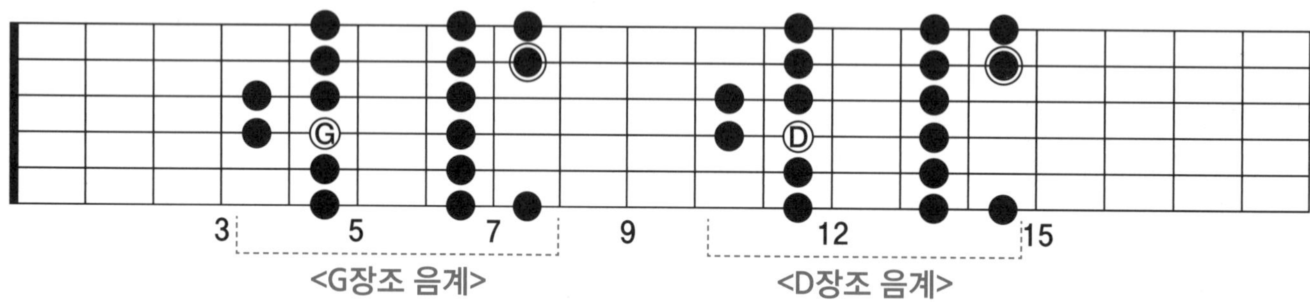

● 지금부터 실제로 연습을 해 봅시다.

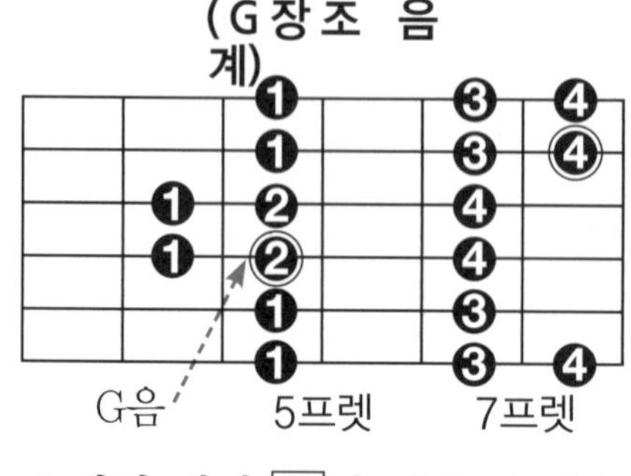

● 연습은 G장조 입니다.

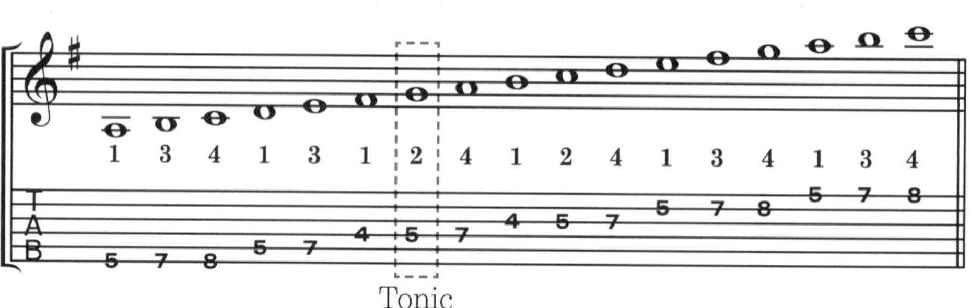

● 스케일 패턴 1과 같은 요령으로 연습합니다. 피킹은 다운 · 업(⊓ · V)을 교대로 합니다.

● 익숙하게 연습이 된 후에는 붓점을 붙여서 Bounce Tempo()로도 연습을 해 봅시다.

연습 1

연습 2

(보다 매끈한 연결을 위해 필요할 때에는 손가락 번호를 바꾸기도 합니다)

3번 손가락으로 운지하는 것이 편합니다.

연습 3

4손가락으로 운지해도 됩니다.

연습 4

줄을 바꾸기가 쉽지 않으므로
익숙해질 때까지 연습합시다.
2손가락으로 운지해도 됩니다.

패턴 2의 실전 응용

● 다음의 연습곡을 통해서 패턴 2의 응용 방법을 배워 봅시다. 연주 영상과 함께 연습해 봅시다.

G Key

<G Key의 스케일 패턴 2>

5 7

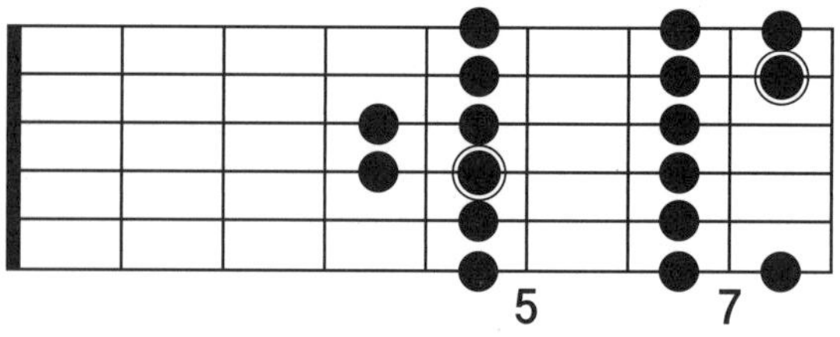

Slow Bounce

GM7 Em7 Am7 D7

H&P

(반주)

GM7 H&P Em7 Am7 D7 G

A Key

<A Key의 스케일 패턴 2>

5 7 9

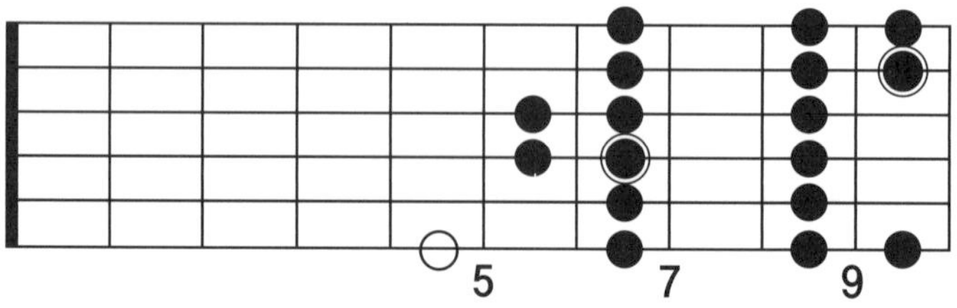

Fast Beat

Bm7 E7 A F♯m

(반주)

Bm7 E7 A A A

4 1 4 1 2 3 1 3 1

이렇게 바뀌어도 됩니다. (4 1 4 1 2 4 2 4 1)

메이저 스케일 패턴 1 · 2의 연결 연습

● 이번에는 스케일 패턴 1과 2를 연결시켜서 연습해 봅시다. 연습은 G장조로 되어 있습니다.

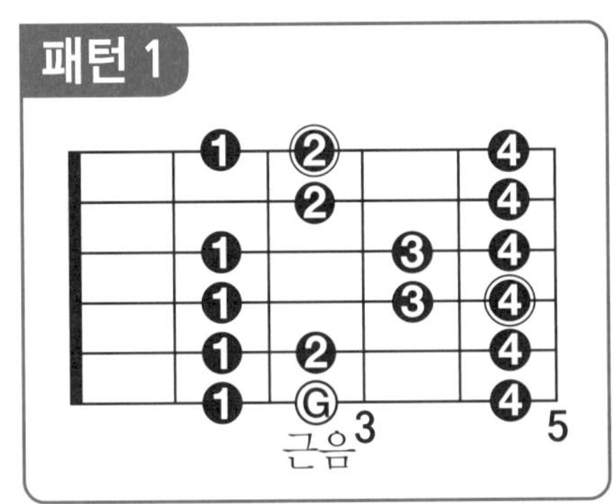

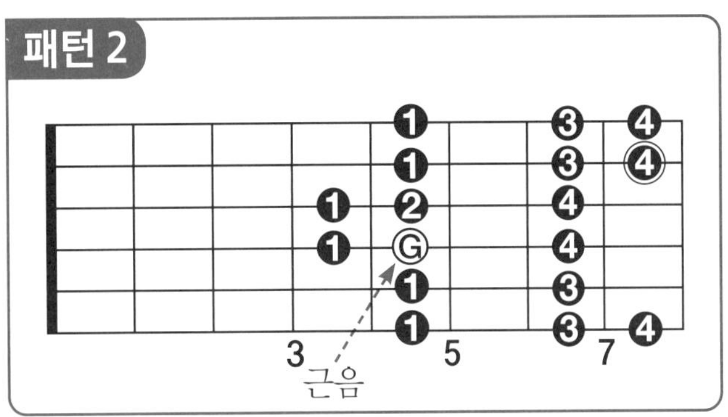

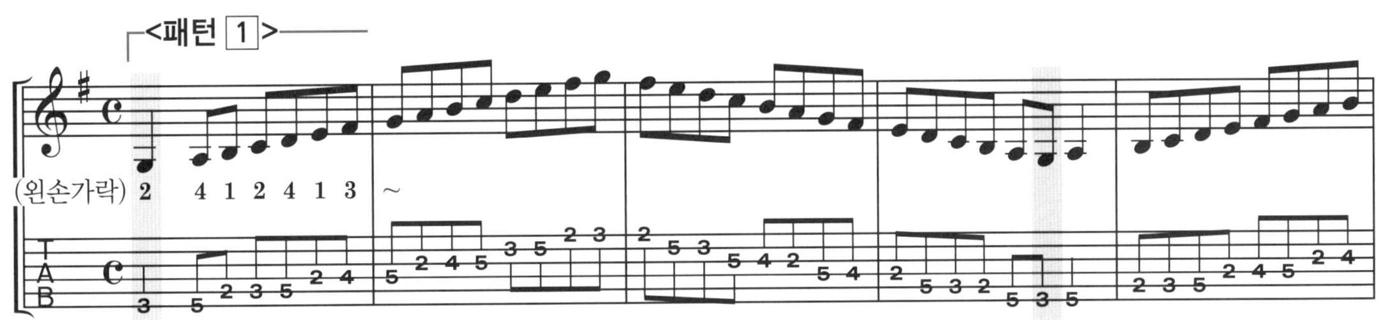

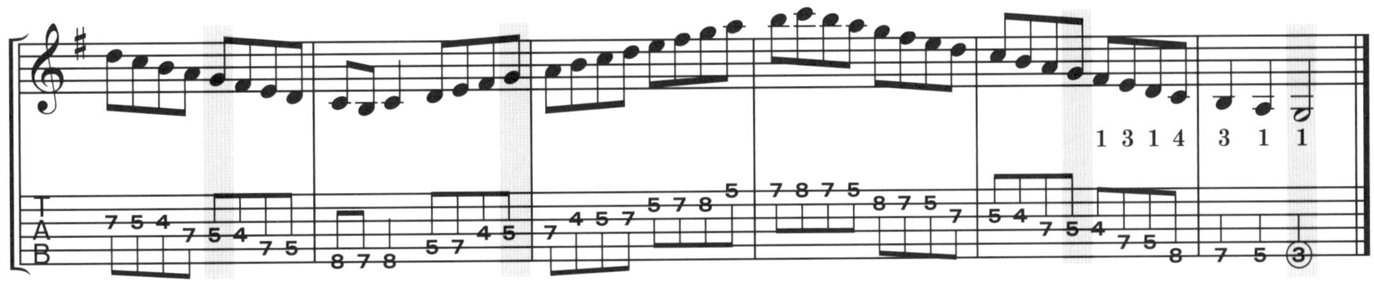

● 지판을 옮겨가면서 A Key, B♭ Key, C Key, D Key…등 다른 조로도 연습을 해서 각 지판의 감각을 익혀 둡시다.

메이저 스케일 패턴 3

● 스케일 패턴 3의 운지표입니다.

● 4번 손가락으로 누르는 5번선의 음정이 조의 근음(Tonic)이 됩니다.

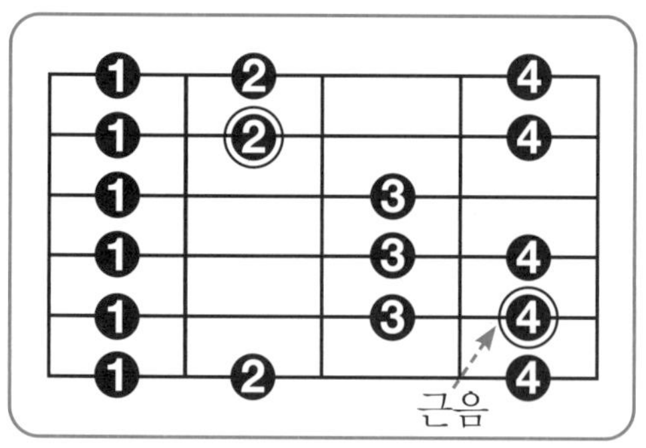

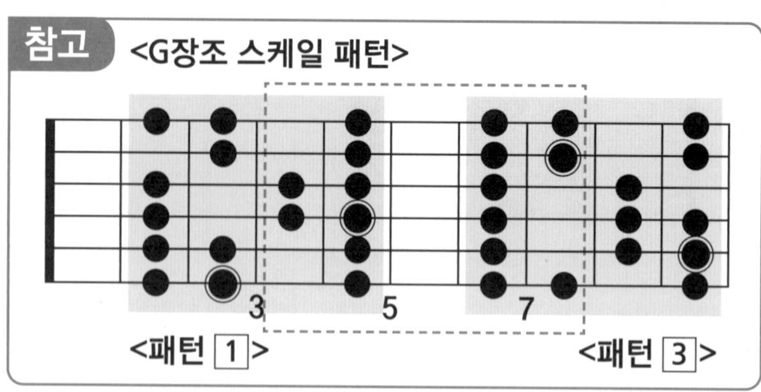

● 패턴 3을 지판에 옮겨보면 아래와 같습니다.

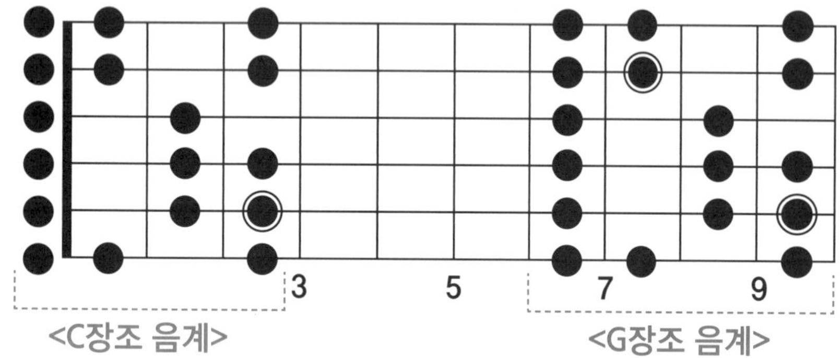

● 연습은 G장조 입니다.

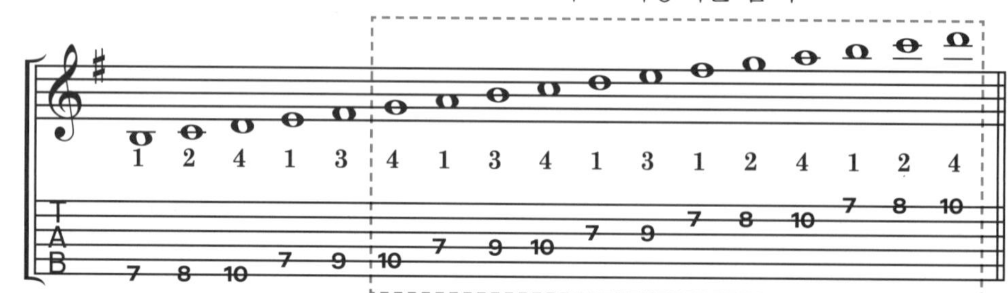

● 피킹은 다운 · 업(ㄇ · V)을 교대로 합니다.

● 앞에서 배웠던 패턴 1 · 2와 똑같은 방법으로 연습합니다. 각 음의 위치를 왼손가락으로 하나 하나 익히는 것이 목적이니 만큼 처음에는 느린 템포로 정확하게 연습을 하며, 연습의 마무리 단계에 이르면 아주 빠른 템포로도 각 음정이 선명하게 울릴 수 있어야 합니다.

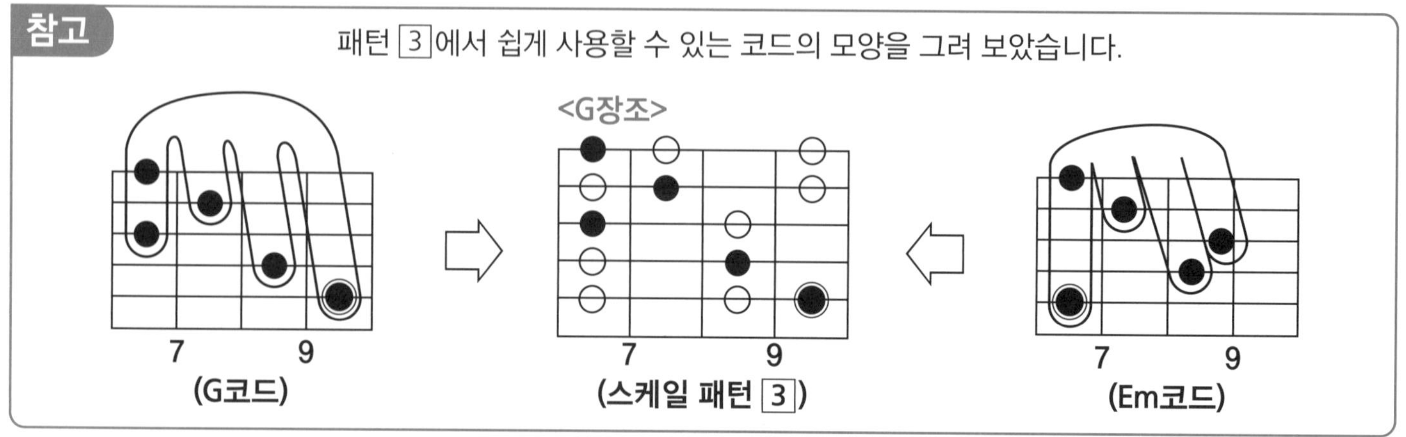

연습 1

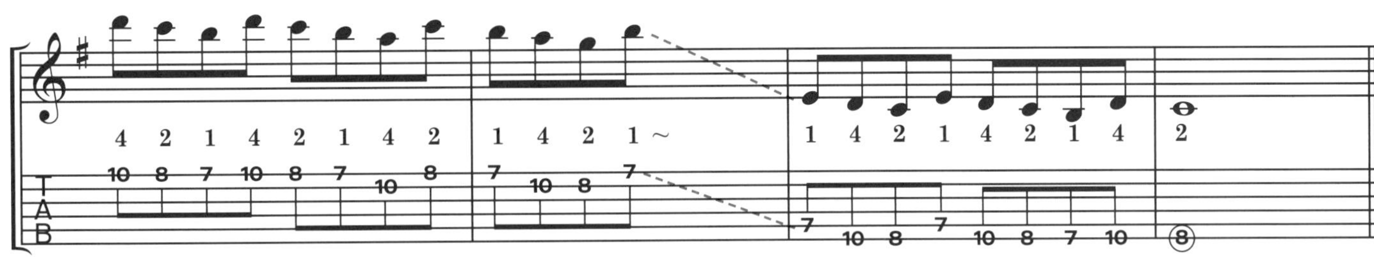

연습 2

연습 3

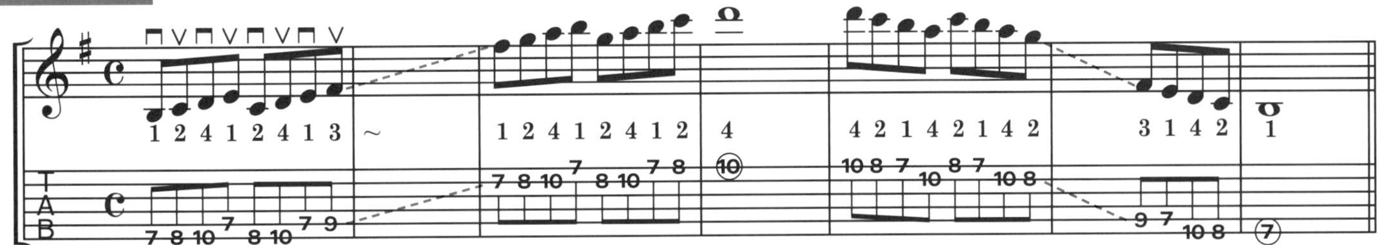

연습 4

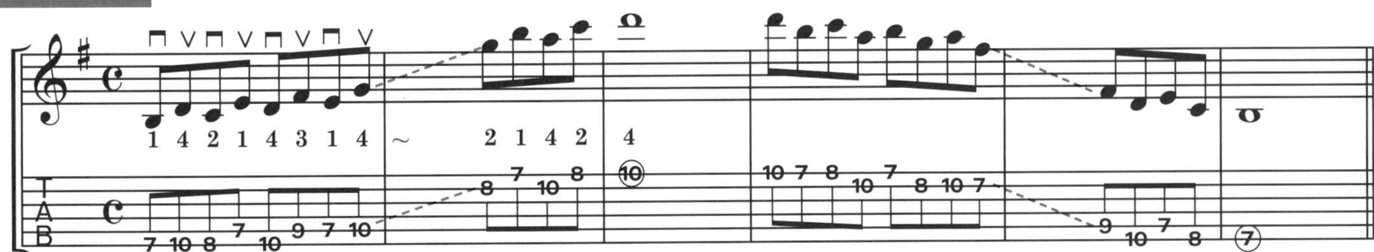

패턴 3의 실전 응용

● 이번에는 마이너(단조)의 연습곡으로 메이저 스케일을 연습해 봅시다. 퓨전이나 재즈 계열이 아닌 일반적인 경우의 애드립에서는, 마이너 코드를 사용하고 있는 곡일지라도 관계 메이저의 스케일을 연주하면 됩니다.(여기서 관계조란 C – Am, F – Dm, G – Em 등…같은 조표를 사용하는 메이저와 마이너를 말합니다.) 연주 영상과 함께 연습해 봅시다.

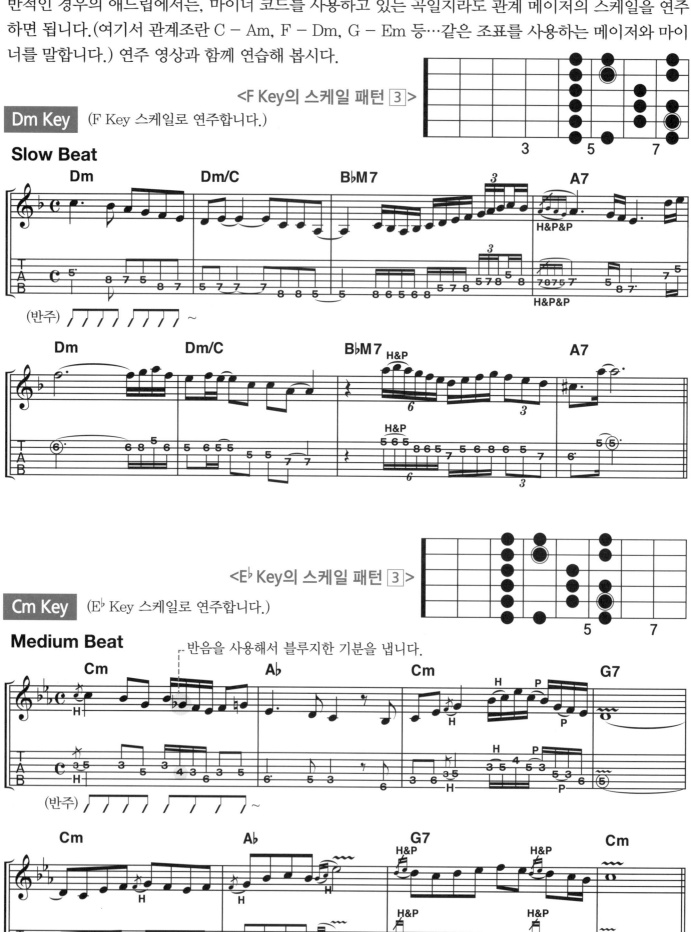

<F Key의 스케일 패턴 3>

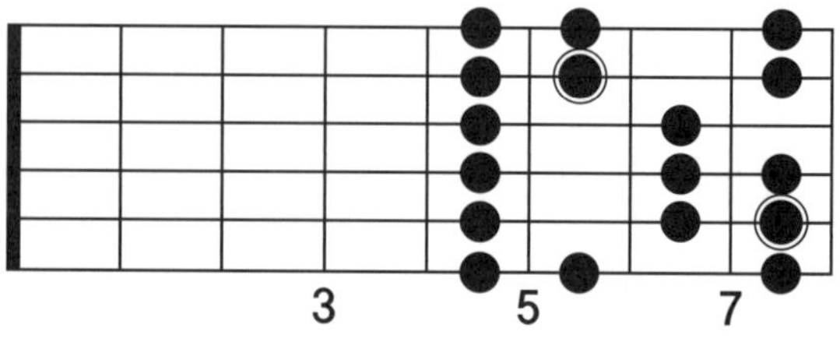

Dm Key (F Key 스케일로 연주합니다.)

Slow Beat

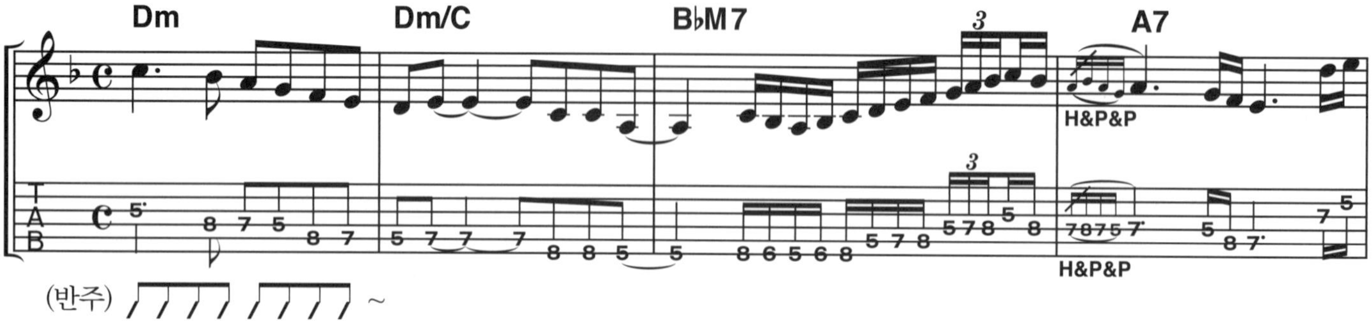

Dm　Dm/C　B♭M7　A7

H&P&P

(반주)

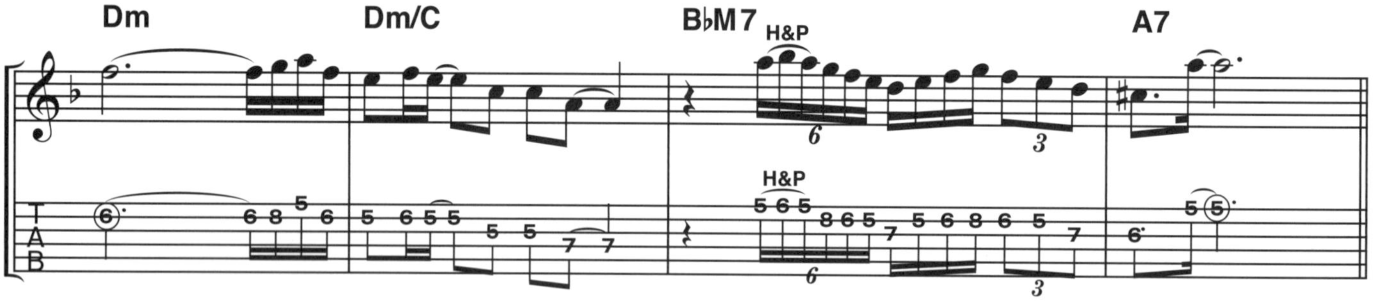

Dm　Dm/C　B♭M7　A7

H&P

<E♭ Key의 스케일 패턴 3>

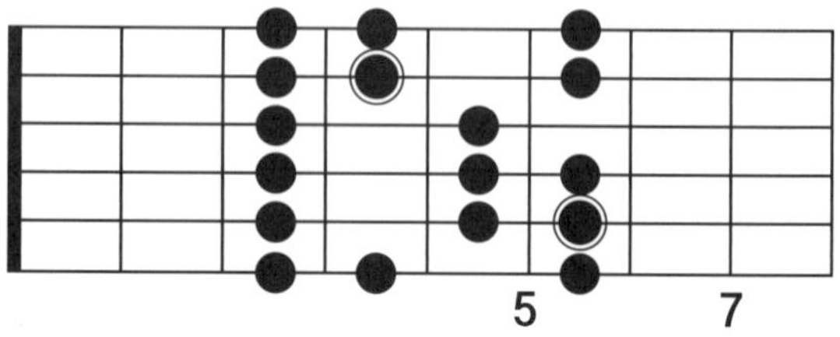

Cm Key (E♭ Key 스케일로 연주합니다.)

Medium Beat

반음을 사용해서 블루지한 기분을 냅니다.

Cm　A♭　Cm　G7

H　P

(반주)

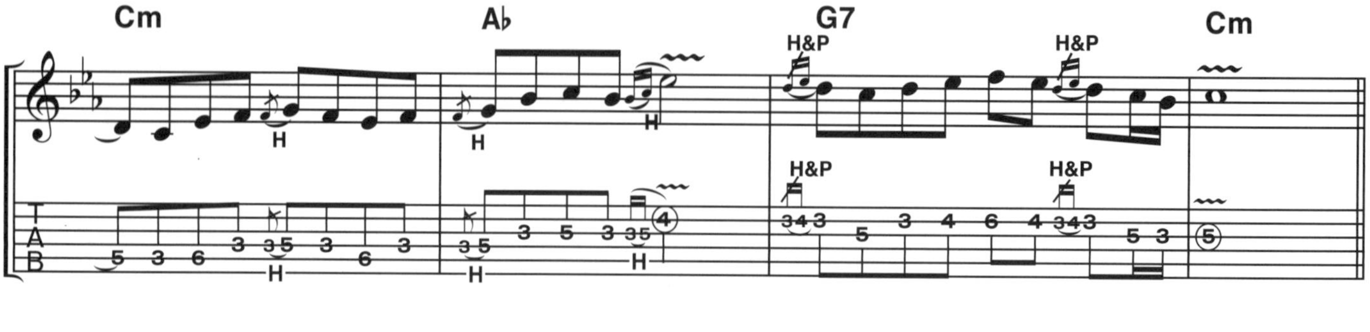

Cm　A♭　G7　Cm

H&P

메이저 스케일 패턴 1 · 2 · 3의 연결 연습

● 이번에는 지금까지 배운 스케일 패턴 1 · 2 · 3을 연결시켜서 연습해 봅시다.
연습은 G장조로 되어 있습니다.

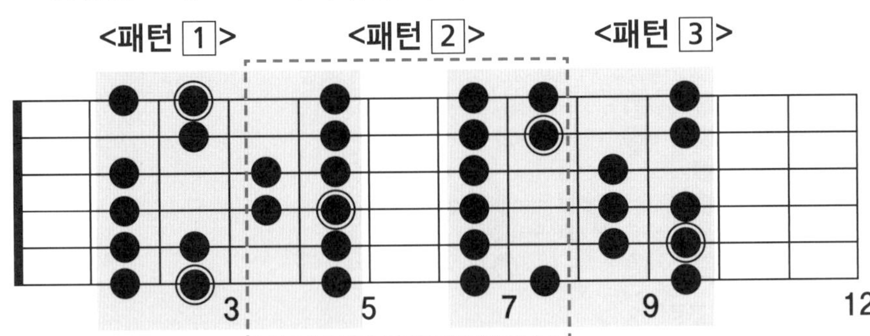

● 왼쪽의 지판을 보면 패턴 1과 3을 연결하는 것이 패턴 2인 것을 알 수 있습니다.

• 패턴 2는 재즈 계열의 애드립을 연주할 때 많이 사용되는 패턴입니다.

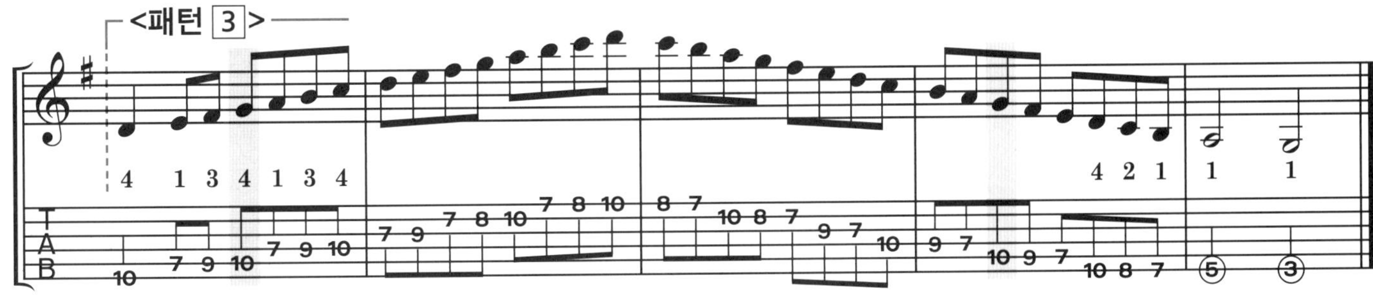

메이저 스케일 패턴 4

- 스케일 패턴 4의 운지표입니다.
- 근음(Tonic)은 5번선에 있습니다.

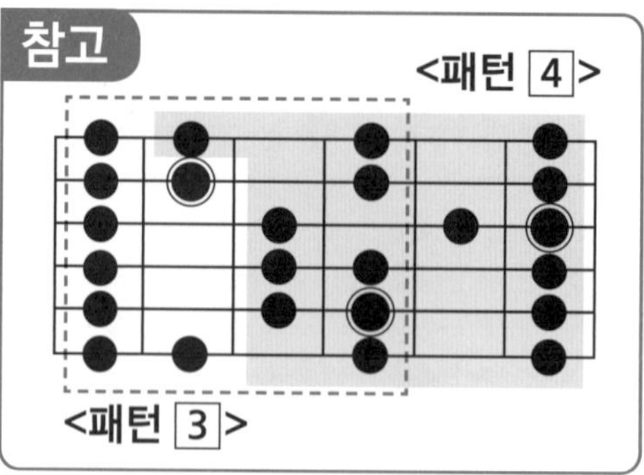

- 패턴 4를 지판에 옮겨보면 아래와 같습니다(이 스케일 패턴에서 왼손 2번 손가락으로 누르는 5번선의 음정이 조의 근음이 됩니다).

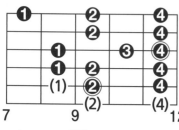

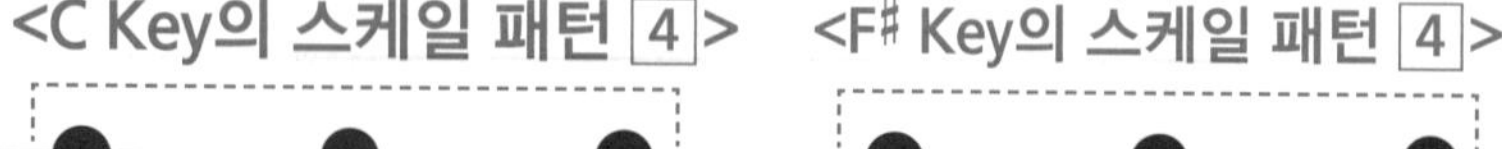

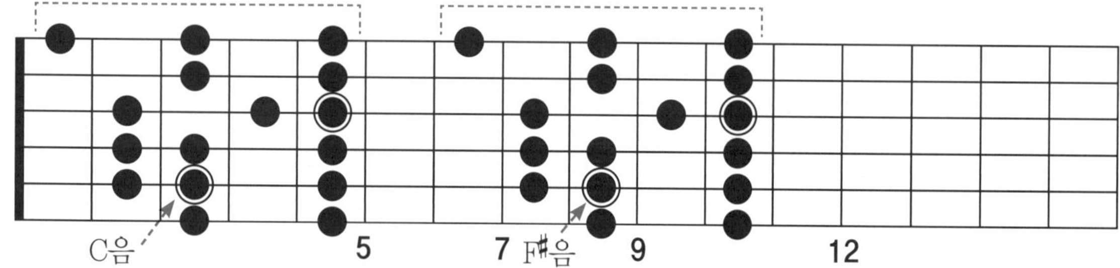

- 연습은 G장조 입니다.

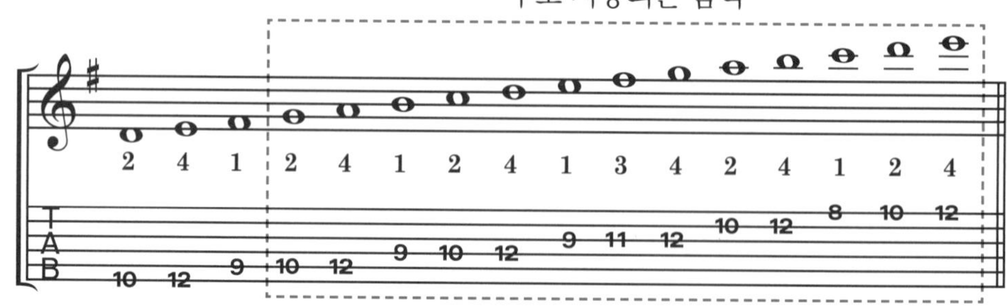

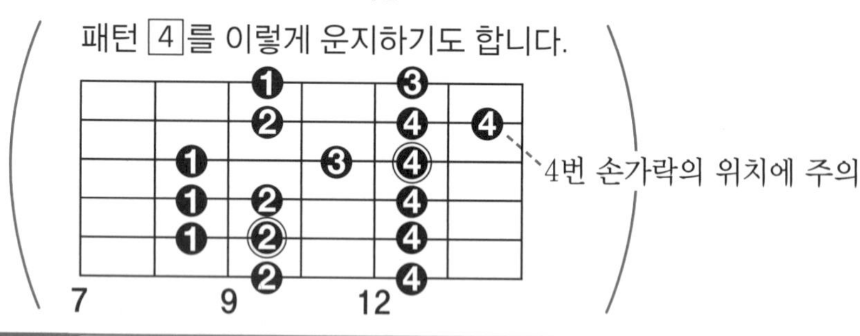

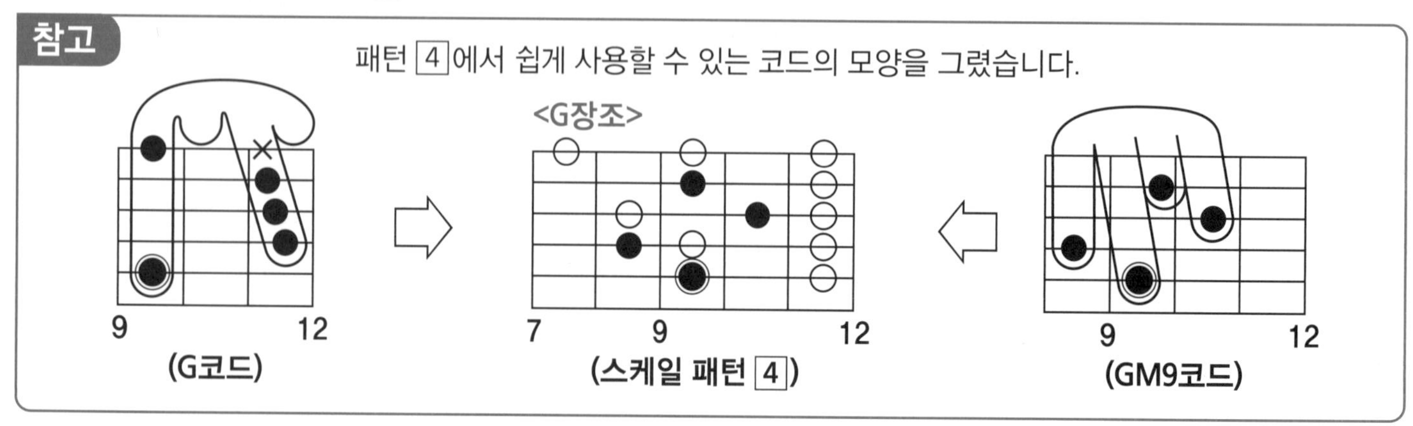

연습 1

연습 2

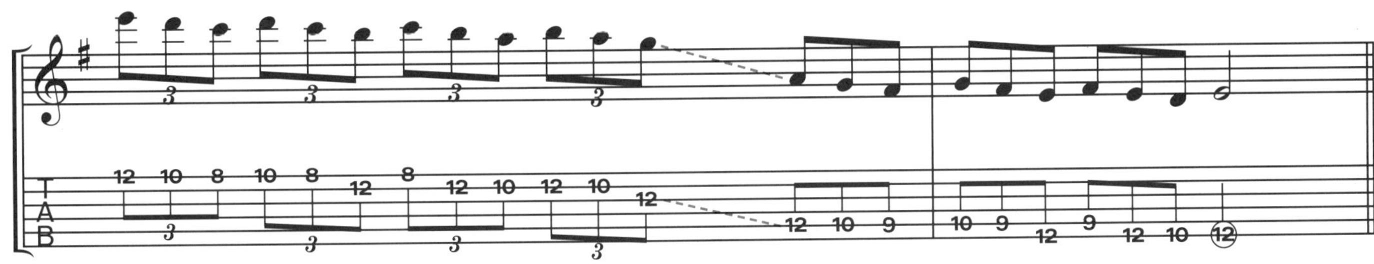

연습 3

• 피킹을 ㄇVㄇㄇVㄇ…으로도 연습합시다.

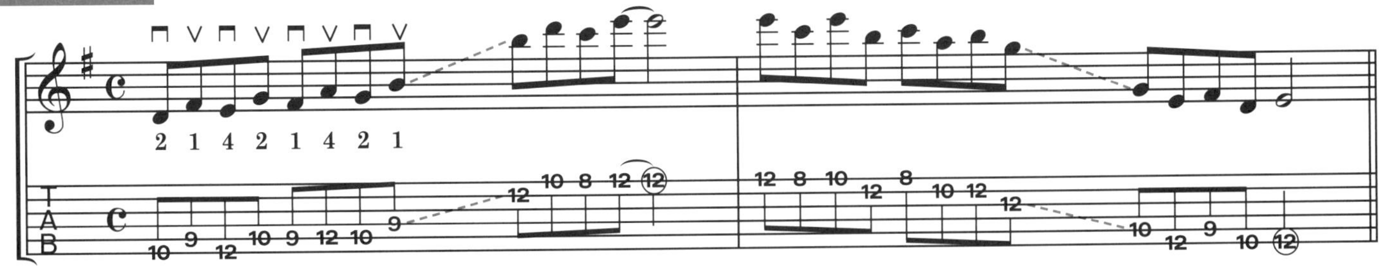

연습 4

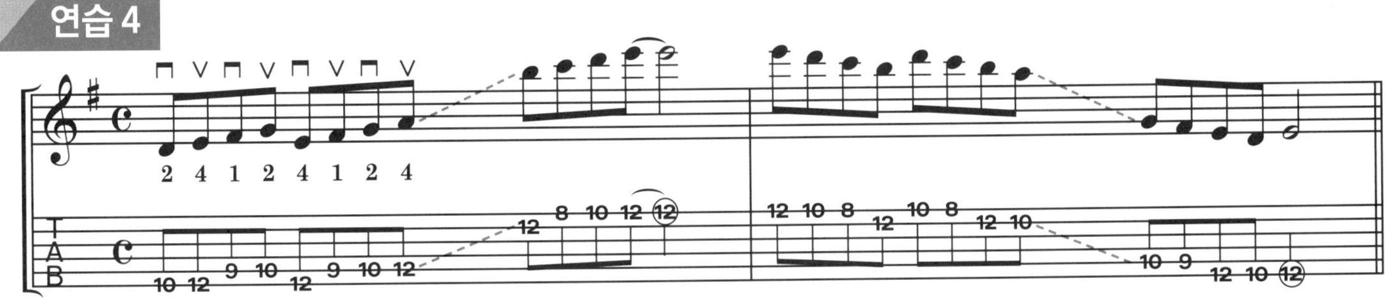

메이저 스케일 패턴 3 · 4의 연결 연습

● 이번에는 앞에서 배운 스케일 패턴 3과 스케일 패턴 4를 연결시켜서 연습해 봅시다. 앞에서 배운 패턴 1 · 2 · 3을 모두 연결하여 연습해도 좋습니다. 역시 같은 G장조 입니다.

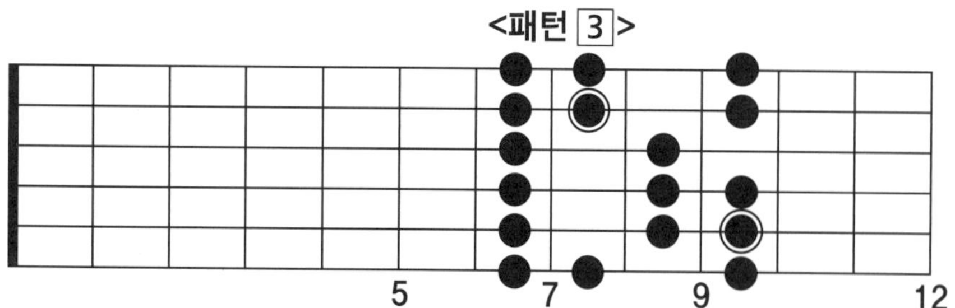

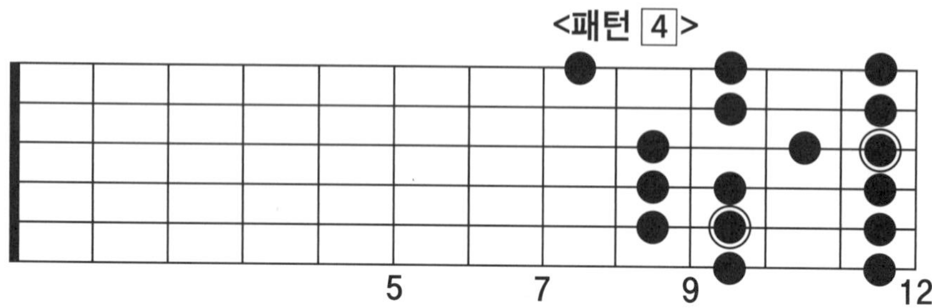

패턴 4를 다음과 같이 운지하기도 합니다.

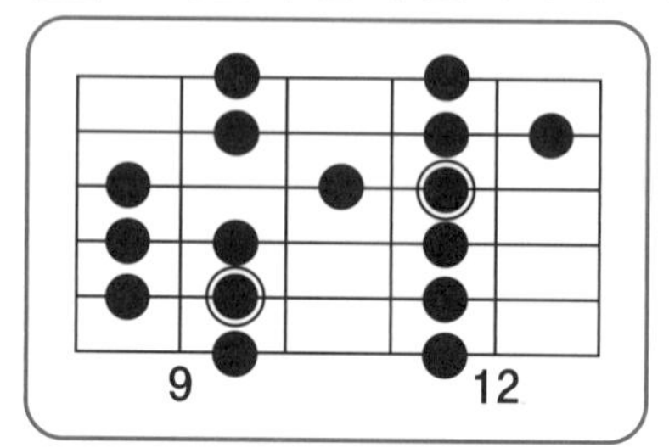

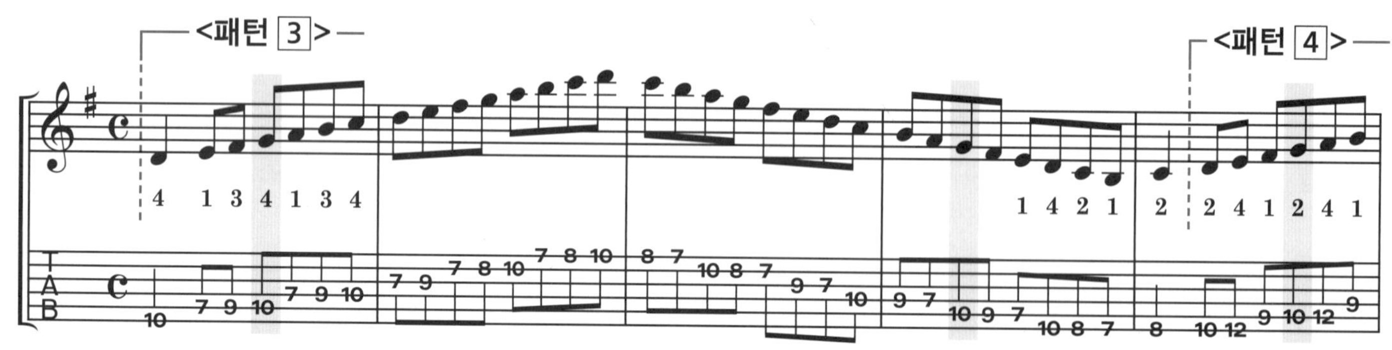

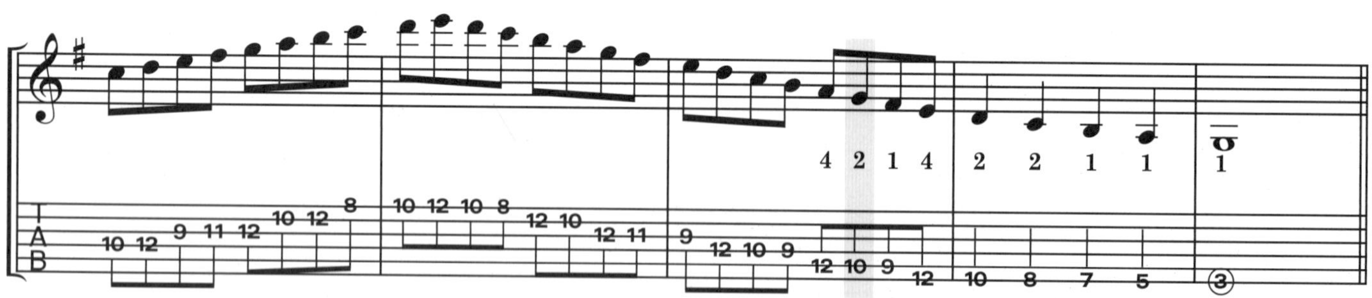

● 제 경험에 비추어봐도, 스케일 연습만큼 지루한 것은 없습니다. 그러나 지루하다고 건너뛰어서 연습을 하다가는 어느 순간에 가서 벽에 부딪치게 됩니다. 악기의 연주도 일종의 기술이어서, 악기를 접하는 시간이 많은 사람이 먼저 익숙해지는 것입니다. 다음에 배울 패턴 5까지를 익히고 나면 메이저 스케일은 모두 배우게 됩니다. 일단, 기본적인 스케일을 익히고 나면, 나머지 다른 스케일(마이너, 얼터드 스케일 등)은 훨씬 쉽게 배울 수가 있습니다. 지루하더라도 앞날을 위하여 꼭 참고 연습합시다.

메이저 스케일 패턴 [5]

●자, 이번에는 메이커 스케일의 마지막 남은 패턴 [5]를 연습해 봅시다.

●패턴 [5]는 패턴 [1]과 마찬가지로 6번선에 근음(Tonic)이 있습니다.

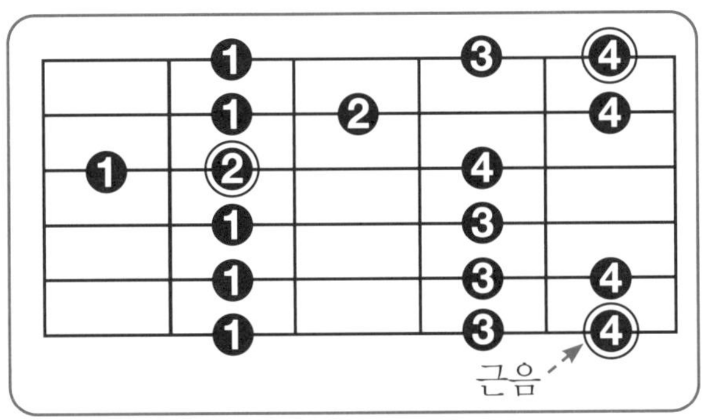

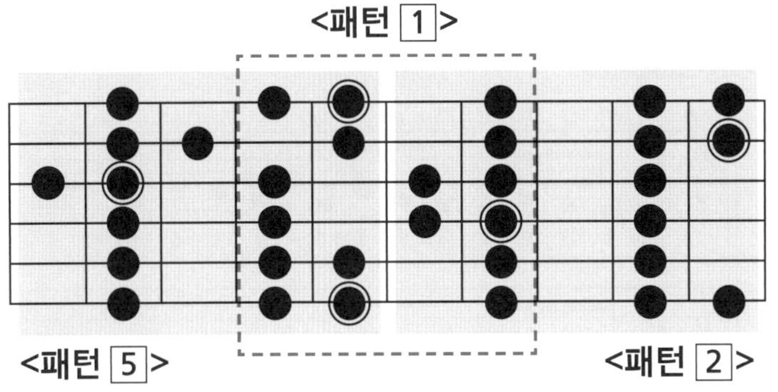

●실제로 지판에 옮겨보면 왼손 4번 손가락으로 누르는 6번선의 위치가 그 스케일의 근음입니다.

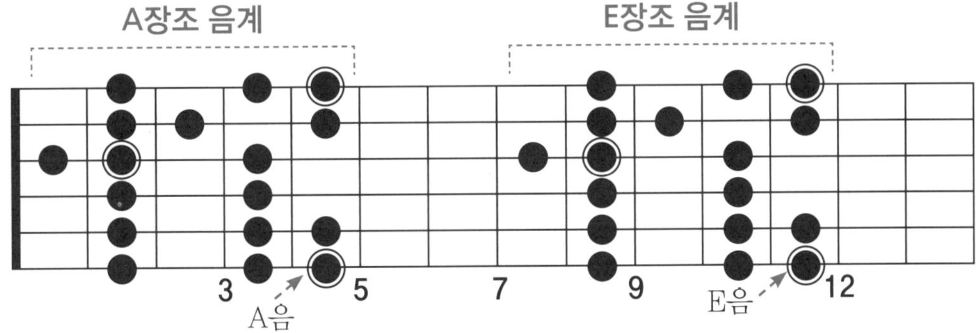

●패턴 [5]에서는 G장조 스케일이 너무 하이 포지션에 있으므로 [C장조]로 내려서 연습해 봅시다.

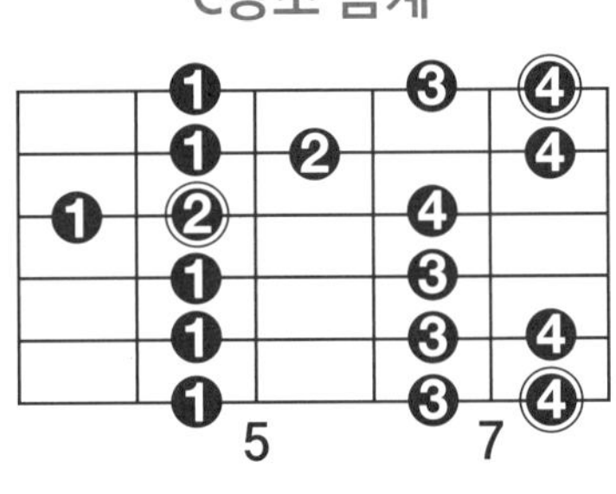

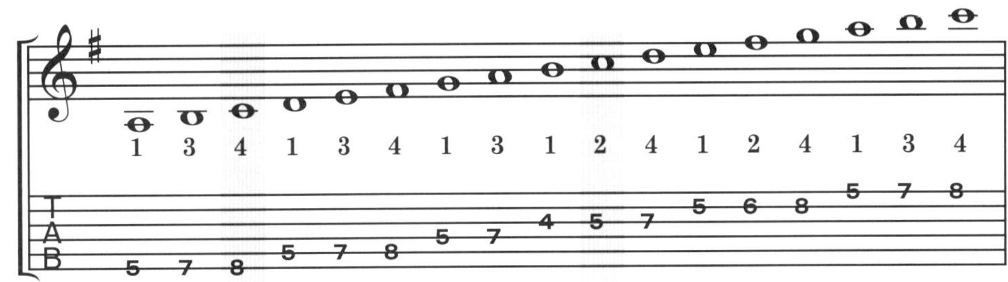

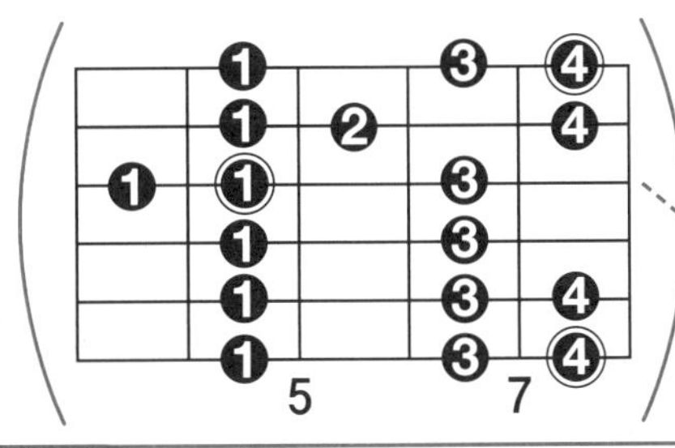

●하행 스케일일 때는 핑거링을 바꾸어 연주하기도 합니다.

3번선의 운지에 주의

참고 패턴 [5]에서 쉽게 사용할 수 있는 코드의 모양입니다.

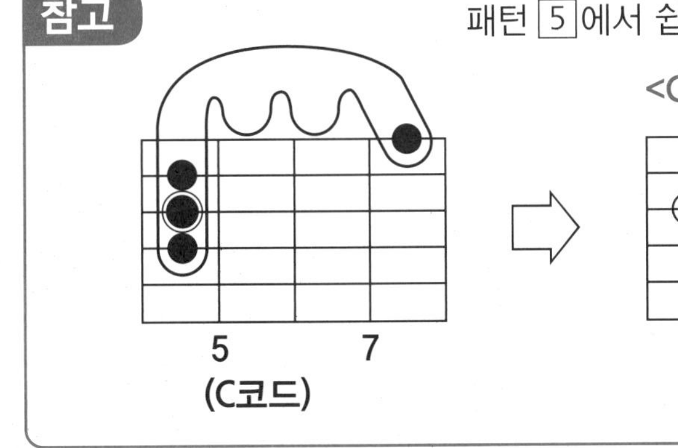

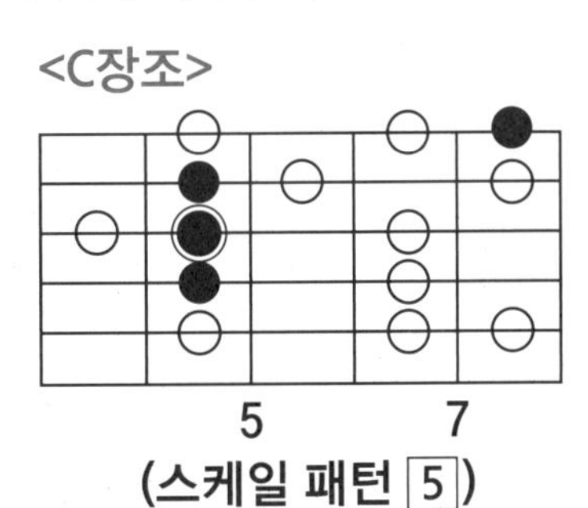

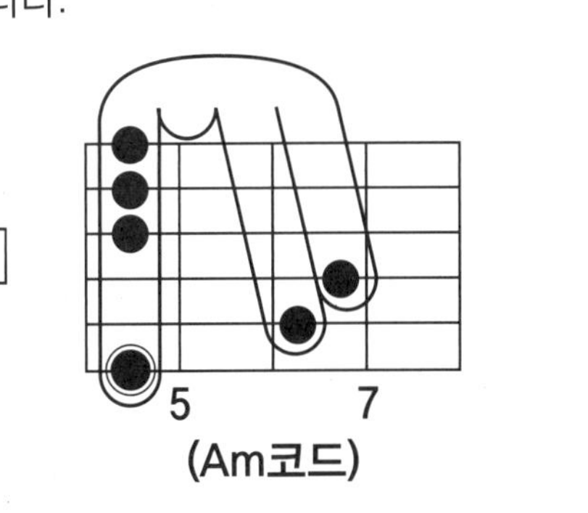

- 패턴 [1] · [2] · [3] · [4]와 같은 방법으로 지판의 포지션을 익히는 훈련입니다.
- 지루하더라도 조금만 더 끈기있게 연습합시다.
- C Key입니다.

연습 1

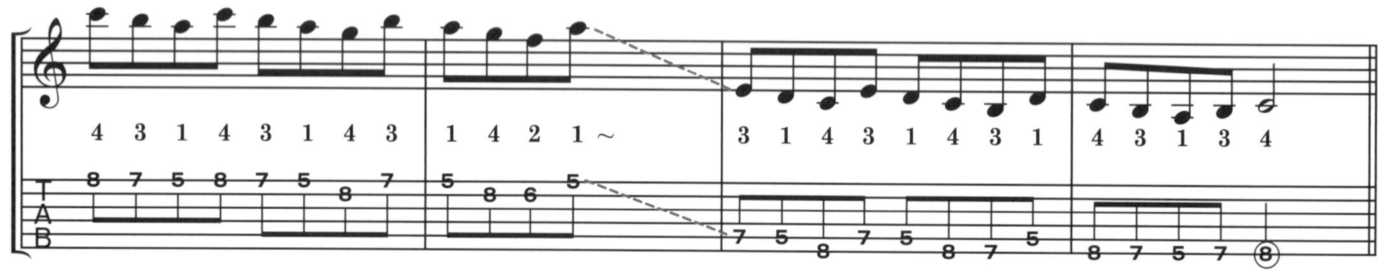

연습 2

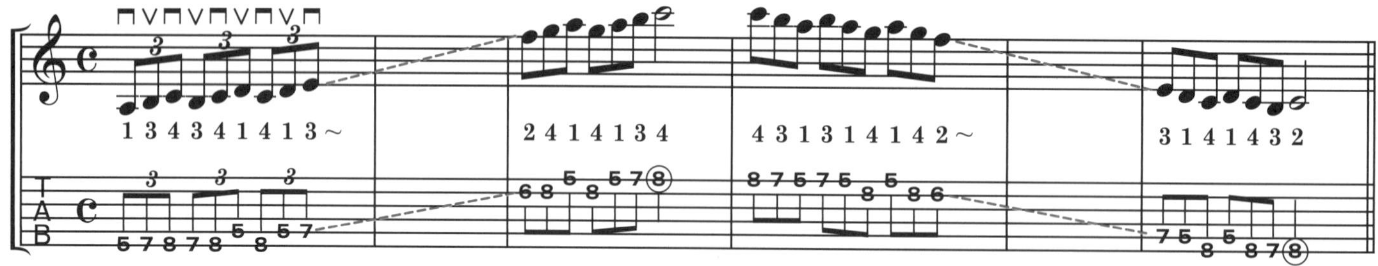

연습 3

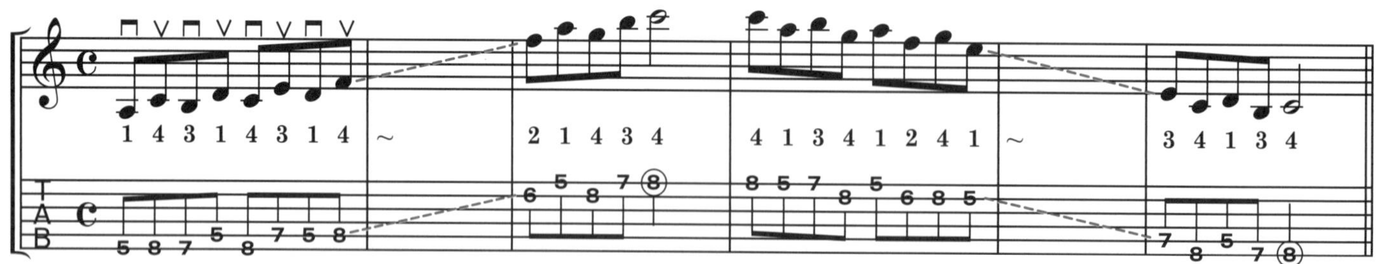

연습 4

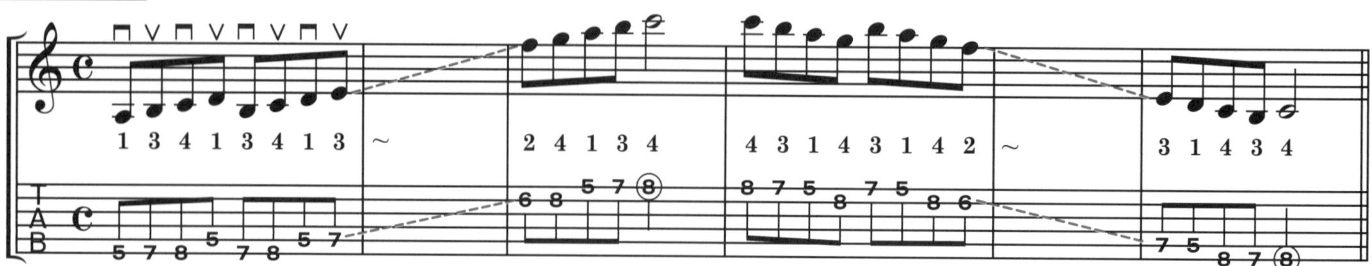

패턴 5의 실전 응용

<D Key의 스케일 패턴 5>

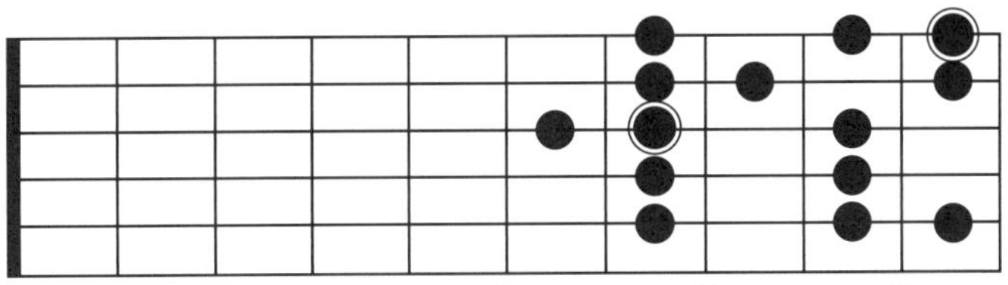

5 7 9

D Key

Slow Beat

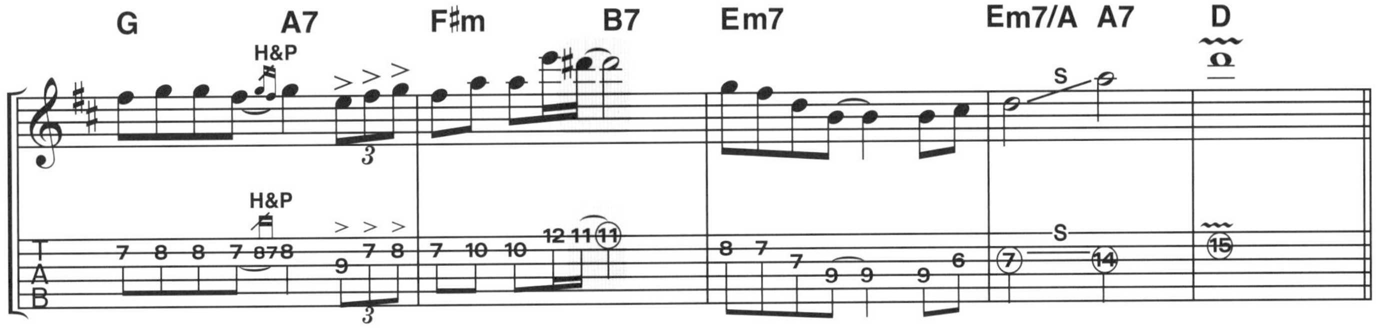

D DM7 F#m(7) B7 Em Em7

S H

(반주)

코드 보이싱 입니다.

G A7 F#m B7 Em7 Em7/A A7 D

H&P S

<C Key의 스케일 패턴 4>

5 7 9

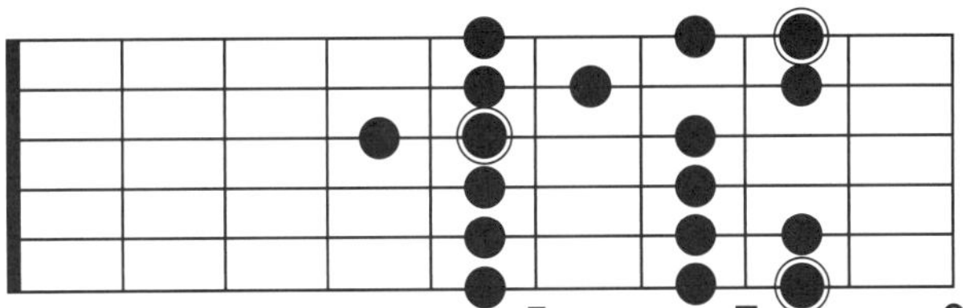

C Key

Slow Beat

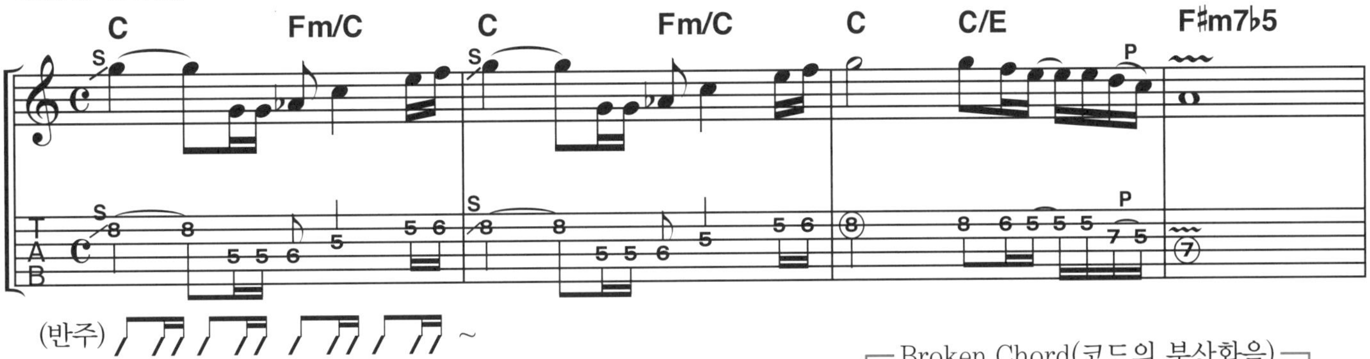

C Fm/C C Fm/C C C/E F#m7♭5

S P

(반주)

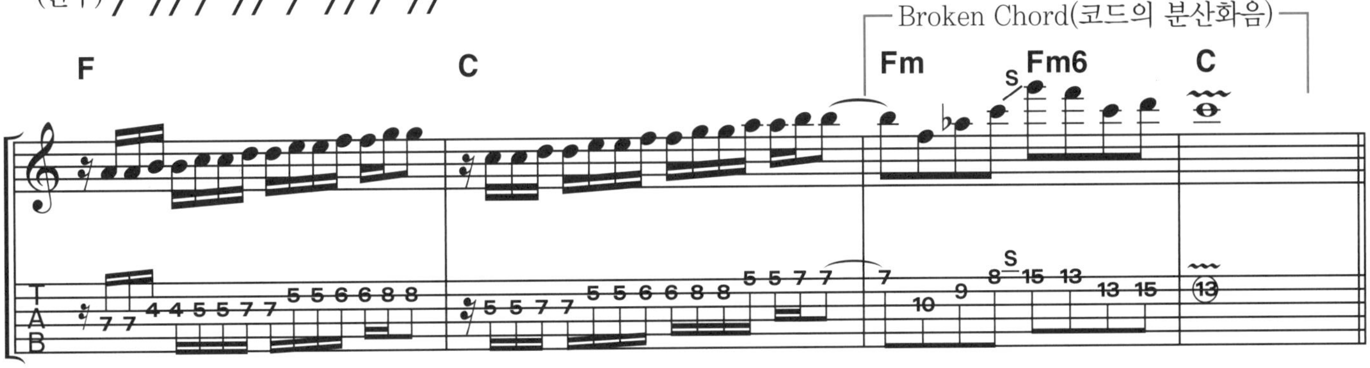

Broken Chord(코드의 분산화음)

F C Fm Fm6 C

S

G장조의 음계 종합 연습

● 지금까지 배운 스케일 패턴 다섯 개를 모두 연결해서 연습해 봅시다. 지판 전체를 이용하여 숙달될 때까지 많은 노력을 부탁합니다.

G Key의 스케일 패턴 1~5

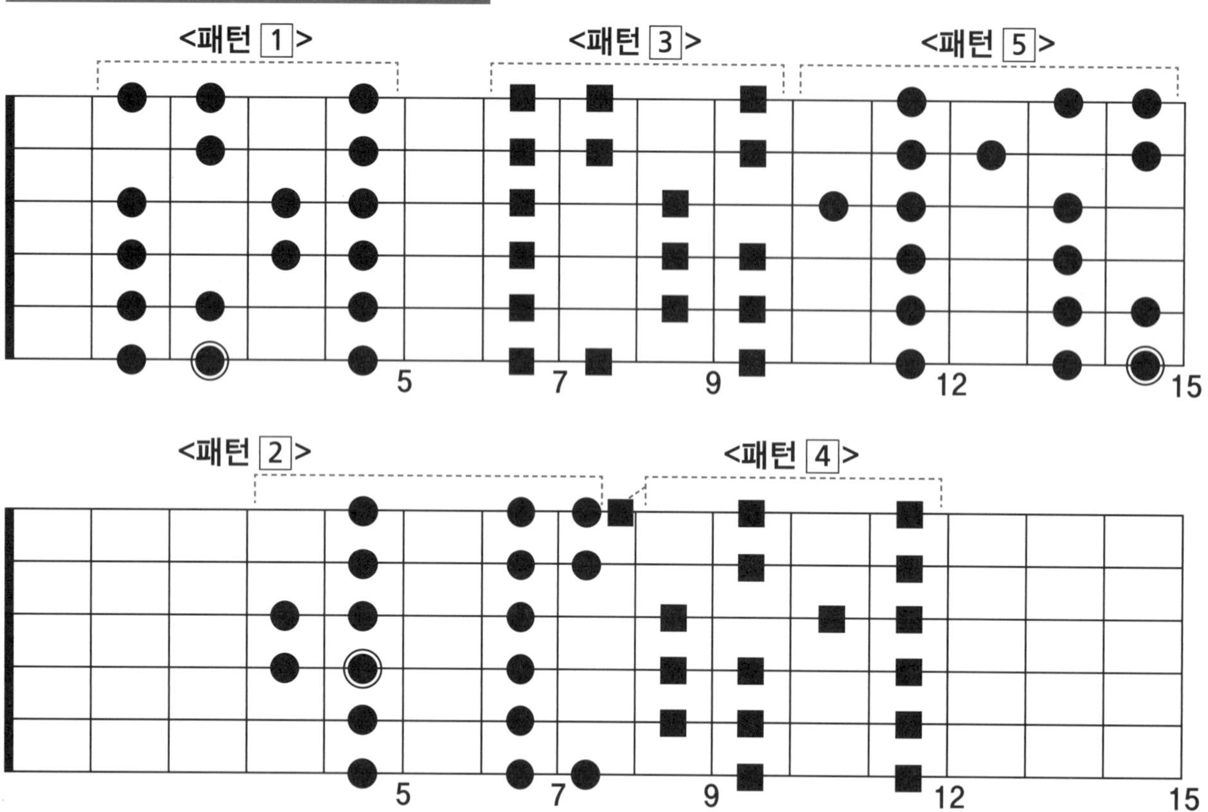

음계 종합 연습(Scale Exercise)

G Key

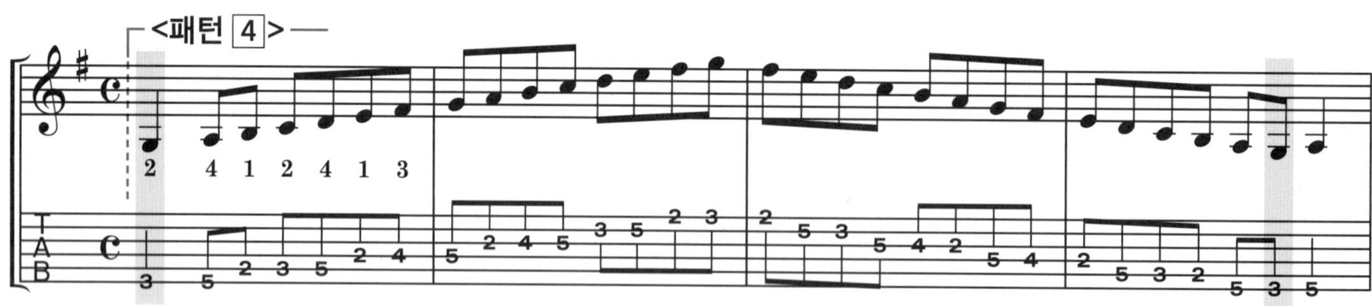

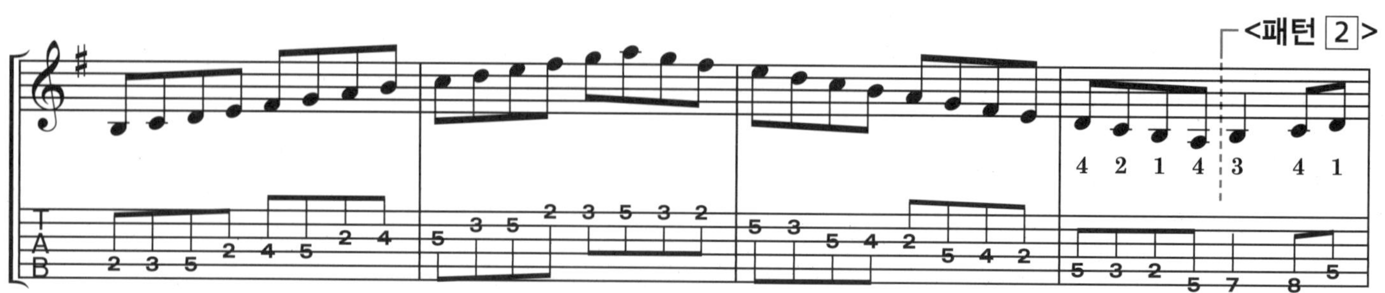

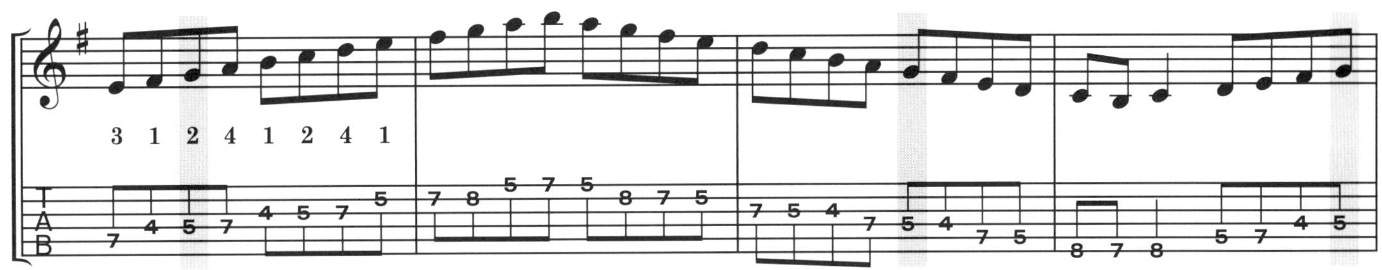

<패턴 3>

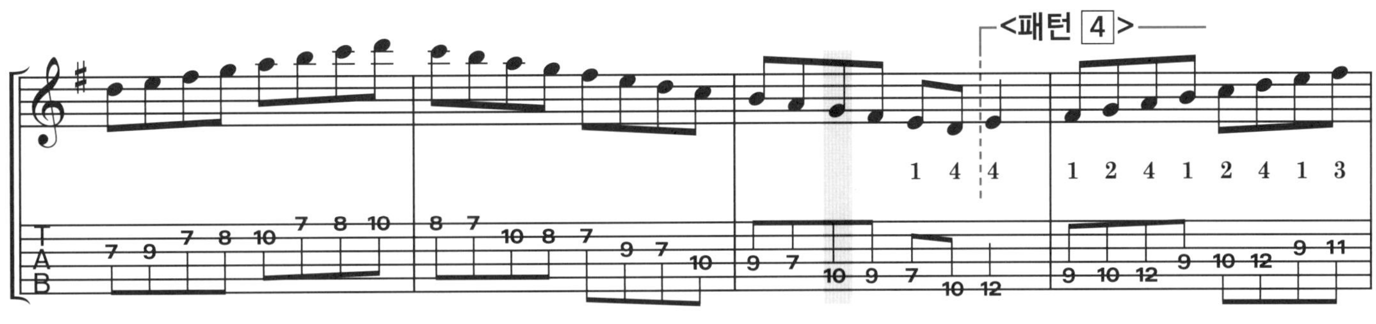
<패턴 4>

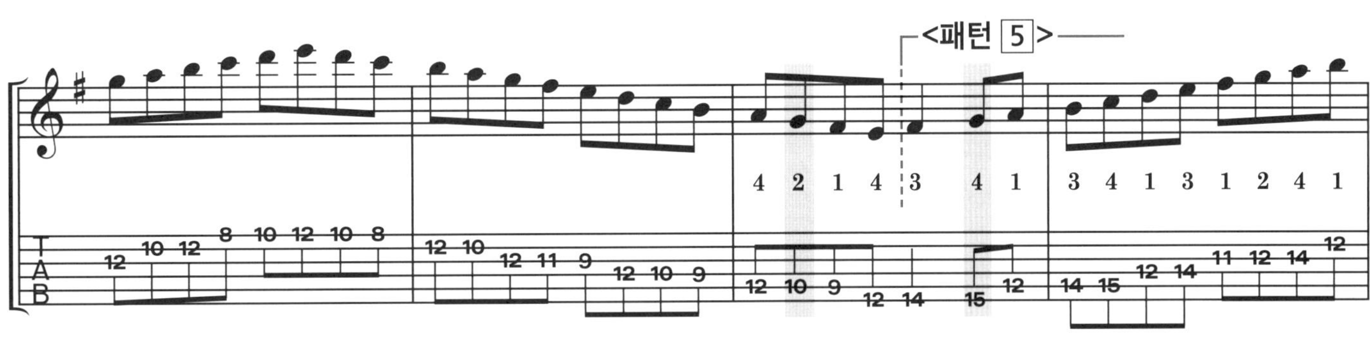
<패턴 5>

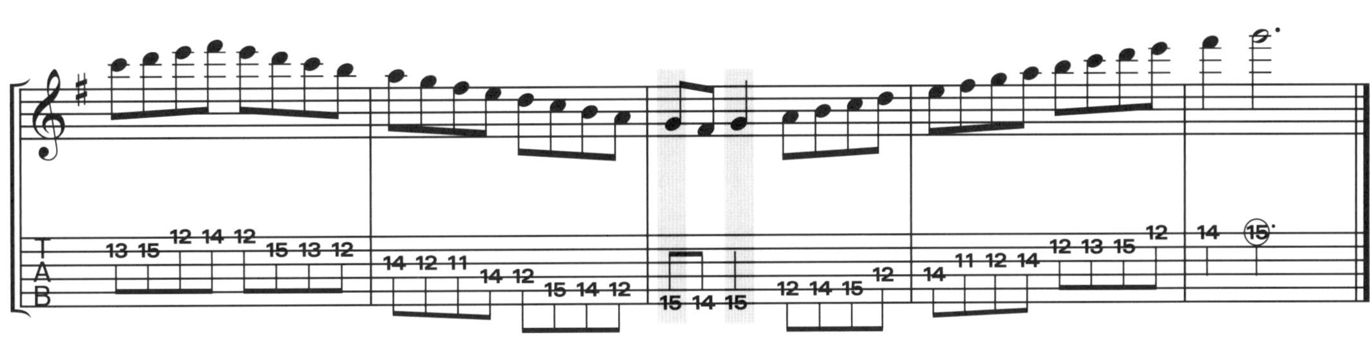

C장조의 음계 종합 연습

●이번에는 C장조의 음계 연습을 해 봅시다.

C Key의 스케일 패턴 1~5

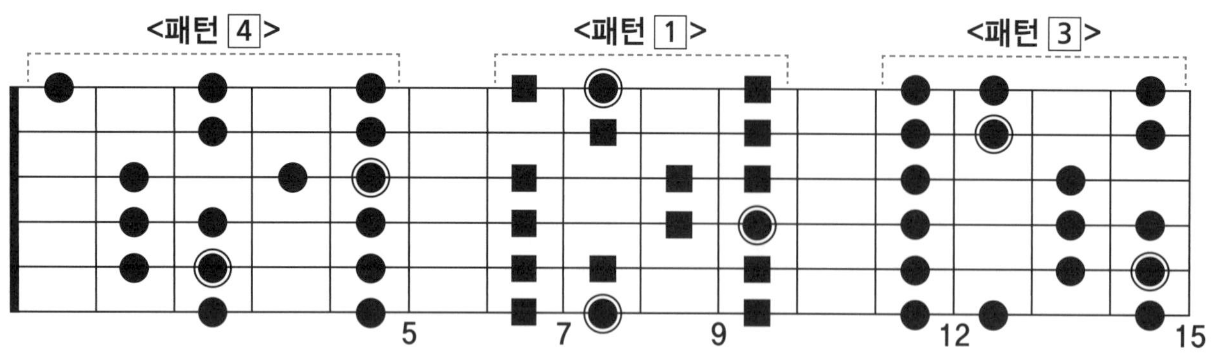

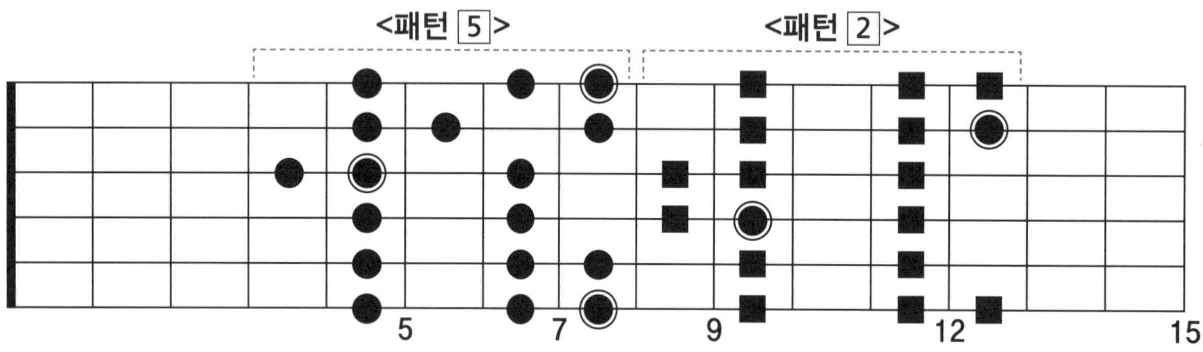

음계 종합 연습(Scale Exercise)

C Key

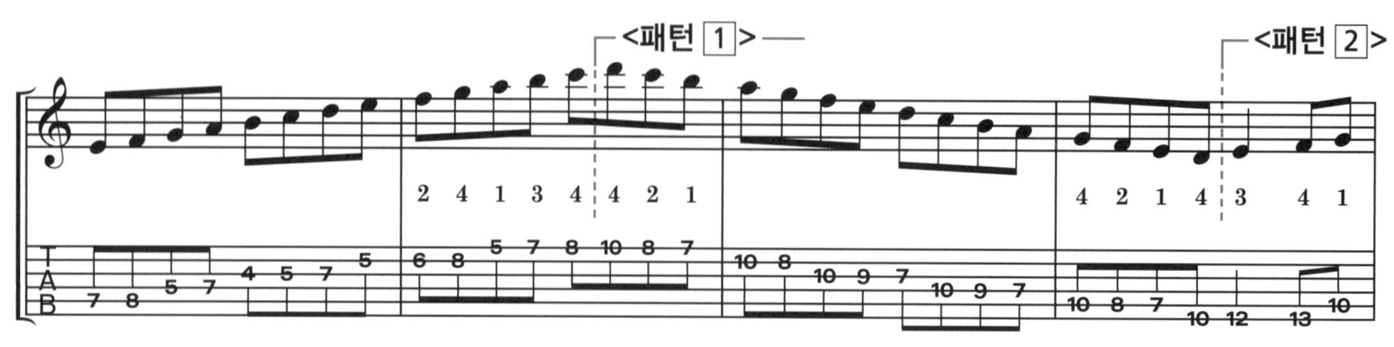

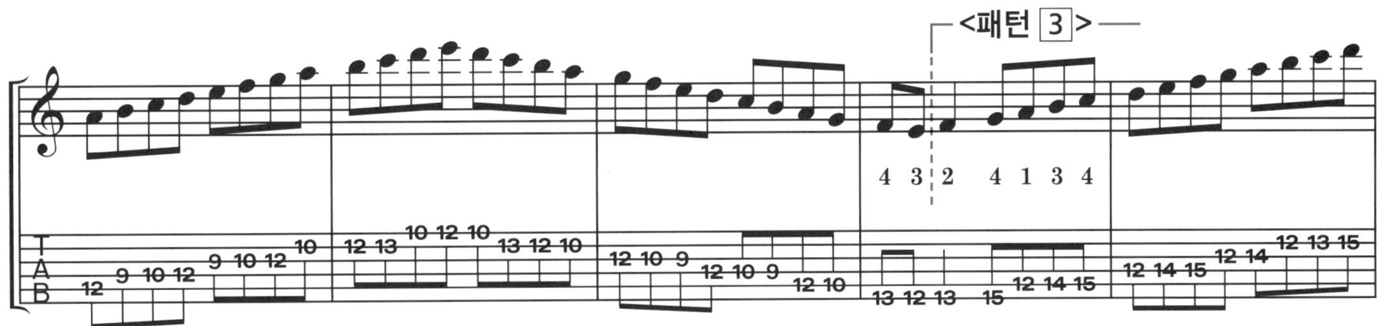

참고

연주를 할 때는 앞에서 설명한 핑거링 패턴을 여러 개 연결해서 보다 넓게 지판을 활용하게 됩니다. 각 패턴과 패턴을 연결해서 연주하는 방법으로는 다음의 세 가지가 있습니다.

1. 포지션의 건너 뛰기, 예를 들면 패턴 1 에서 패턴 4 로 건너뜁니다. 이때 리듬이나 멜로디가 끊어지지 않고 부드럽게 연결되어야 합니다.
2. 상행 스케일이나 하행 스케일을 연주할 때, 다른 패턴(다음 패턴)으로 스트레치(왼손가락이 짚는 범위를 넓혀서 다른 패턴의 영영까지 벌리는 것을 스트레치라고 합니다)를 해서 옮겨갑니다.
3. 다음의 예처럼 반음씩 미끄러뜨려서 옮겨갑니다.

<C장조의 예>

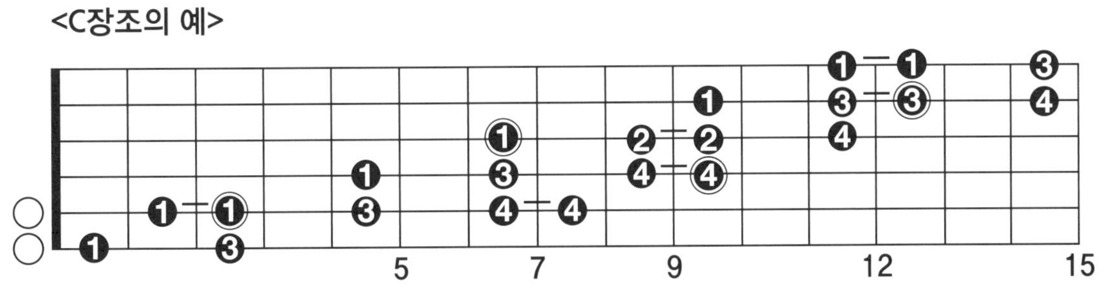

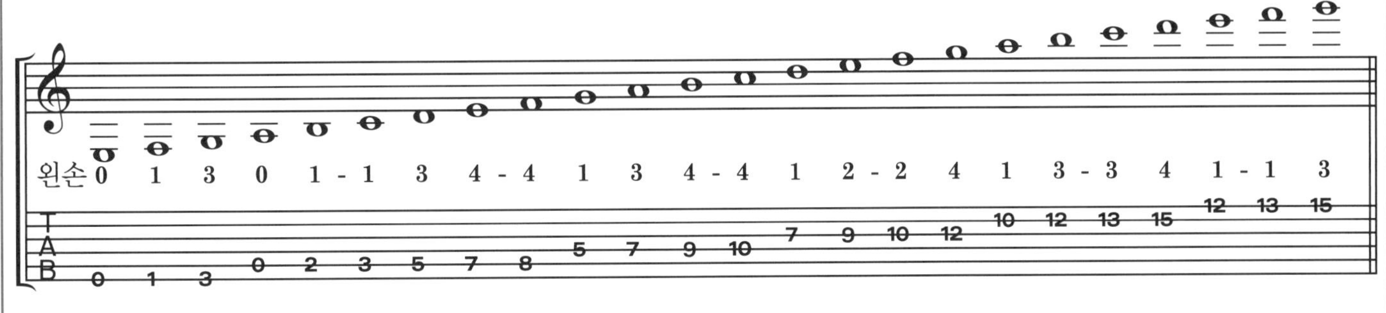

실전 응용 총정리

● 지금까지 배운 스케일의 모든 패턴을 연결해서 애드립을 연주해 봅시다. 과제는 앞의 패턴 [1] · [2] · [3] · [5]에서 배웠던 프레이즈들입니다. 연주 영상과 함께 연습해 봅시다.

C Key 펜타토닉 스케일('도 · 레 · 미 · 솔 · 라'의 5개 음을 사용하는 스케일)의 연습곡입니다.

반주는 의 Bounce Tempo입니다.

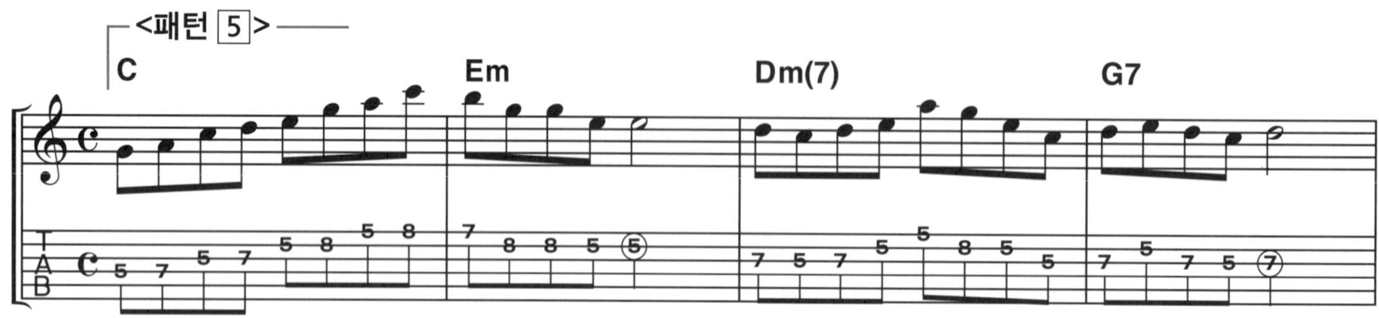

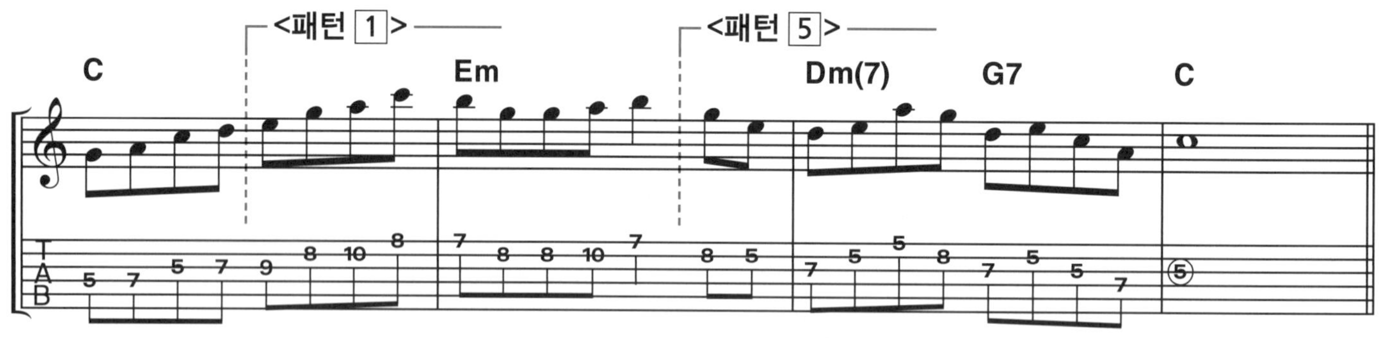

A Key 반주는 의 패턴입니다.

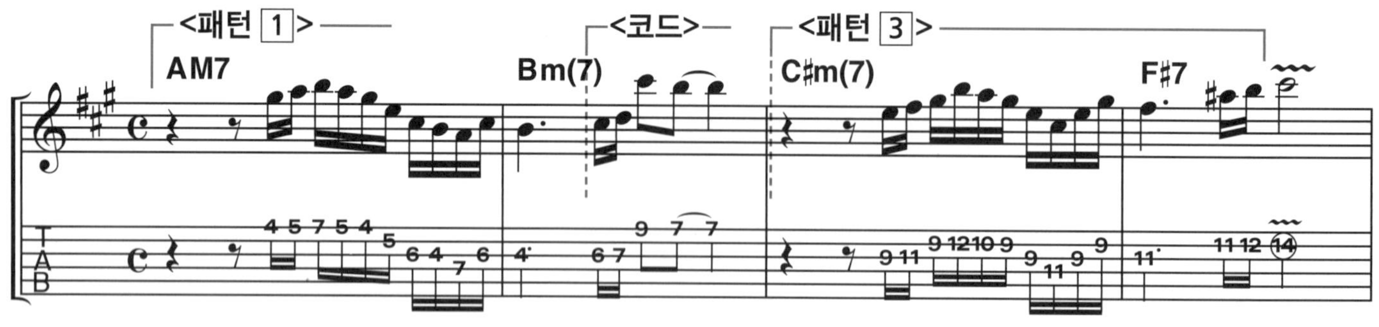

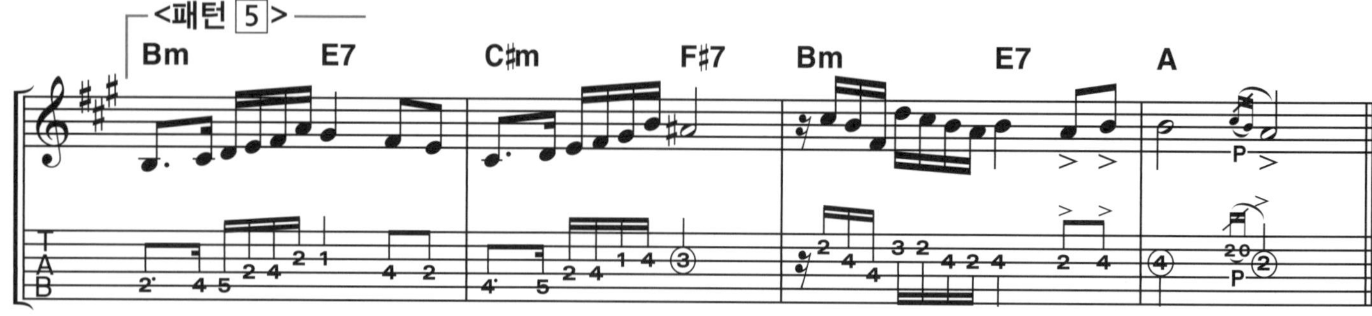

G Key 반주는 의 4Beat입니다.

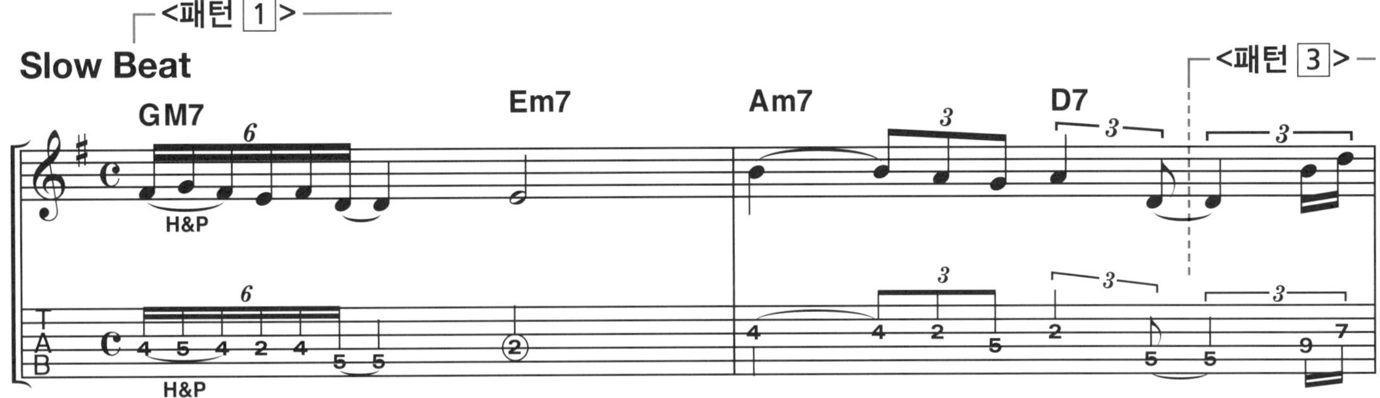

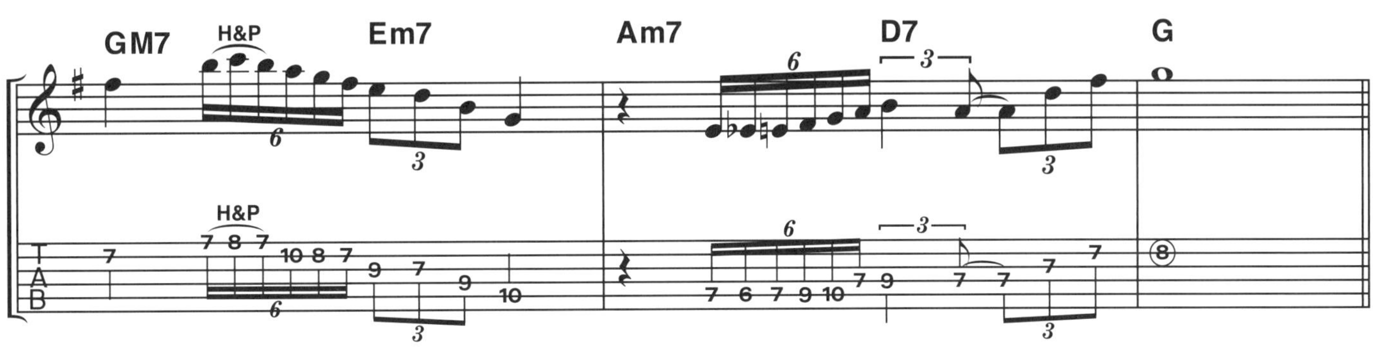

A Key

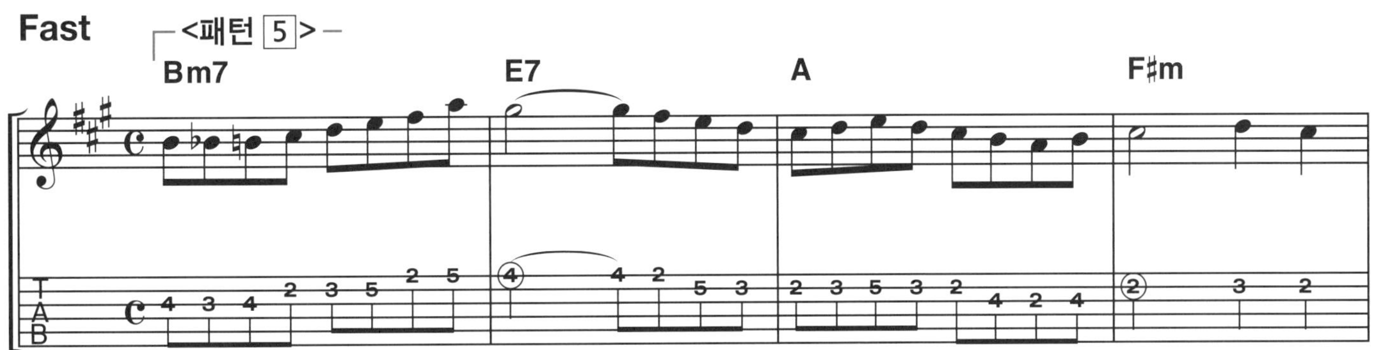

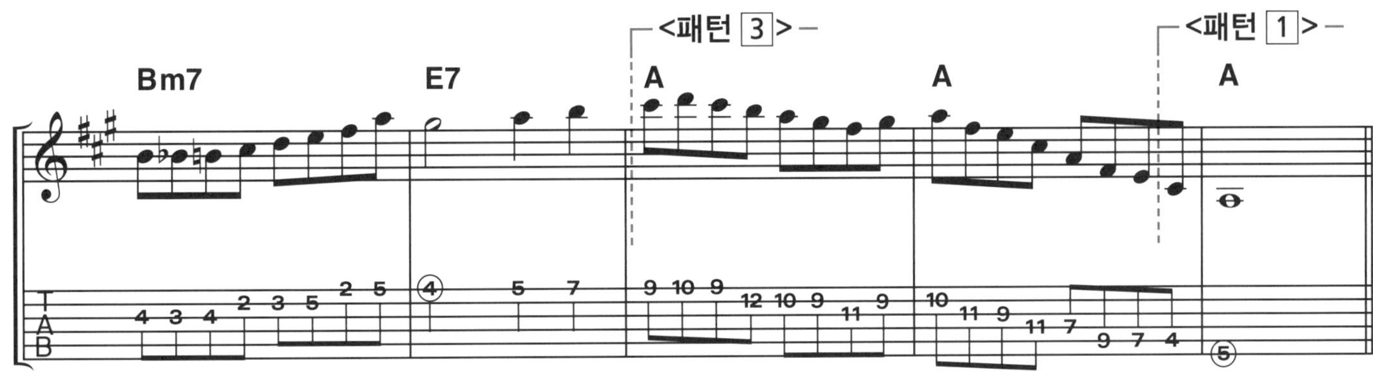

Dm Key 반주는 느린 8Beat / / / / / / / / 입니다(F Key **스케일**로 연주합니다).

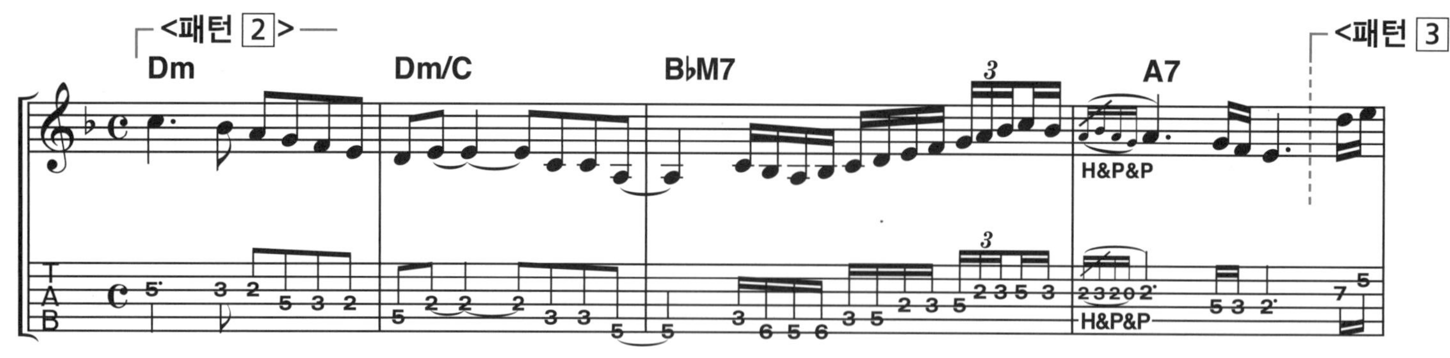

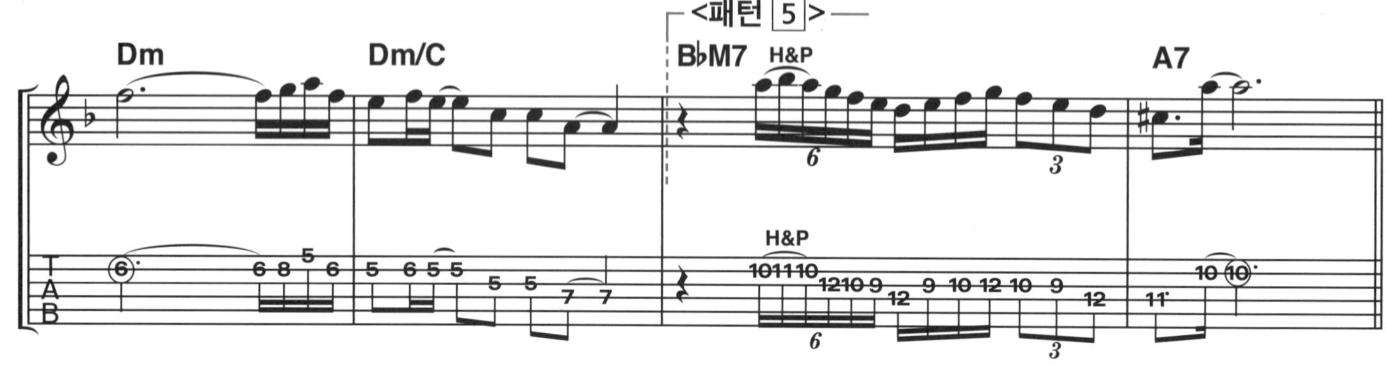

Cm Key 반주는 Medium 템포 / / / / / / / / 입니다(E♭ Key **스케일**로 연주합니다).

D Key 반주는 의 Slow Beat리듬입니다.

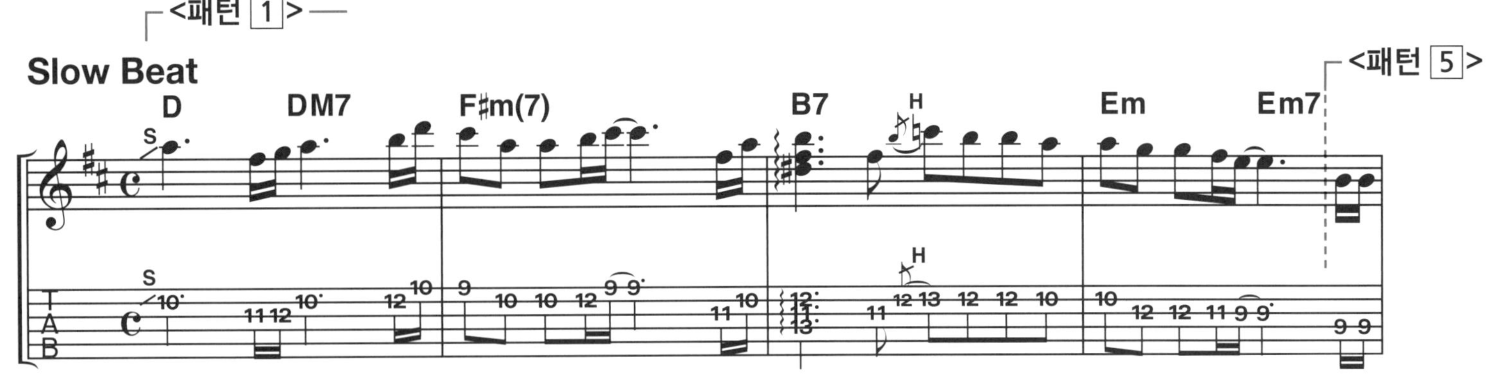

C Key 반주는 의 패턴입니다.

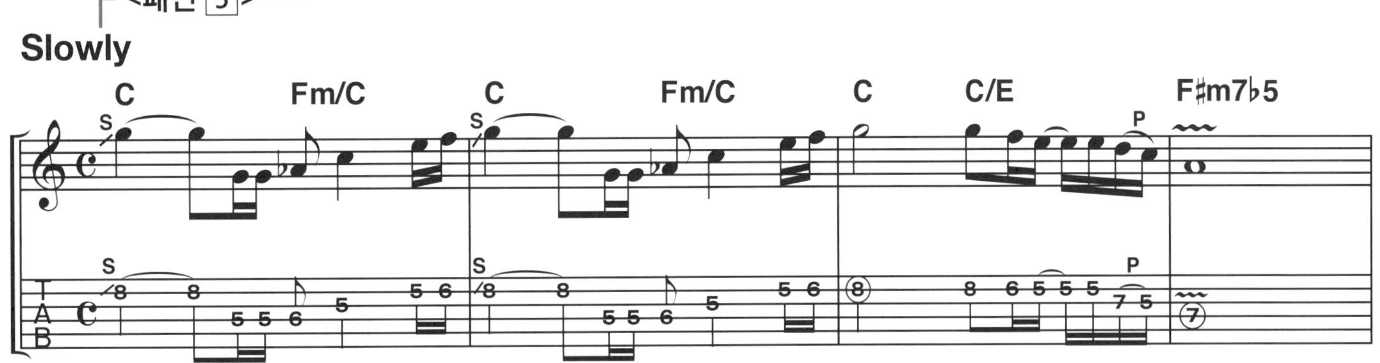

자, 지금까지 메이저 스케일을 배웠습니다.

물론 우리가 팝 음악에서 사용하는 많은 스케일(Pentatonic Scale, Harmonic Minor Scale, Diminished Scale, Whole Scale…등)들을 배우려 시작하면 끝이 없겠지만 지금까지 배운 메이저 스케일만으로도 팝 음악의 애드립을 연주하는 데에는 별 지장이 없을 것입니다. 나머지는 각자의 노력과 센스에 따라서 결정이 되는 것이라고 생각합니다. 기회가 되는 대로 다른 스케일들에 대한 내용과 애드립 전반에 대한 내용을 책으로 펴낼 계획을 갖고 있습니다.

참고로 애드립이란, 스케일에서 배운 음의 나열뿐이 아니고, 각 코드의 분산화음이라든가 주 멜로디의 변주 등이 어울려서 만들어지는 것이기 때문에 한마디로 이것이다라고 단정 짓기가 곤란하지만, 여러분은 메이저 스케일을 배움으로써 일단은 애드립에 발을 들여 놓은 것입니다.

여러 가지 음계(Scale)

지금까지 배운 메이저 스케일 외에도, 부드럽게 넘어가는 선율을 만들기 위해서 여러 가지 음계가 사용되고 있습니다. 많이 사용되고 있는 스케일의 예를 몇 개 적어 봅니다.

- **Natural Minor Scale**(자연단음계) : 우리가 사용하는 단조의 스케일입니다.

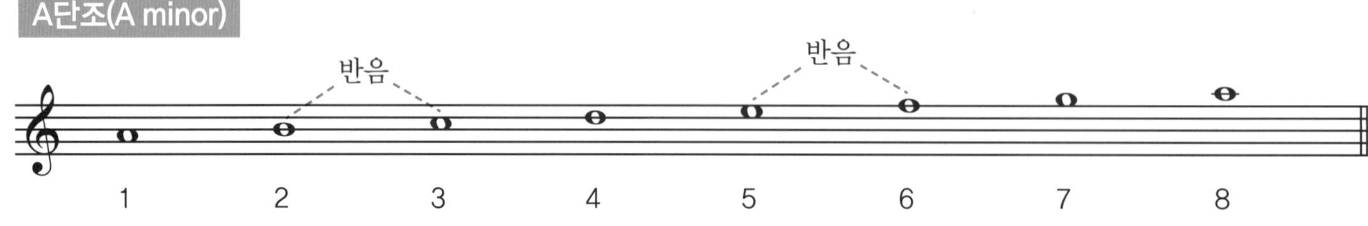

- **Harmonic Minor Scale**(화성단음계) : 자연단음계에서 7번째 음이 반음 올라간(#) 음계입니다.

A 화성단음계(A harmonic minor)

반음 반음 한음+반음 반음

1 2 3 4 5 6 7 8

- **Chromatic Scale**(반음계) : 반음으로만 이루어진 음계입니다.

● **Melodic Minor Scale**(선율단음계) : 상행일 때는 6번째와 7번째 음이 반음 올라가고, 하행일 때는 자연단음계가 됩니다.

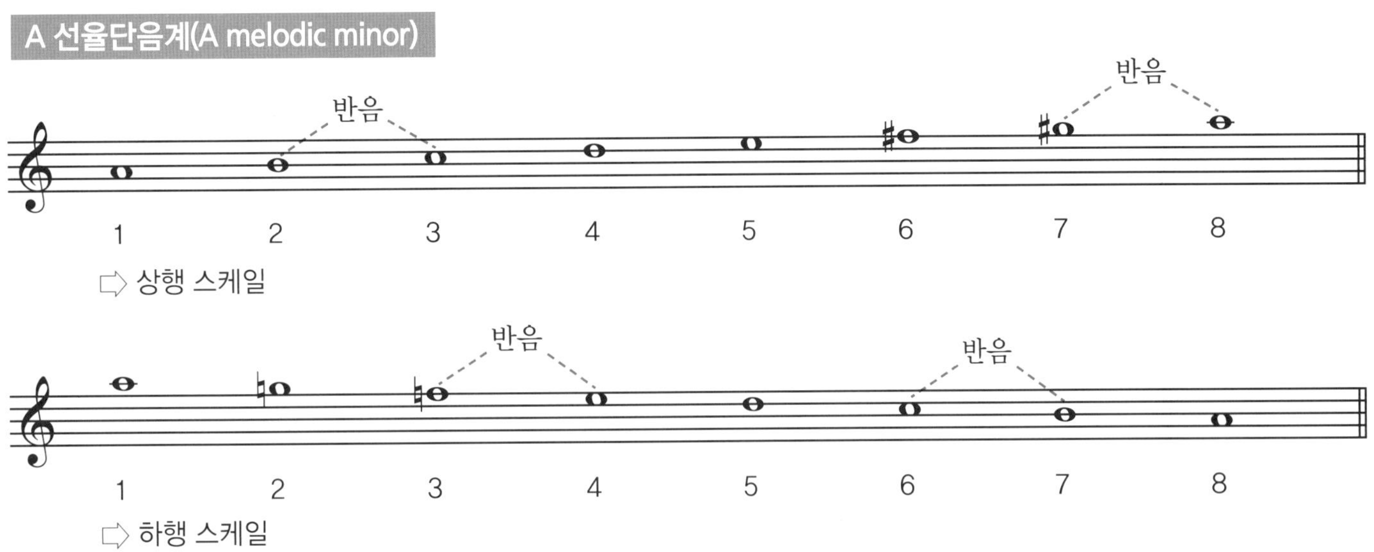

상행과 하행 스케일의 연주는 보다 전문적인 지식이 필요합니다.

● **Diminished Scale**(디미니쉬드 음계) : 온음과 반음이 차례로 연결되어 있는 음계.
도미넌트 7th코드나 디미니쉬드 코드의 경우에 사용됩니다.

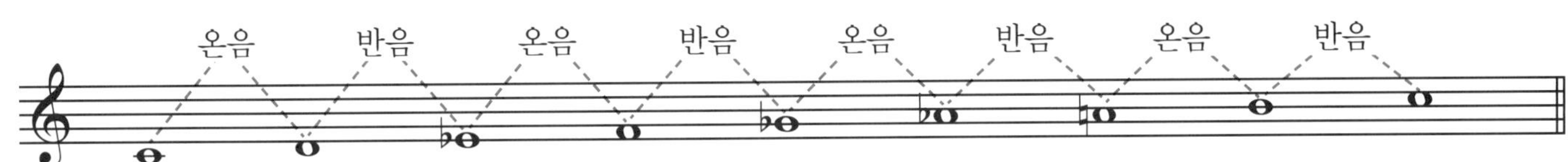

● **Whole Tone Scale**(온음계) : 전체가 온음으로만 연결되어 있는 음계입니다.
도미넌트 7th코드나 오그멘티드 코드에 사용됩니다.

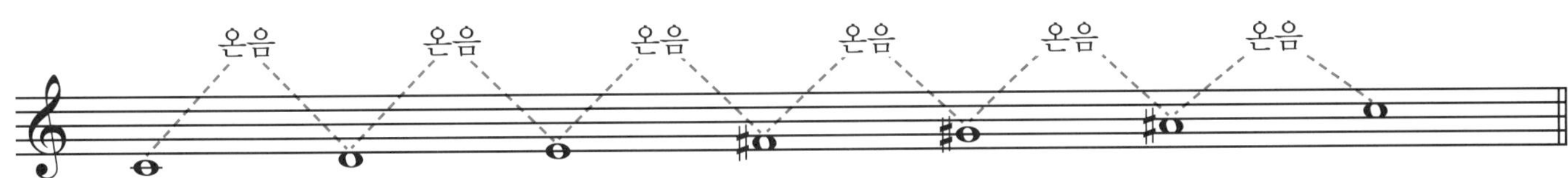

● **Major Pentatonic Scale**(메이저 펜타토닉 음계) : 도, 레, 미, 솔, 라의 5음으로 이루어진 음계입니다.
관용적으로 6/9 코드의 화성음을 일으켜서 중심조의 느낌을 강하게 나타내는 음계입니다.

C 펜타토닉 스케일

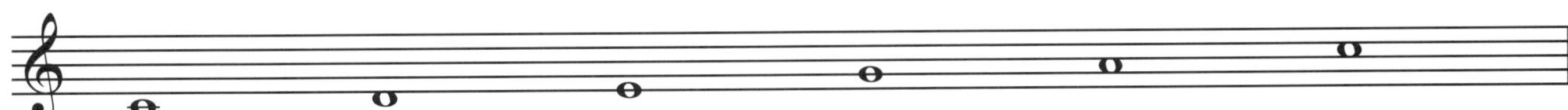

같은 포지션에서의 여러 가지 패턴

다음의 연습을 하면서 스케일의 패턴 5가지를 확실하게 외웠는지 확인해 봅시다.

A Key의 스케일 패턴 1

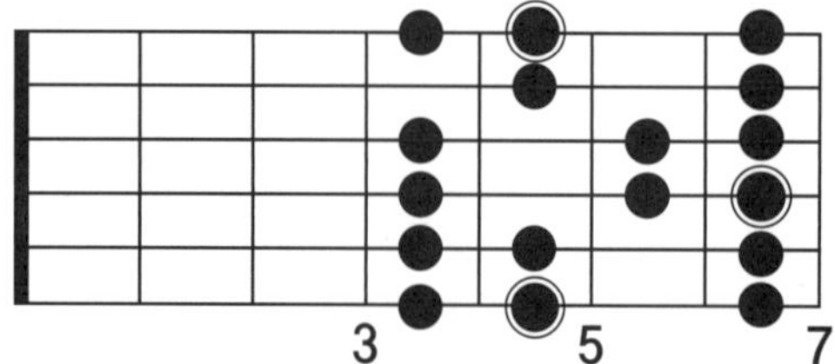

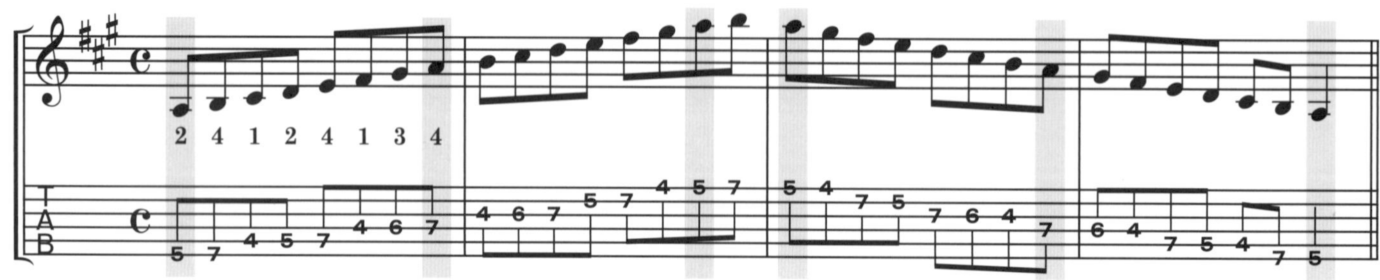

B Key의 스케일 패턴 5

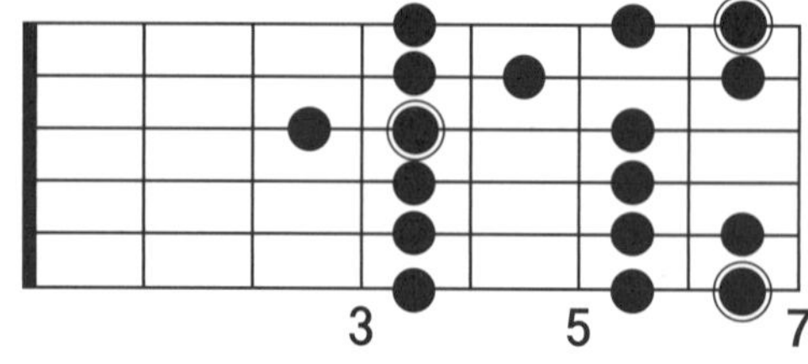

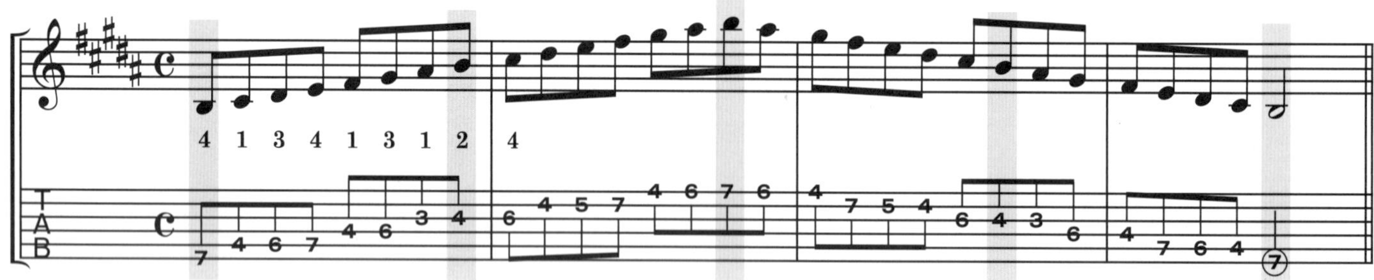

D Key의 스케일 패턴 4

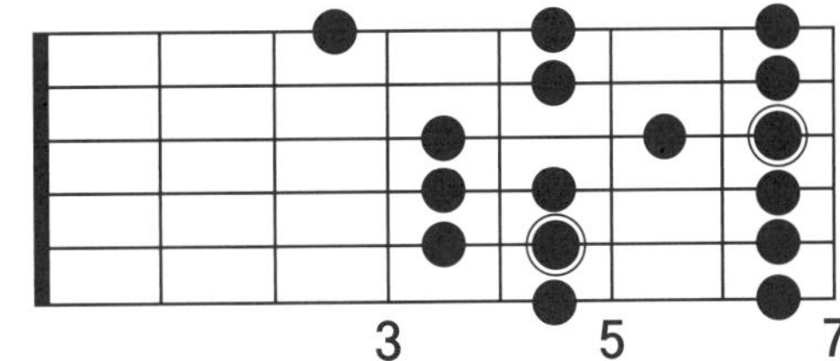

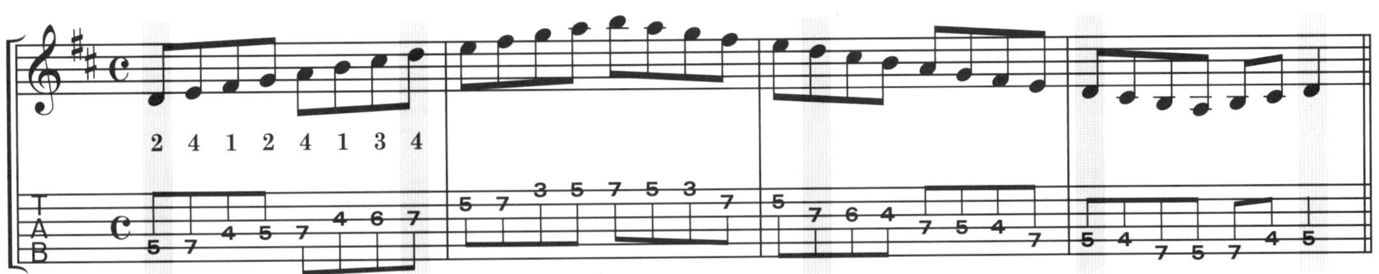

E Key의 스케일 패턴 3

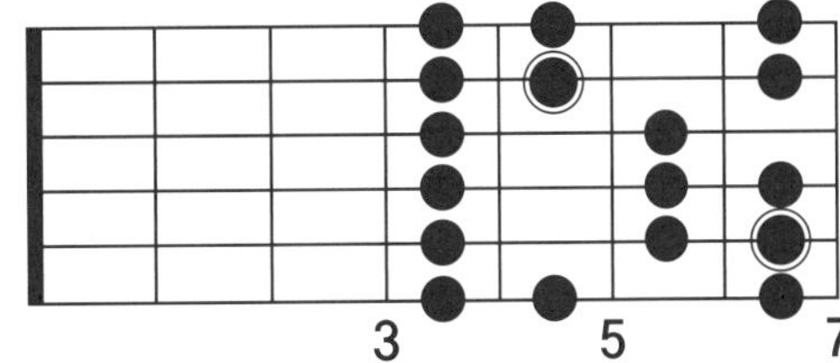

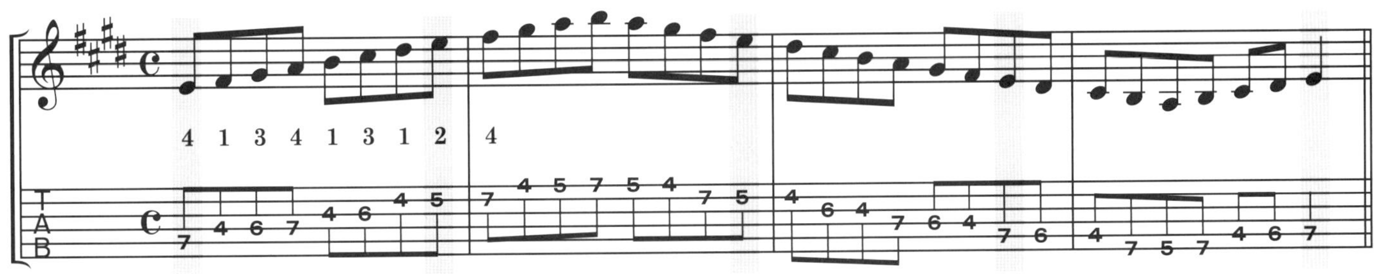

F# Key의 스케일 패턴 2

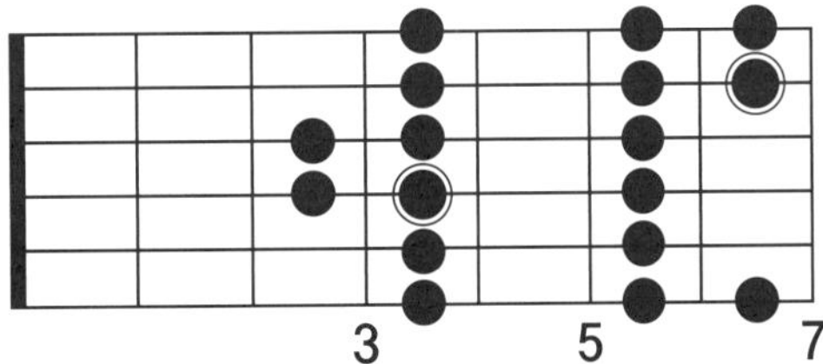

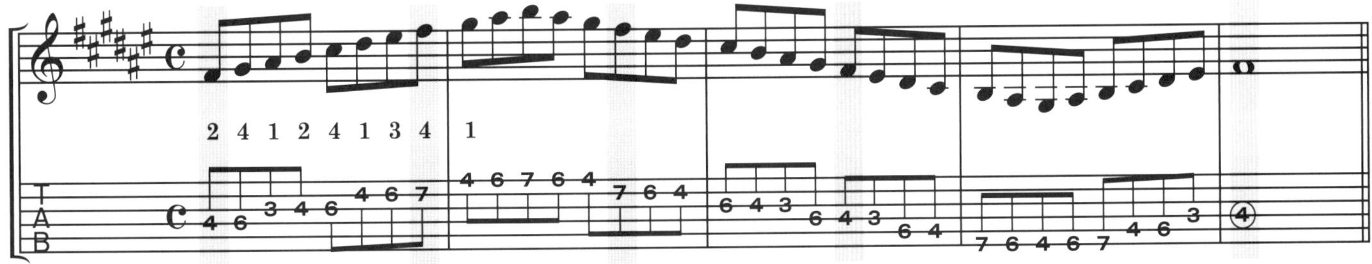

초킹(Chocking) 주법 설명

● 초킹(또는 벤딩 : Bending)이란 누르고 있는 프렛을 옮기지 않은 채 왼손가락 끝으로 줄을 밀어서 음정을 변화시키는 주법을 말합니다. 왼손가락의 1 · 2 · 3 · 4중 어느 손가락으로도 초킹이 가능하도록 연습하여야 합니다.

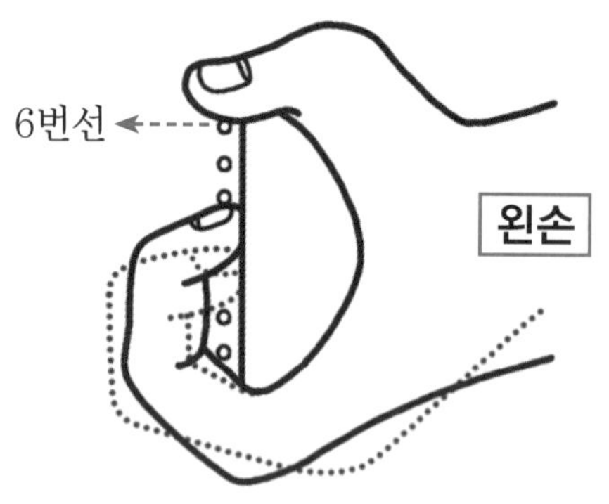

• 줄을 누른 상태에서 수직으로 밀어 올립니다.

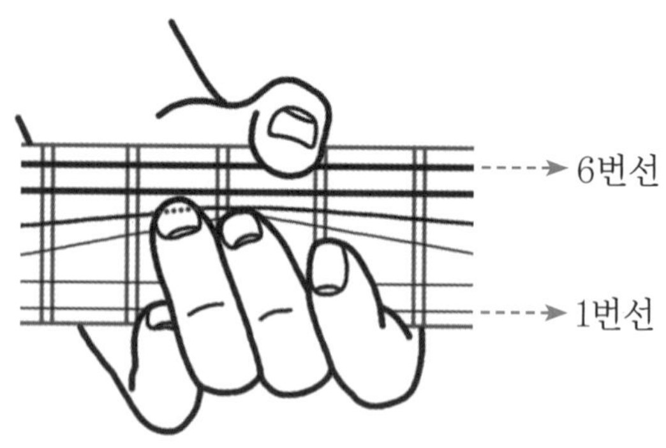

• 그림에서는 3번 손가락의 초킹이지만 2번 손가락도 함께 도와서 줄을 밀어올리고 있습니다.

● 어쿠스틱 기타의 경우에는 줄의 장력이 강해서 보통 $\frac{1}{2}$음이나 1음 정도의 초킹이 많이 사용되고 있습니다만 전기 기타의 경우에는 2음 초킹을 하는 경우도 많습니다.

● 초킹을 할 때 정확한 음정이 나올 수 있도록 주의를 기울이십시오.

<$\frac{1}{2}$음 초킹>

<1음 초킹>

C

C

5 (7)

<1$\frac{1}{2}$음 초킹>

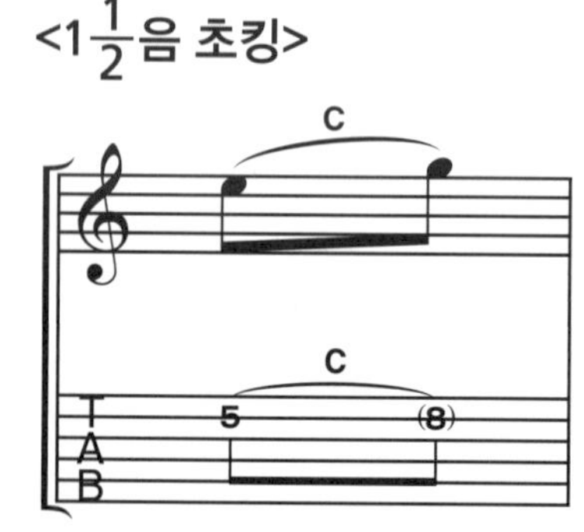

• 이 책에서는 초킹 후의 음정을 (　)로 표시하고 있습니다.

● 초킹하는 방법에는 여러 가지가 있습니다.
음정과 음정을 재빨리 옮겨갈 때, 글리산도(glissando)의 효과처럼 천천히 음정을 변화시킬 때…등등, 그때그때마다 멜로디와 템포에 따라서 소리의 표정이 달라집니다. 레코드를 많이 듣고 연구해서 여러 가지 스타일을 익혀야 합니다.

● 1 · 2 · 3 · 4번선은 6번선 방향으로 밀어올리고, 5 · 6번선은 1번선 방향으로 끌어내려서 초킹하는 것이 보편적인 방법입니다.

◆ 초킹 다운(Chocking Down)

초킹하여 올라가 있는 음정을 원래의 위치(음정)로 내리는 주법입니다.

◆ 초킹 릴리즈(Chocking Release : 그냥 「릴리즈」라고 함)

초킹한 줄을 제자리로 되돌리는 것을 말합니다. 릴리즈할 때 음정이 계속 울리게 되면 '초킹 & 초킹 다운'이 되므로 초킹을 하고 나서 소리가 울리지 않게 뮤트 시킨 후에 줄을 처음 상태로 되돌려(릴리즈) 놓습니다. 조금 까다롭지만 반드시 익혀두어야 연주 중에 잡음이 생기지 않게 됩니다.

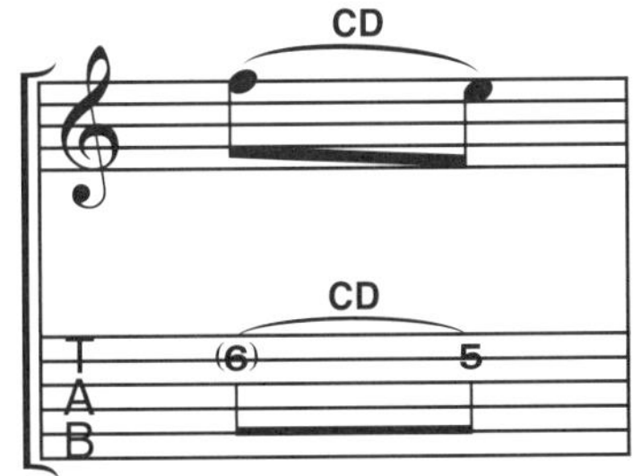

• E음정이 울리면 초킹 다운.

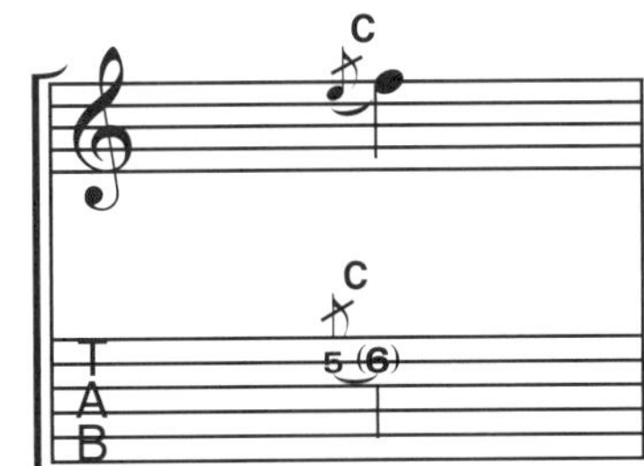

• 2번선 5프렛 E음정에서 초킹하여 F음정을 낸 뒤… 소리없이 줄을 다시 E음정 위치로 되돌려 놓는 것이 초킹 릴리즈 입니다.

◆ 초킹 비브라토(Chocking Vibrato)

초킹과 초킹 다운을 반복하면 물결이 일듯 음정에 변화가 옵니다. 템포의 완급에 따라 다양한 표정을 만들 수 있습니다.

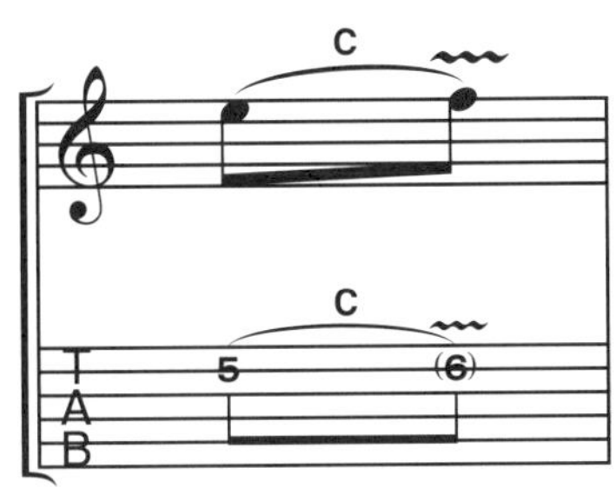

◆ 초킹 & 초킹 다운 & 풀링 오프

록 기타에서는 초킹 & 초킹 다운한 음을 다시 풀링 오프(P)로 연속하는 주법이 많이 사용됩니다.

이정선기타교실 5

개정판

제2부

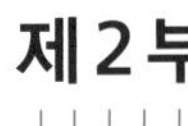

제2부

연습곡 편

The Water Is Wide

앨범 「**Restless Nights**」*1979*

미국 민요 · Karla Bonoff 노래 · 이정선 편곡

Dropped 「D」 Tuning

- 6번선을 1음 낮추어 「D」음으로 조율합니다.
  따라서 베이스 음이 6번선에 있는 코드의 운지가 바뀌는 것에 주의해서 반주합니다.
- 원곡에서는 한 대의 기타가 일정한 패턴을 연주하고 있고, 또 하나의 기타는 오블리카토를 연주하면서 앙상블을 이루고 있습니다.
- 여기서는 일정한 패턴을 연주하고 있는 기타 파트를 채보하였고, 중요하다고 생각되는 부분은 두 대의 기타를 합쳐서 편곡했습니다.

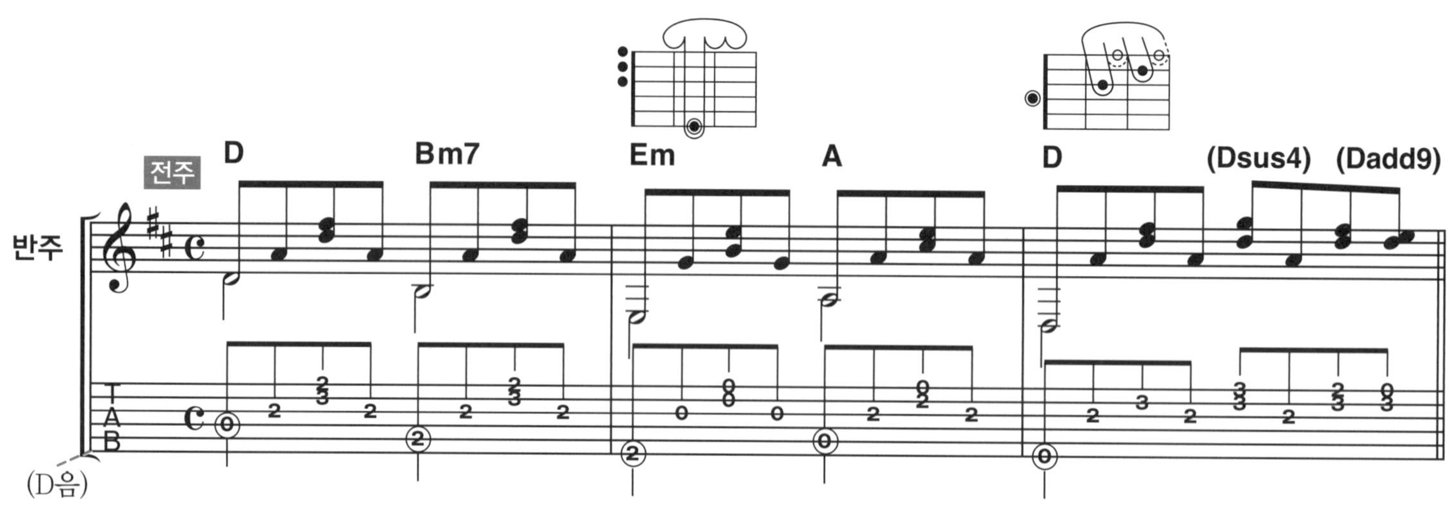

D
D/C♯
Bm
Bm/A
G
Em
A(sus4)
and nei - ther have
the swee - test flower
I wings to fly
when first it's new
A
A/G
F♯m
D9
GM7
G(M7)/F♯
give me a boat
but love grows old
that can ca - rry two
and wax - es cold
Em
F♯m
Em(7)
Asus4 A(7)
D
and both shall-row
and fades a - way
my love and I
like mor - ning dew
(1st time only)
솔로
기타
H
H&P

(간주의 운지표)
간주
아코디언 솔로
반주
D Bm7 A D Bm7 Em A D
D D/C# Bm Bm/A G Em
A(sus4) A A/G F#m

H
D9
G(M7)
G(m7)/F♯
Em(7)

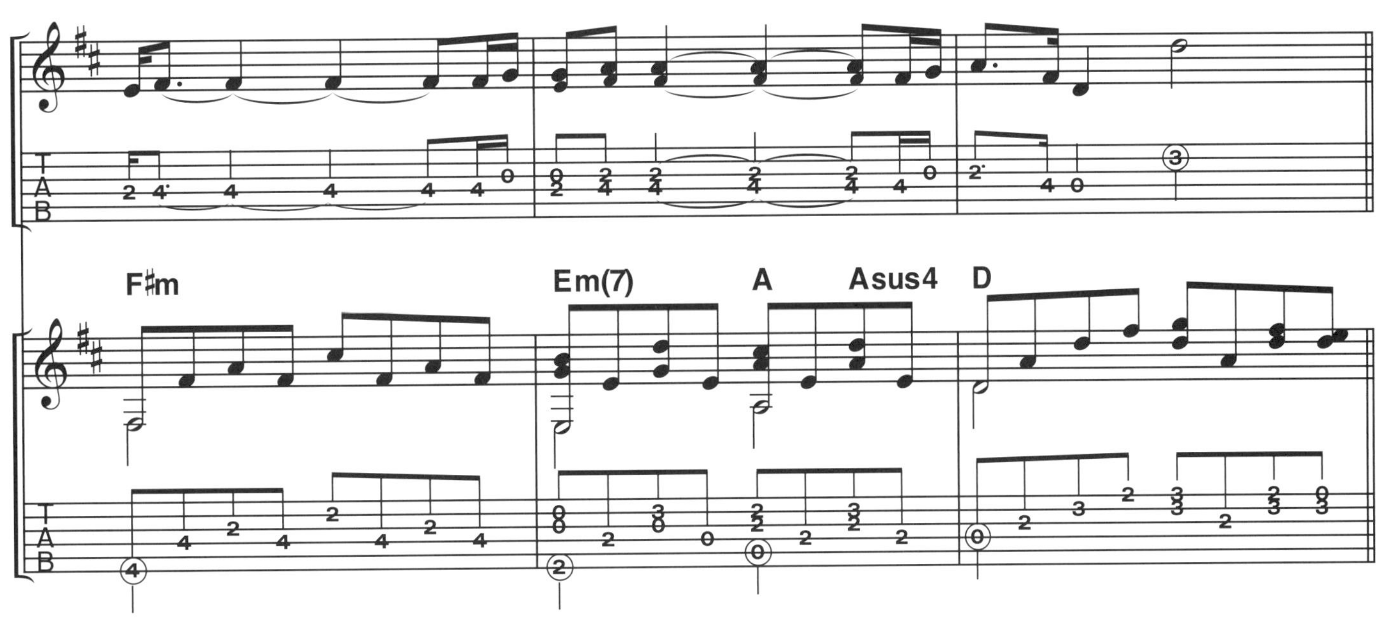
F♯m
Em(7)
A
Asus4
D

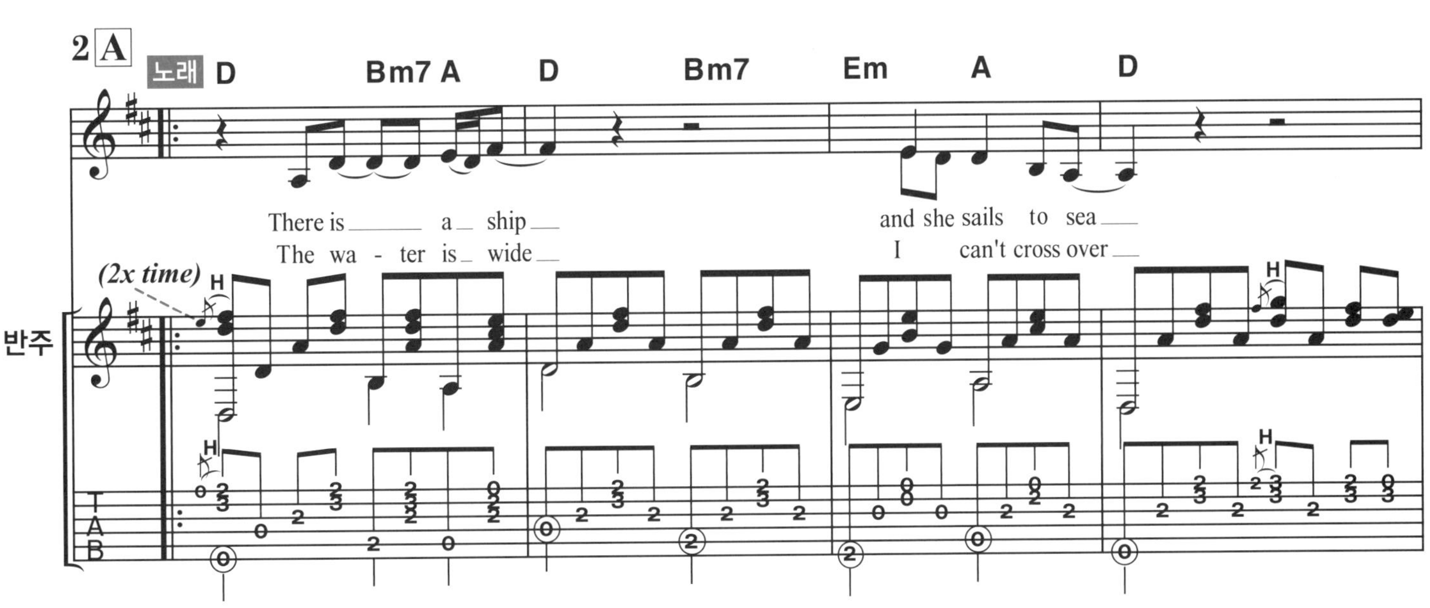
2 A
노래
D
Bm7 A
D
Bm7
Em
A
D
There is a ship
and she sails to sea
The wa - ter is wide
I can't cross over
(2x time)
반주

D D/C♯ Bm Bm/A G Em A
She's loa - ded deep as deep can be
and nei ther have the wings to fly
A A/G F♯m D9 G(M7) G(M7)/F♯
but not as deep as the love I'm in
give me a boat that can ca - rry two
Em F♯m Em(7) A A(sus4) D
I konw not how I sink on swim
and both shall-row my love and I
D G A D
and both shall-row my love and I
H

Feelings

앨범 「Morris Albert」

Morris Albert 작사 · Morris Albert 작곡 · Morris Albert 노래 · 이정선 편곡

- [A]를 좀더 자유스러운 분산화음으로 연주해도 괜찮습니다.
- [B]의 리듬 스트로크 ~가 쉽지 않습니다.

기타 한 대로 반주할 때는 이를 슬로우 비트 ~의 리듬이라든가

Ⓣ i m i Ⓣ i m i ~등의 아르페지오로 연주하는 것이 훨씬 어울릴 것 같습니다.

- 연주 순서 → [A] — [A] — [B] — [C] — 2[A] — [B] — 2[A] — [C] — [C] — F.O
  (1절) (2절)

F♯m7add4 (7째 마디)	B7 (8째 마디)		B7 (7째 마디)	E7 (8째 마디)

• 2nd time시 코드가 바뀌는 것에 주의합시다.

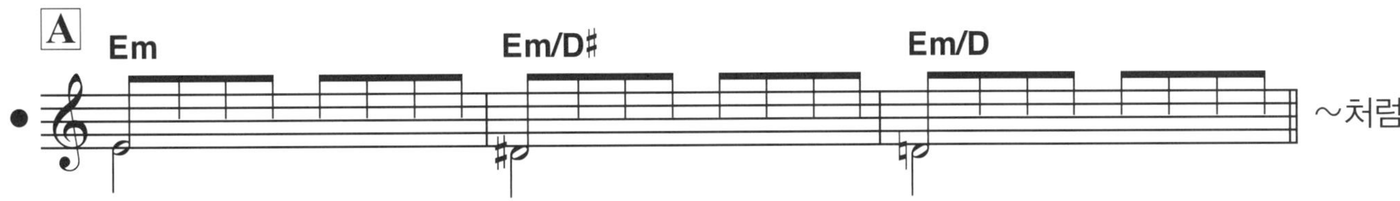

반음으로 진행하는 반주가 포인트입니다.

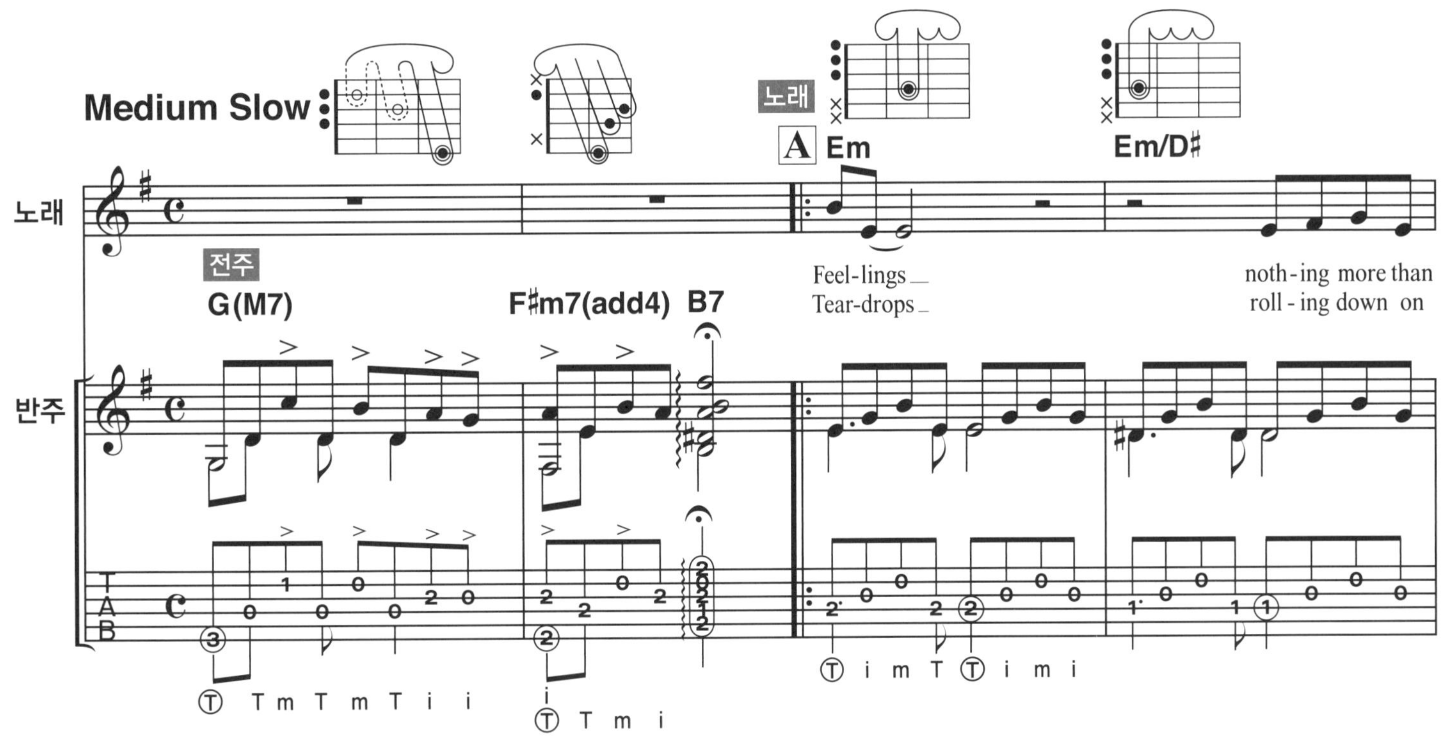

• A/C♯으로 연주하면 한결 부드러운 진행이 될 것입니다.
Em/D
A
Am
D7
feel - ings
my face
try-ing to for - get my
feel - ings of
1. G(M7)
F♯m7(add4) B7
2. GM7
E7
love
B
C
Am7
D7
Bm7
E7
노래
Feel - ings
for all my life I'll feel it
I wish I've nev - er
반주
( )처럼 연주해도 됩니다.
Am7
D7
Bm7
E7
met you girl
you'll nev - er come a - gain
2nd Time only
(F♯m7add4
B7)

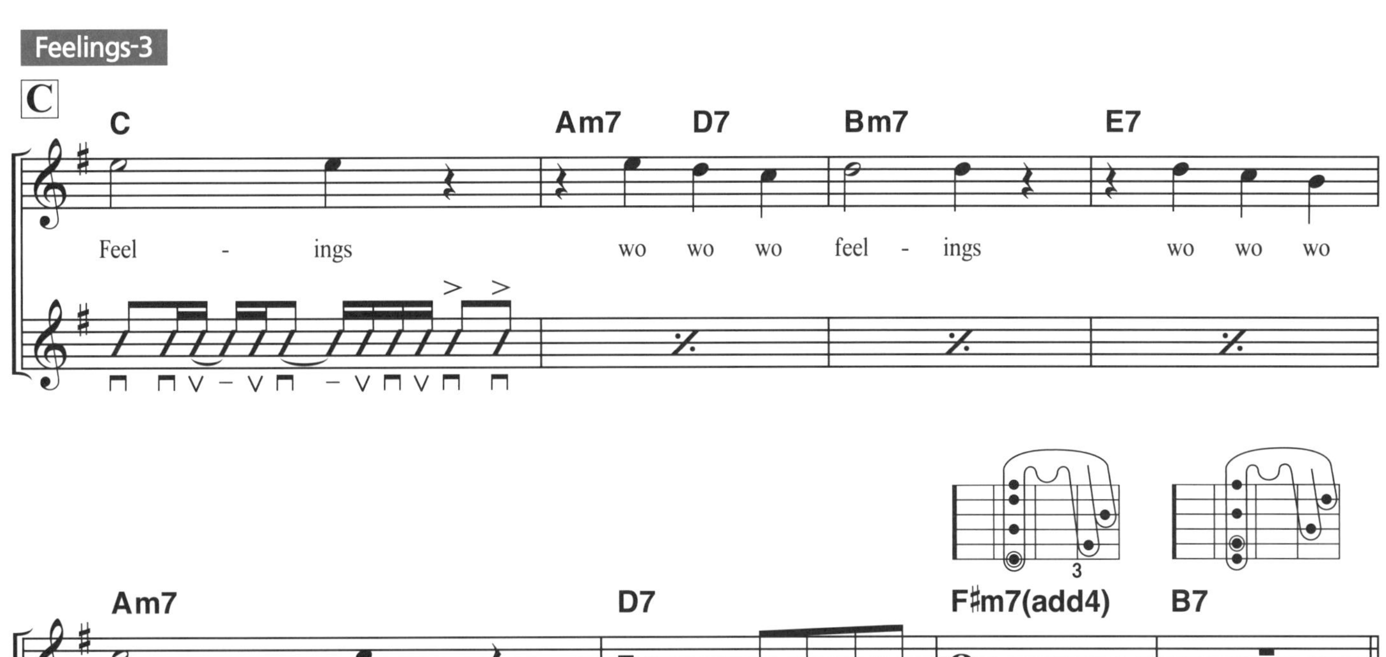
C
C
Am7
D7
Bm7
E7
Feel - ings
wo wo wo
feel - ings
wo wo wo

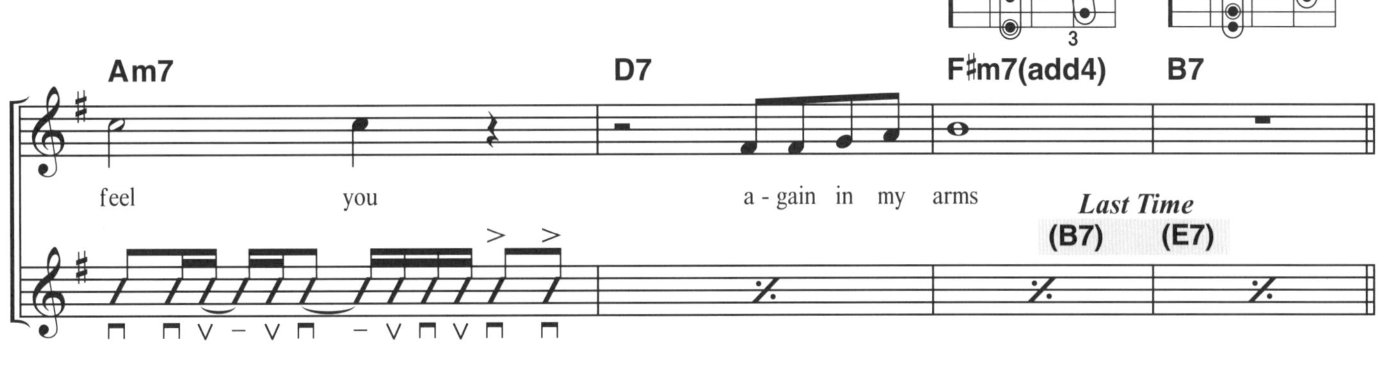
Am7
D7
F♯m7(add4)
B7
feel
you
a - gain in my arms
Last Time
(B7) (E7)

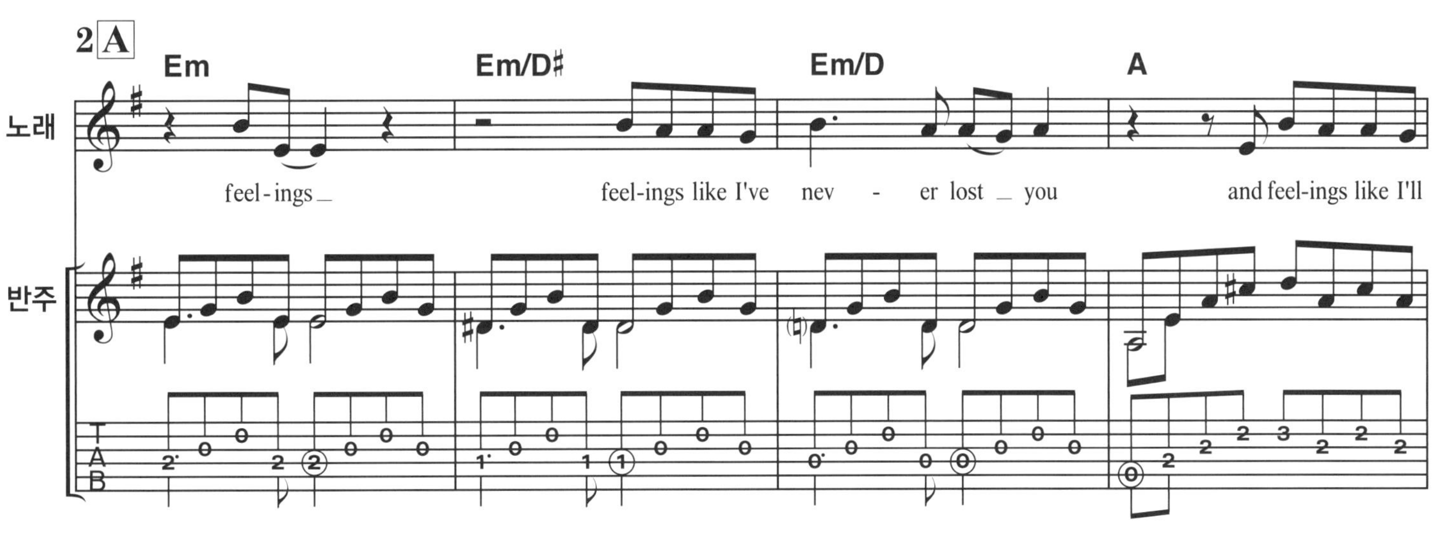
2 A
Em
Em/D♯
Em/D
A
노래
반주
feel-ings
feel-ings like I've
nev - er lost you
and feel-ings like I'll

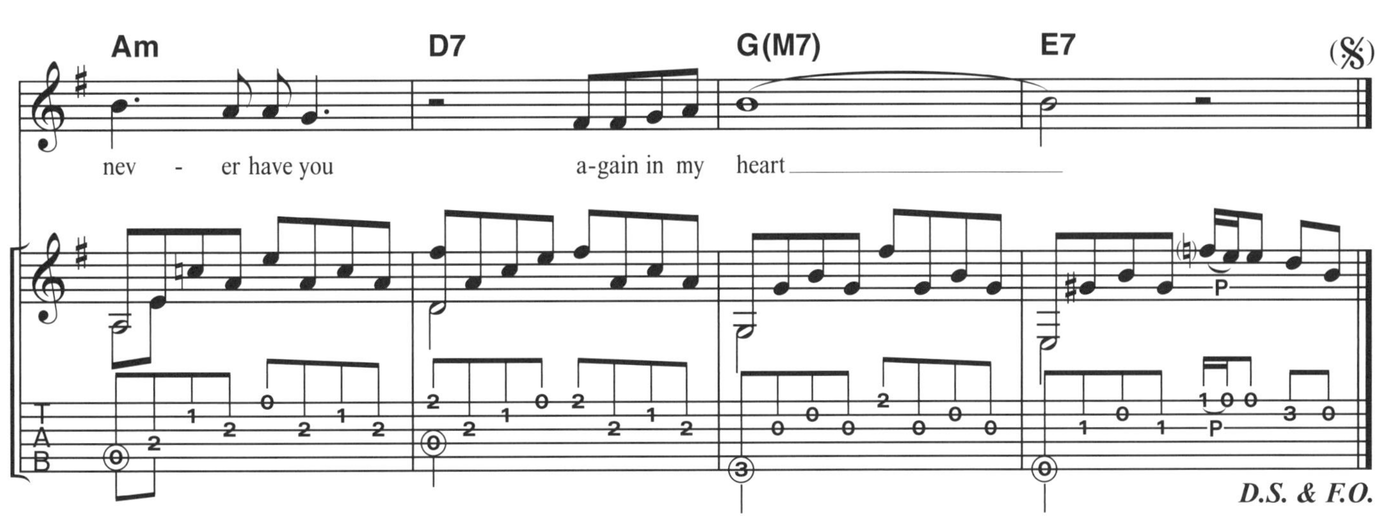
Am
D7
G(M7)
E7
nev - er have you
a-gain in my
heart
D.S. & F.O.

▶초급편

홀로 된다는 것

앨범 「변진섭」 1988

지 예 작사 · 하광훈 작곡 · 변진섭 노래 · 이정선 편곡

● 원곡에서는 피아노로 반주하고 있지만
여기서는 기타로 피아노의 기분을 내기 위해 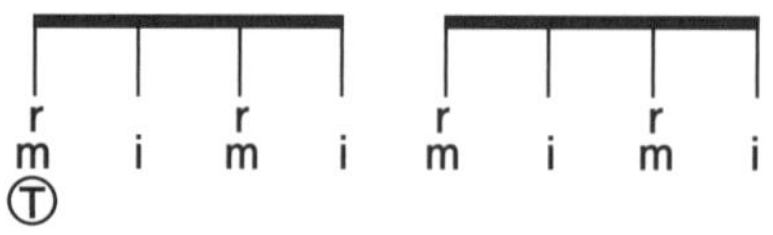 ~로 편곡했습니다.

● B 는 전형적인 Slow Beat 반주로 되어 있습니다.

~ 등으로도 연습해 보십시오.

● 간주 는 복잡한 박자로 되어 있으므로 원곡을 듣고 참고하는 것이 좋겠습니다.

Slow Beat

전주

신디사이저

반주

Dm B♭ C7 F A7 Gm

sus4

Dm B♭M7 A7sus4 A7 A7aug A7

A 노래 Dm Em7♭5 A7 Dm

노래

아주덤덤한– 얼 굴 로 나는되 돌아– 섰 지 만
아직못다한– 말 들 이 내게남 겨져– 있 지 만

반주

T A B

r r r r
m i m i m i m i
T

Gm
1. Dm
Em7♭5
A7
나의허 무한– 마음 은 가 눌 길 이 없 네
아픈마 음에– 목이
T
A
B

2. Dm
Em7♭5
A7
Dm
메 어 와 아 무 말 못 했 네 지난
T
A
B

B
Gm
C7
F
Gm
Em7♭5
A7
날 들을– 되 새 기 며 수많 은 추억을 헤이 며 길고

Gm
C7
F
Gm
Em7♭5
A7
긴 밤을– 세 워 야 지 나의 외로움 – 달 래 야 지

Dm
Gm
C7
F
A7
이 별은 두렵 지 않 아
눈 물은 참을 수 있 어
(A7)
Dm
Gm
Em7♭5 A7
Dm
하 지만 홀 로 된 다 는 것 이 나 를 슬 프 게 해
<간주의 솔로 운지표>
(Coda)
간주
솔로
H&P&P
반주 기타
Dm
Dm/C
B♭M7
A7
H&P
노래
지난
D.S. al Coda
후주
(Ad-lib. & F.O.)

칠갑산

앨범 「주병선 1집」1990

조운파 작사 · 조운파 작곡 · 주병선 노래 · 이정선 편곡

Capo 3프렛(Original Gm Key)

- 원곡은 Gm Key이지만 카포를 3번 프렛에 사용해서 기타가 분산화음을 연주하는데 그 중 쇠줄기타는 카포를 사용하지 않고 Gm Key로 연주하고 나일론 줄 기타는 카포를 5번 프렛에 사용하여 Dm Key로 연주합니다.

- 기타 한 대로 노래를 즐기려면 분산화음보다 ~의 리듬 반주가 어울릴 것 같습니다.

- 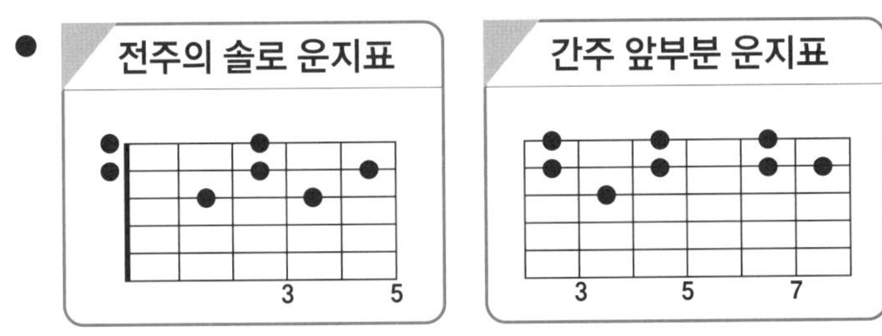

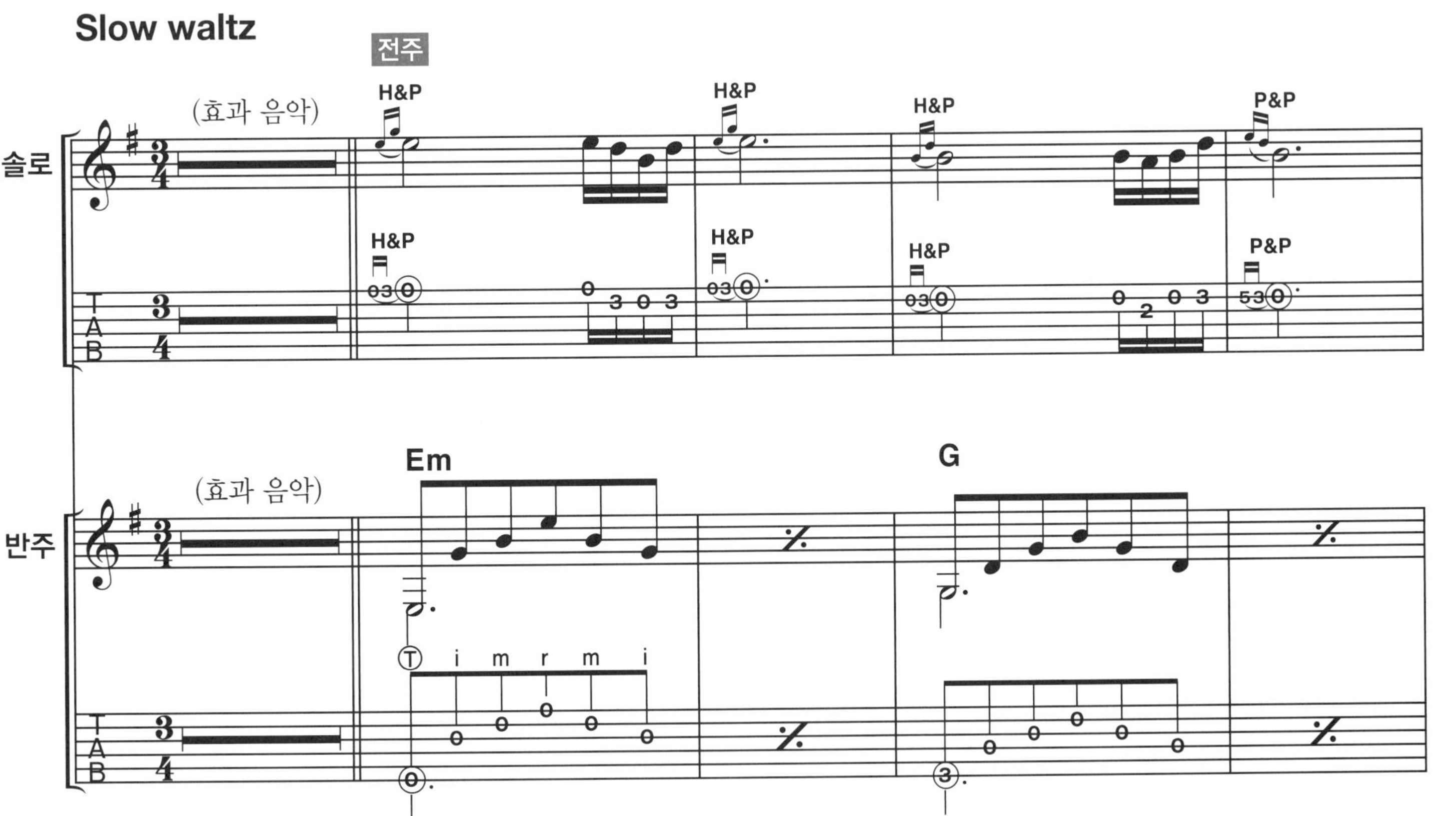

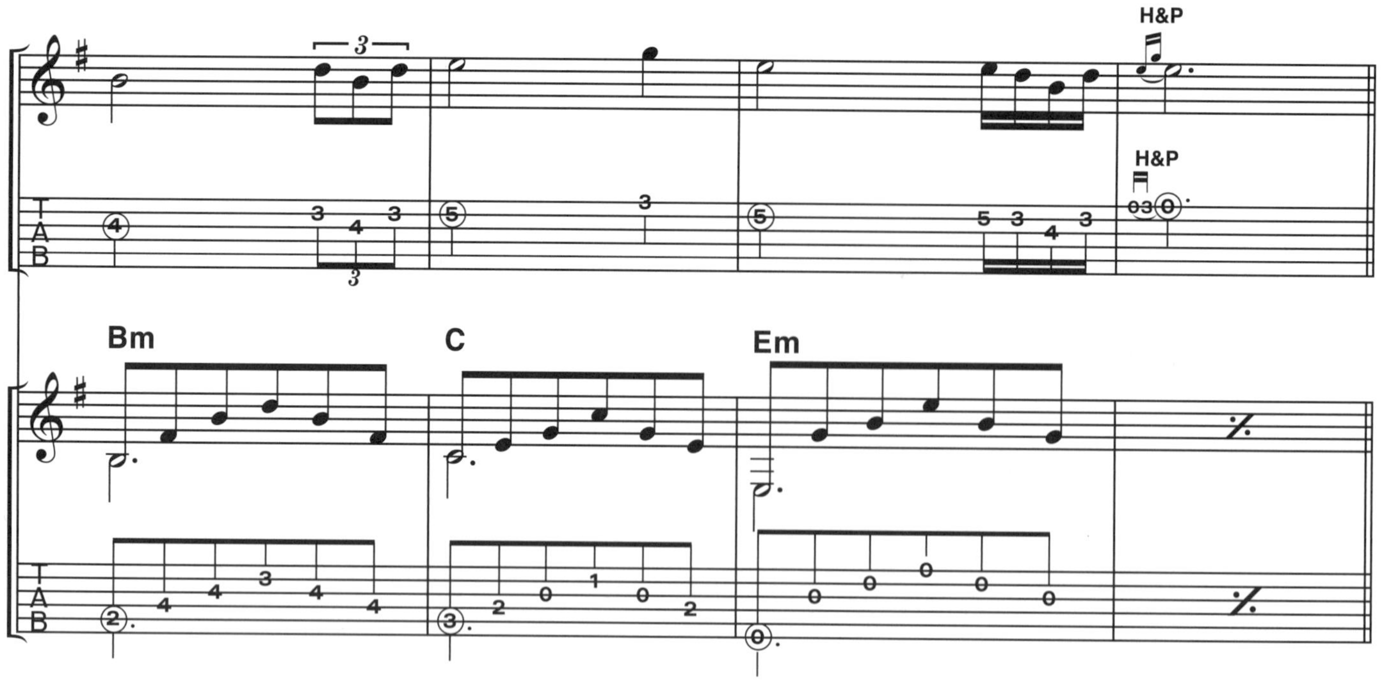
H&P
H&P
Bm
C
Em

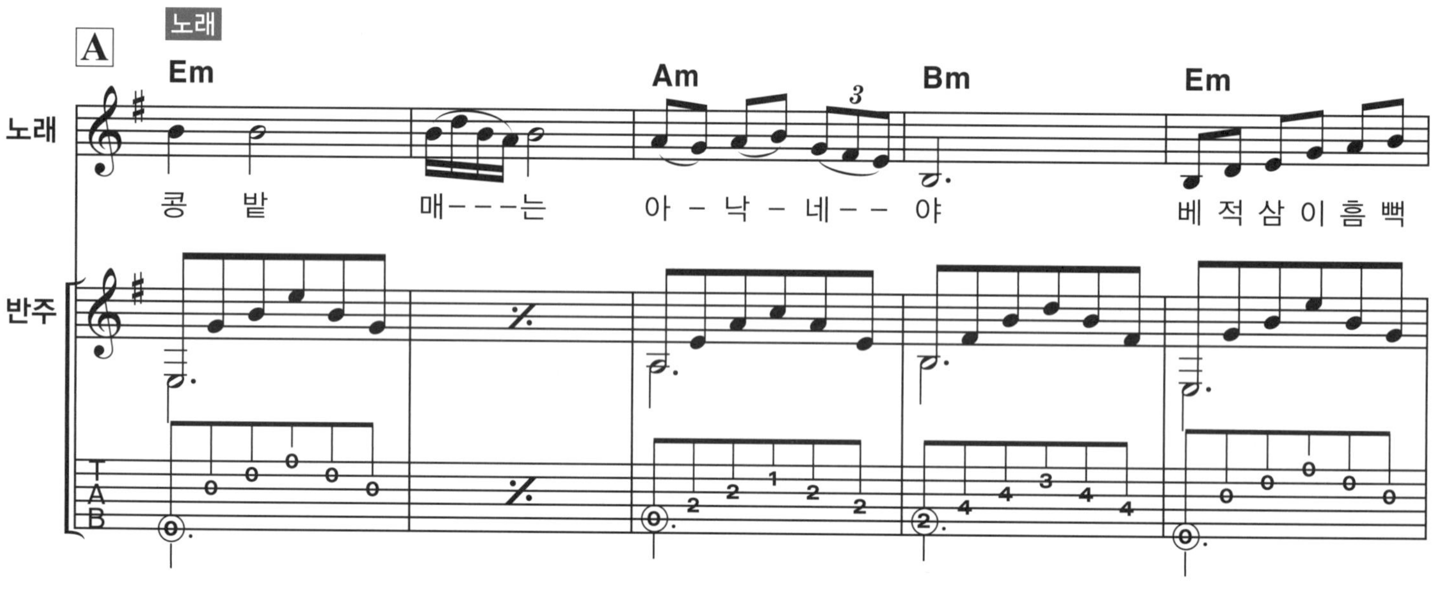
A
노래
Em
Am
Bm
Em
노래
콩 밭 매---는 아 - 낙 - 네 - - 야 베 적 삼 이 흠 뻑
반주

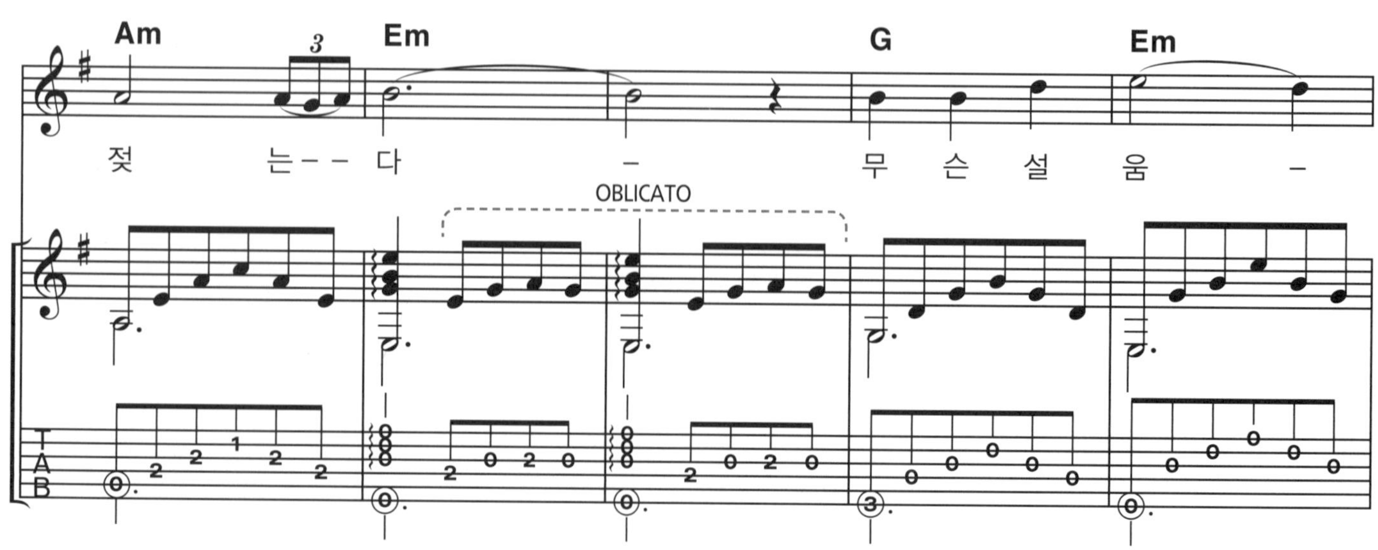
Am
Em
G
Em
젖 는-- 다 - 무 슨 설 움 -
OBLICATO

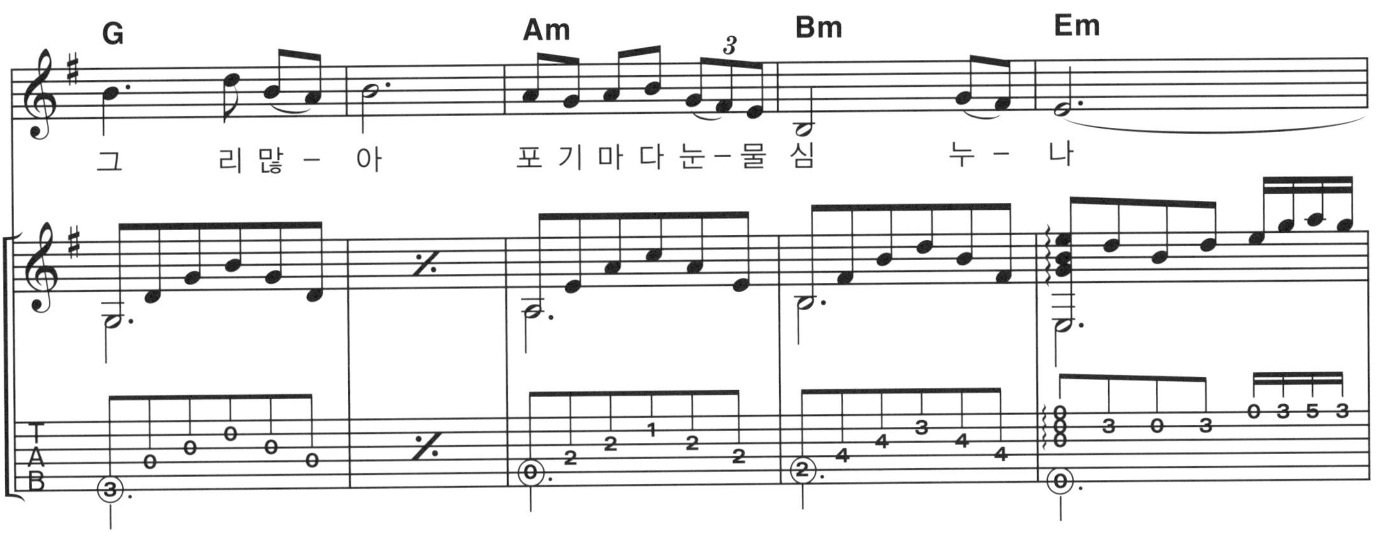
G
Am
Bm
Em
그 리 많 – 아 포 기 마 다 눈 – 물 심 누 – 나

B
Em
B7
Em
– 홀 어 머 니 두 – 고 시 집 가 던 날

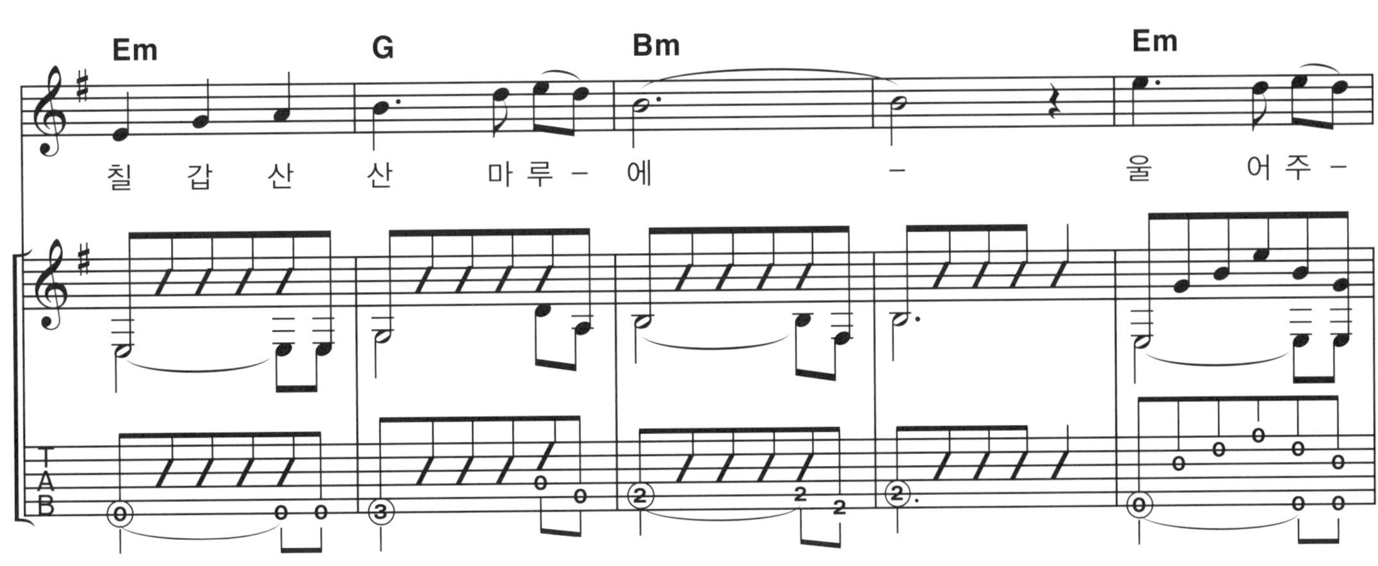
Em
G
Bm
Em
칠 갑 산 산 마 루 – 에 – 울 어 주 –

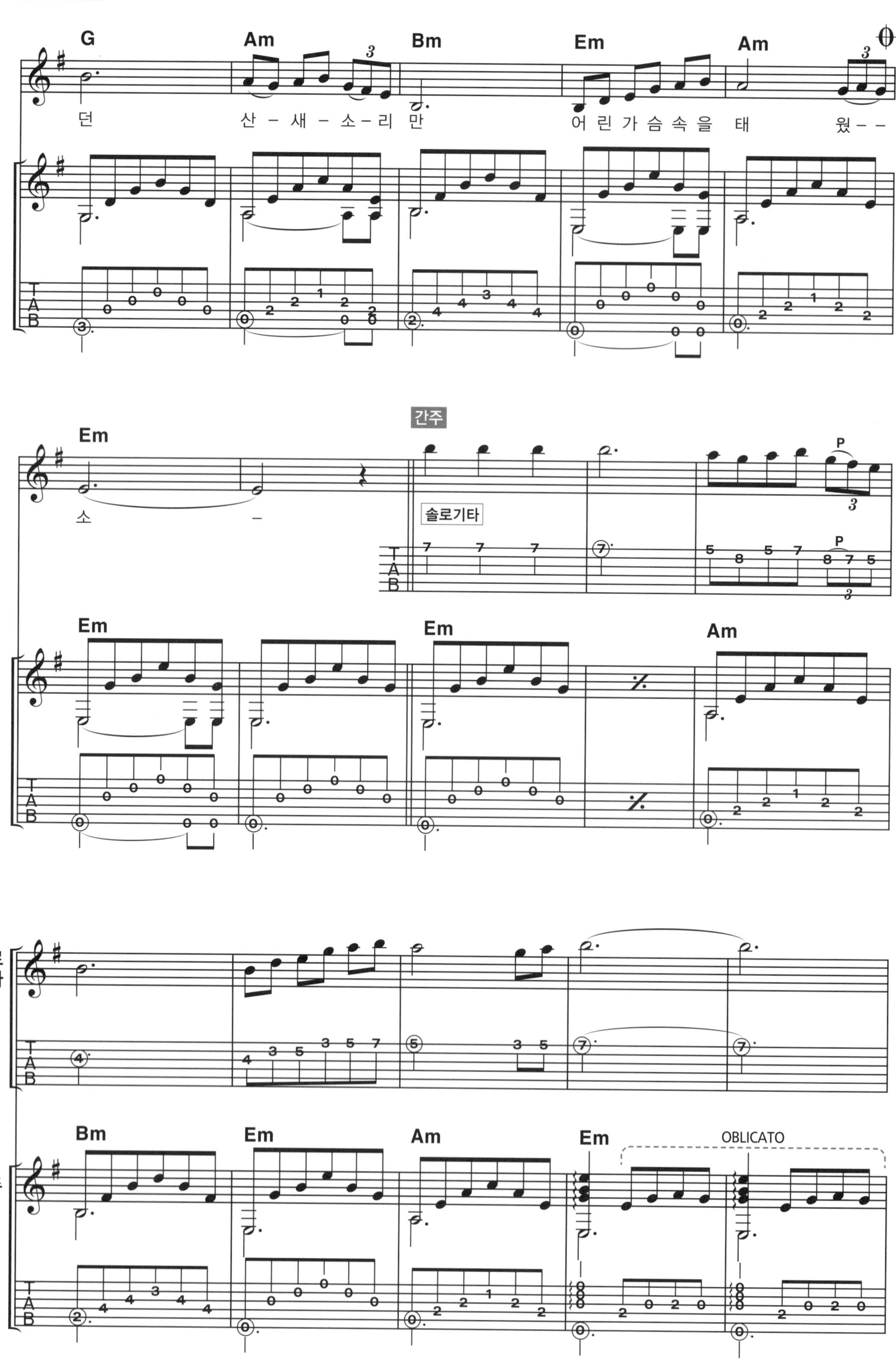
G
Am
Bm
Em
Am
던
산 – 새 – 소 – 리 만
어 린 가 슴 속 을
태
웠 – –
Em
간주
소
–
솔로기타
P
Em
Em
Am
솔로
기타
Bm
Em
Am
Em
OBLICATO
반주

G
Em
G
Am
Bm
Em
OBLICATO
D.S. (to B) al Coda
Em
후주
H&P
소
Em
H&P
Em
G
Bm
Em

▶중급편

안녕이라고 말하지 마

앨범 「**이승철 1집**」*1988*

박광현 작사 · 박광현 작곡 · 이승철 노래 · 이정선 편곡

- 원곡에서는 피아노로 반주되어 있지만 여기서는 그 기분을 최대한 살려서 기타 악보로 옮겨 보았습니다.
- 코드의 각 음정들이 자연스럽게 흘러가듯 기타줄을 차례대로 연주합니다.
  (예를 들어 베이스 6번선이면, 6번선 → 5번선 → 4번선 → 3번선 → ……등)
  일정한 패턴이 없이 자유롭게 느껴지는 반주입니다.
- 원곡에서 테너 색소폰으로 연주했던 간주의 멜로디에 TAB 악보를 붙였습니다.

Slow Beat

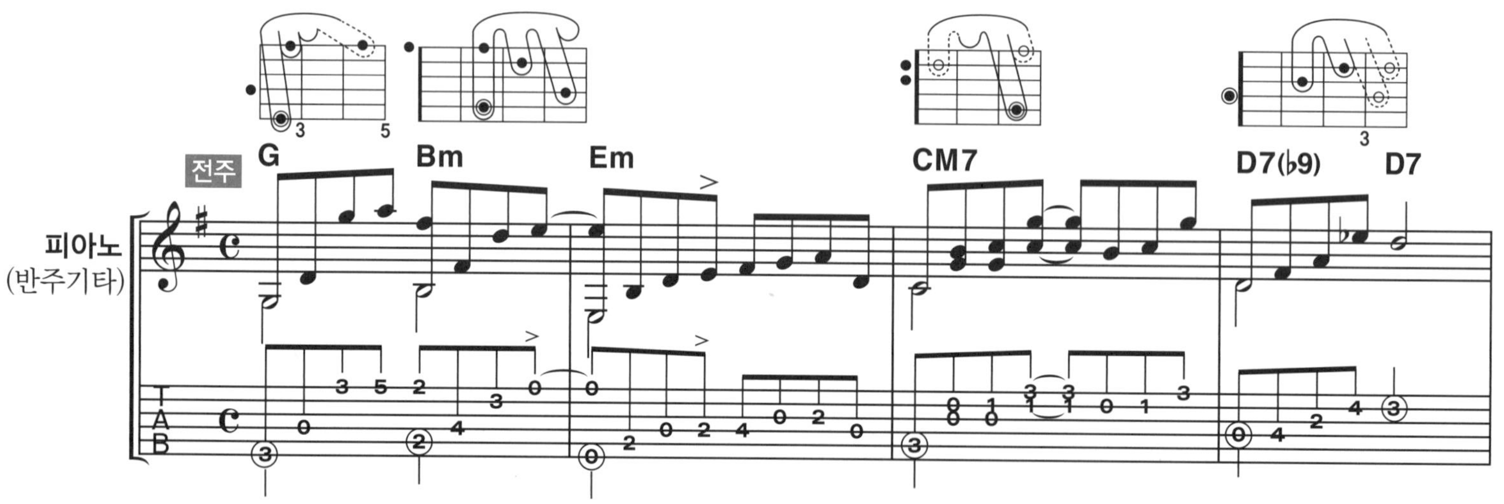

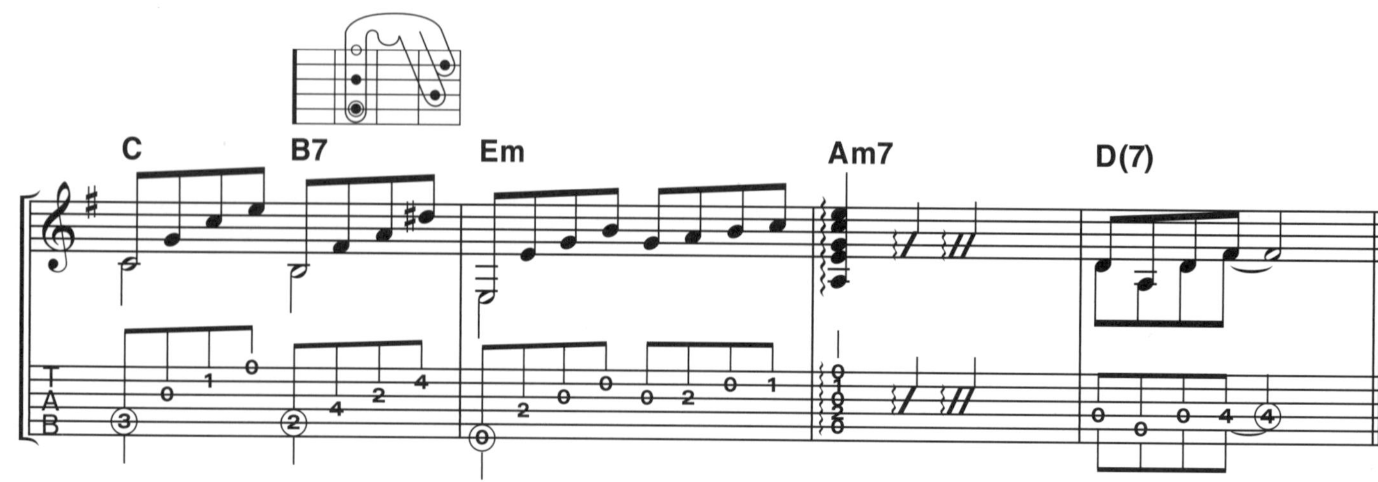

A
GM7 Bm Em CM7 D7
노래
소 리 내 지 마 – 우 리 사 랑 – 이 날 아 가 – 버 려
반주
TAB
CM7 B7 Em A7 D7
움 직 이 지 마– – 우 리 사 랑 – 이 약 – 해 지 – 잖 아– –
2A
GM7 Bm Em CM7 D7
얘 기 하 지 마 – 우 리 사 랑 – 을 누 가 듣 – 잖 아
CM7 B7 Em A7 D7
다 가 오 지 마– – 우 리 사 랑 – 이 멀 – 어 지 – 잖 아

G Em C D7

안 녕 – 이 라 고 말 – 하 지마– 우린 아–직 – 이 별 이 뭔 지 – 몰 라–

반주

간주의 운지표

3 5 7 9 12

간주

T A B

7 5 8 7 8 5 8

(Coda)

3 5

솔로 기타

7 8 7 7 7 5 8 7 8 7 7 7 | 5 5 4 7 5 7 5 8 | 7 8 5 8 7 8 7 8 | 7 8 7 7 5 7 8

반주 기타

G Bm Em CM7 D7♭9 D7

C
B7
Em
Am7
D7
3 A
CM7
Bm
노래
반주
소 리 내 지 마 –
우 리 사 랑 – 이 날 아 가 – 버 려
A7
우 리 사 랑 – 이 멀 – 어 지 – 잖 아– –
움 직 이 지 마– –
D.S. al Coda
G
– 안 녕 – 이 라 고 말 – 하 지마– 우린 아–직 – 이 별 이 뭔 지 – 몰 라–
후주

▶초급편

Donde Voy

앨범「Homeland」1996

Tish Hinojosa 작사 · Tish Hinojosa 작곡 · Tish Hinojosa 노래 · 이정선 편곡

Capo 4프렛 (Original C♯m Key)

- 원곡은 **C♯m** Key이지만 카포를 4프렛에 사용하여 **Am** Key로 연주합니다.
- **2** A · 후주에서는 기타와 만돌린이 합주를 하고 있습니다.
  반주 기타는 클래식 기타(나일론 줄)를 사용하는 것이 노래 분위기에 어울릴 것입니다.
- 멕시코 노래를 따라 부를 수 있게 한글로 발음대로 적었지만, 원곡을 듣고 발음을 교정하면서 노래하면 좋을 것 입니다.
- Donde Vog는「어디로 갈까?」라는 뜻입니다.

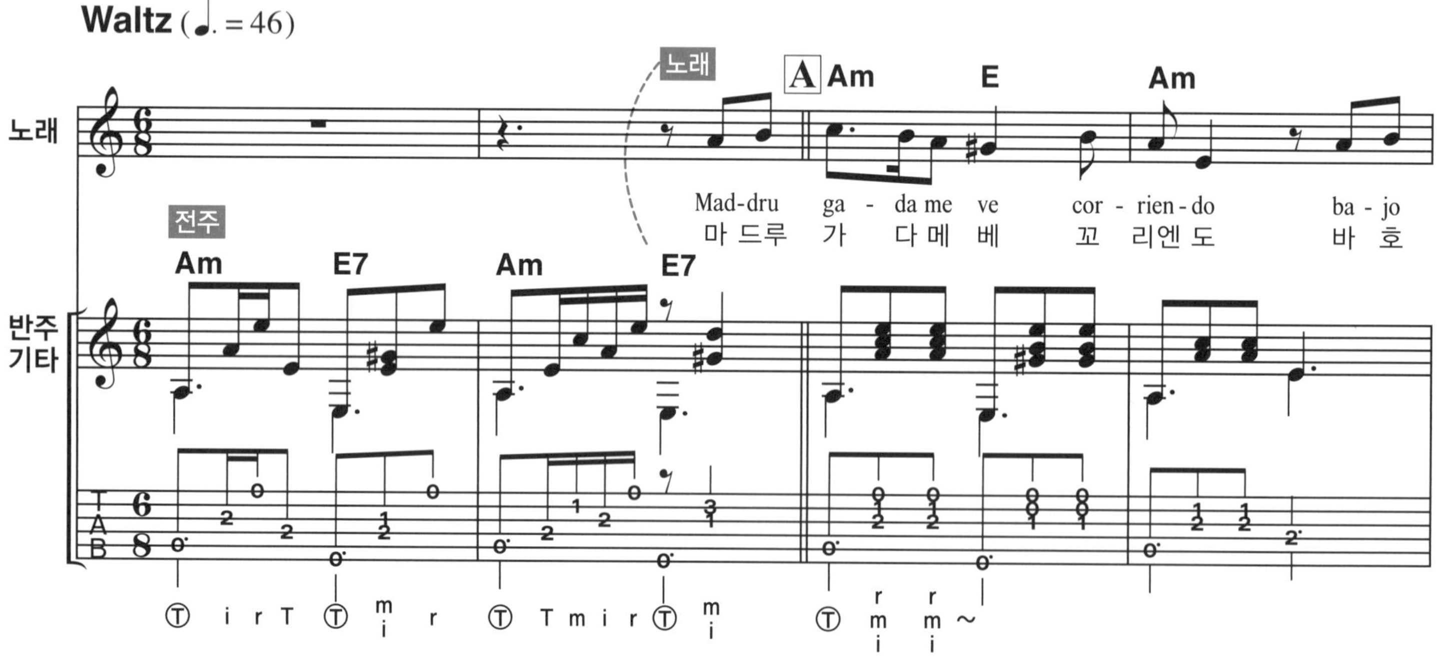

F
E7
Am
E
Am
fuer - za de la mi - gra - cion
Un dolor que sien - to en el pe - cho
Es mi
쁘에르사 데 라 미 그라 씨옹
운 도로 께 씨 엔또 에 넬 빼 쵸
에스 미

Am
Dm
E
Am
Am/G
al - ma que il - ere de-a - mor
pienso en ti - y tu bra - zos que espe - ran
Tus
알 마 께 일 에 데아 모르
삐엔소엔 띠 이 뚜 브라소스 께 에스빼란
뚜스

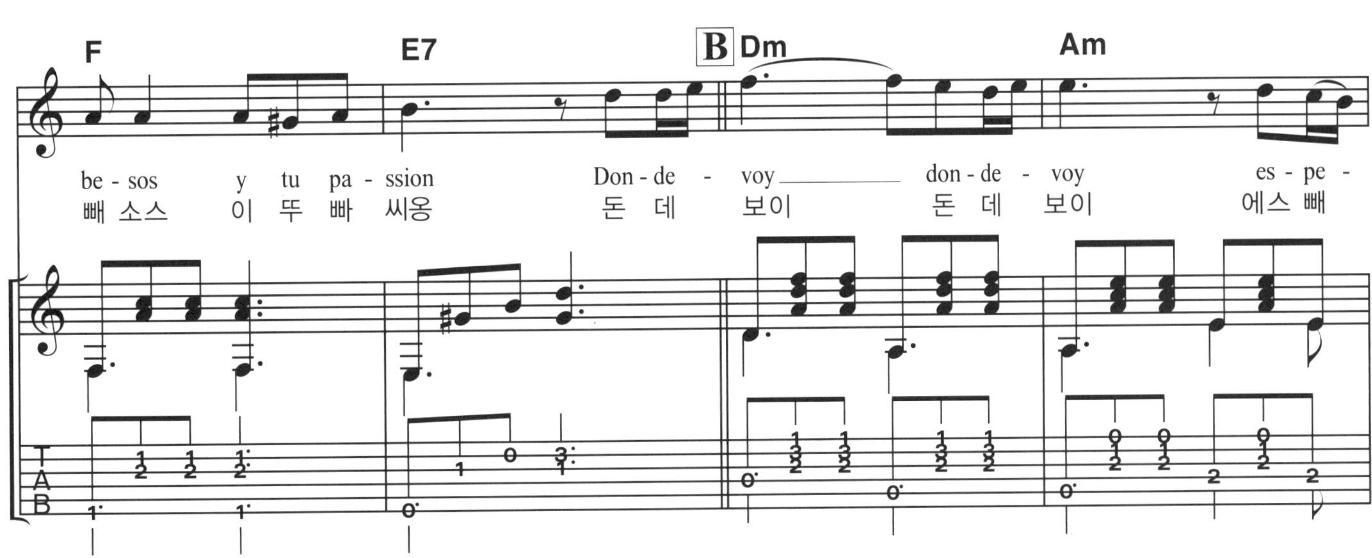
F
E7
B
Dm
Am
be - sos y tu pa - ssion
Don - de - voy
don - de - voy
es - pe -
빼 소스 이 뚜 빠 씨옹
돈 데 보이 돈 데 보이
에스 빼

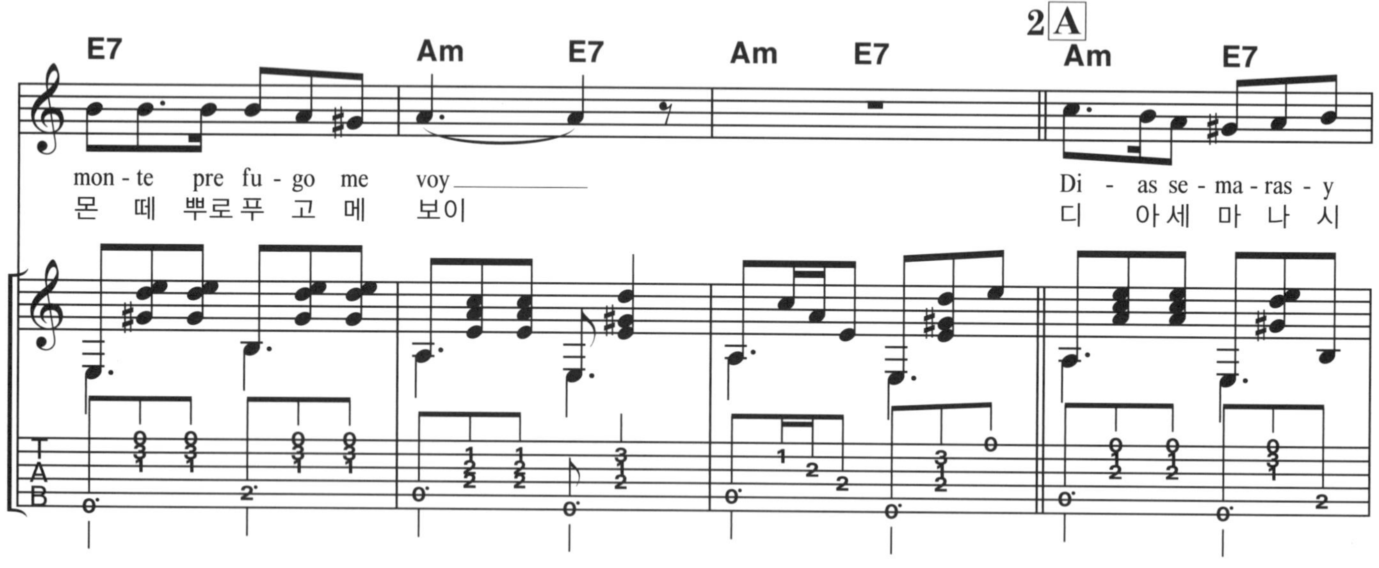

• = 정도의 빠르기로 트레몰로합니다(집게손가락 또는 플랫 피크를 사용하십시오).

Am
Am7/G
F
E(7)
Am
E(7)
ne - re yo te quie - ro te-ner jun - to a mi El tra - ba jo me lle - na la -
네 로 요 떼 끼에 로 떼 네 운 또아 미 엘 뜨라 바 호 메 일에 나 라

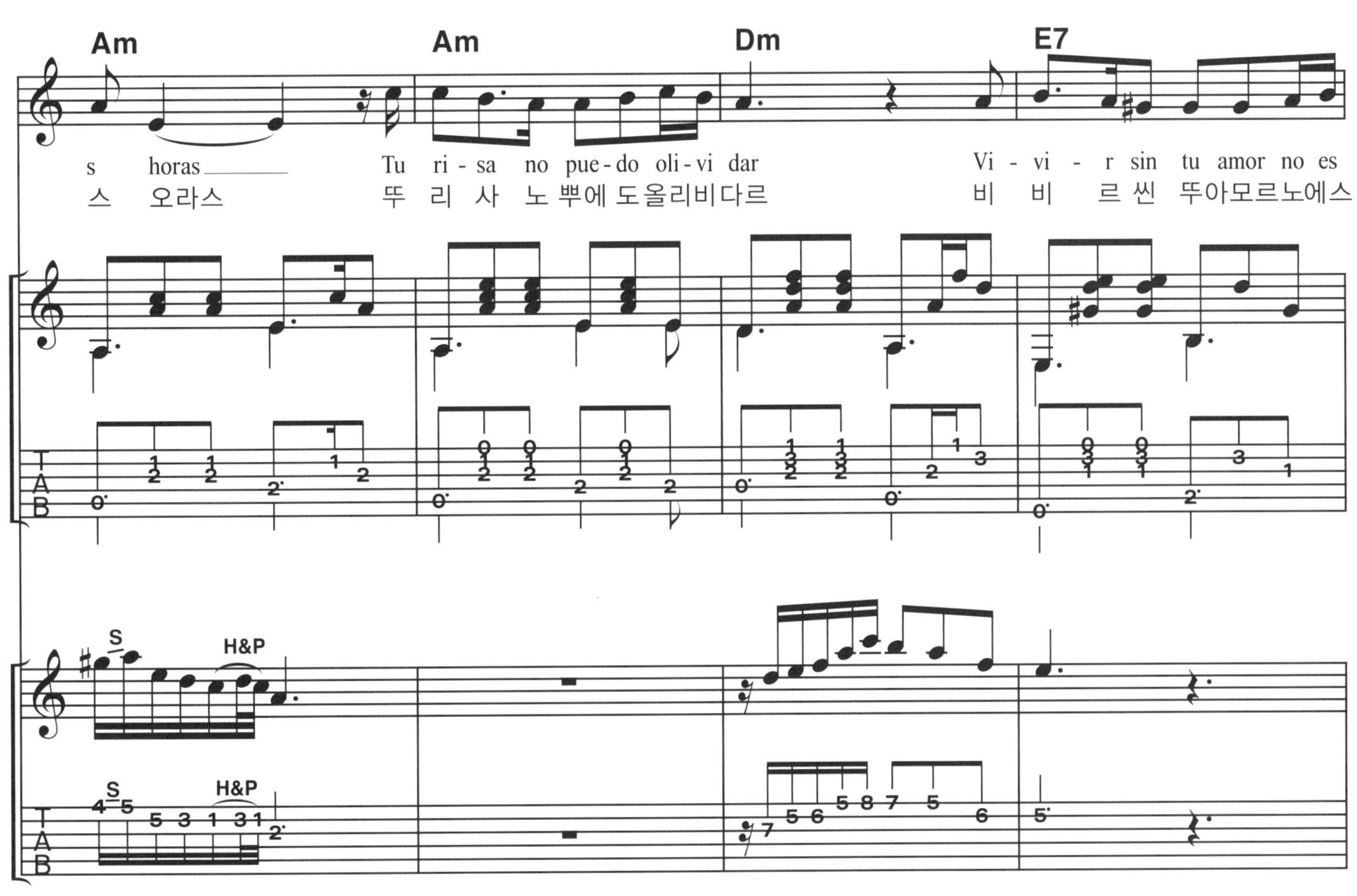
Am
Am
Dm
E7
s horas Tu ri - sa no pue - do oli - vi dar Vi - vi - r sin tu amor no es
스 오라스 뚜 리 사 노 뿌에 도올리비다르 비 비 르 씬 뚜아모르노에스
S
H&P

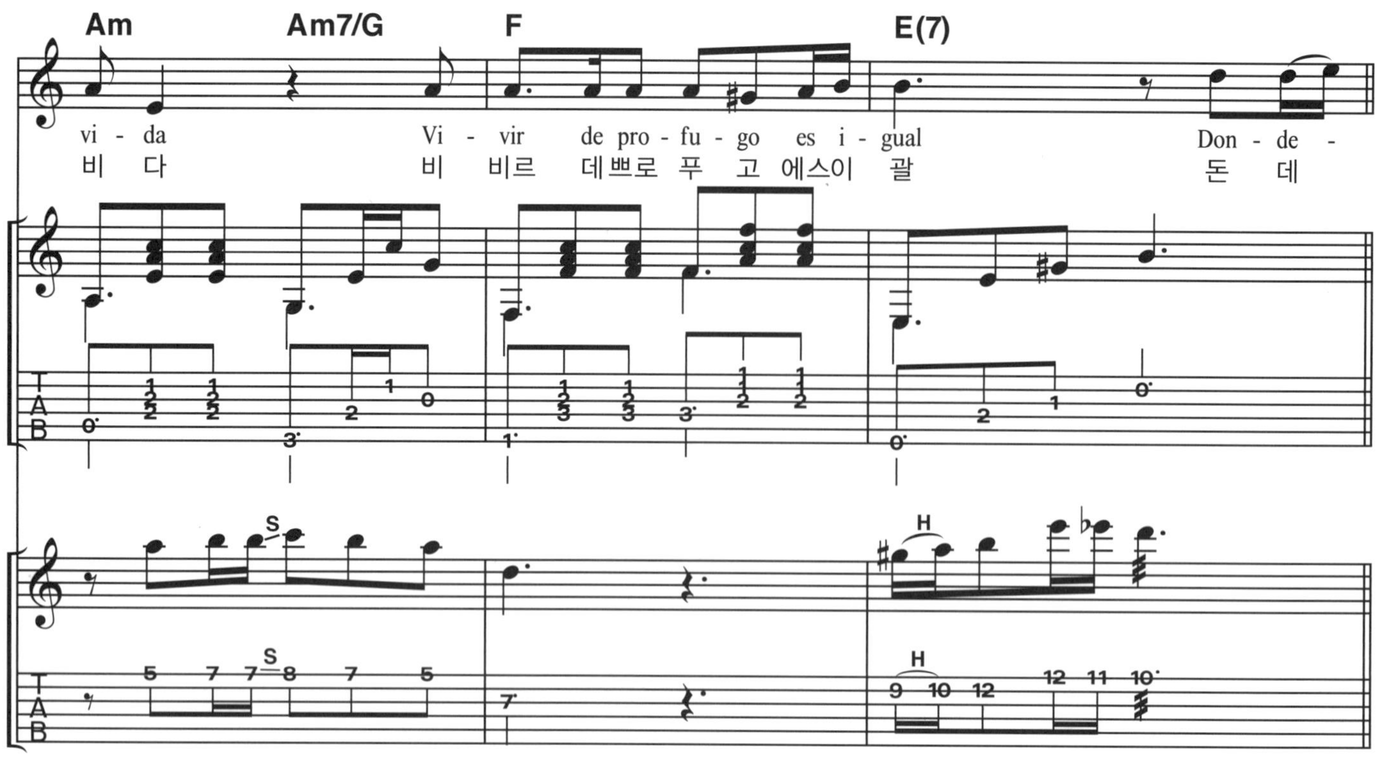
Am Am7/G F E(7)
vi - da Vi - vir de pro - fu - go es i - gual Don - de -
비 다 비 비르 데쁘로 푸 고 에스이 괄 돈 데

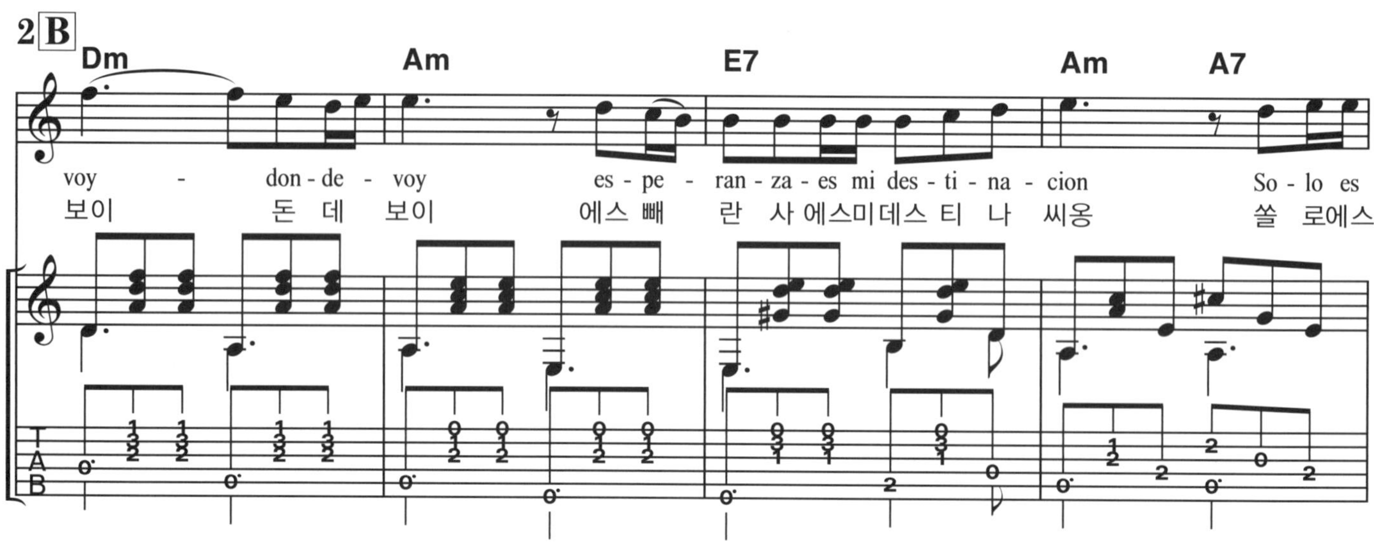
2 B
Dm Am E7 Am A7
voy - don - de - voy es - pe - ran - za - es mi des - ti - na - cion So - lo es
보이 돈 데 보이 에스 빼 란 사 에스미데스 티 나 씨옹 쏠 로에스

Dm Am E7 Am A7
to - y So - lo es to - y por el mon - te - pro - fu - go me voy Don - de -
또 이 쏠 로에스또 이 뽀 렐 몬 떼 쁘로푸 고 메 보이 돈 데

Dm Am E7 Am A7
voy don - de voy es - pe - ran - za - es mi des - ti - na cion So - lo es
보이 돈 데 보이 에스 빼 란 자 에스미데스 티 나 씨옹 쏠 로에스

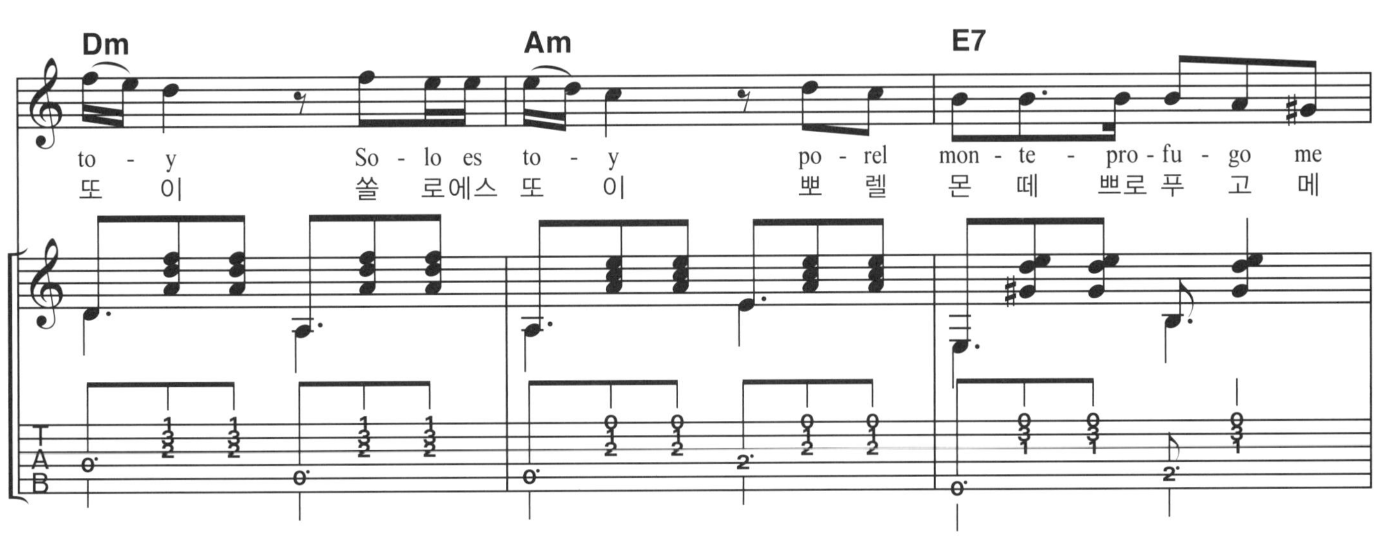
Dm Am E7
to - y So - lo es to - y po - rel mon - te - pro - fu - go me
또 이 쏠 로에스 또 이 뽀 렐 몬 떼 쁘로 푸 고 메

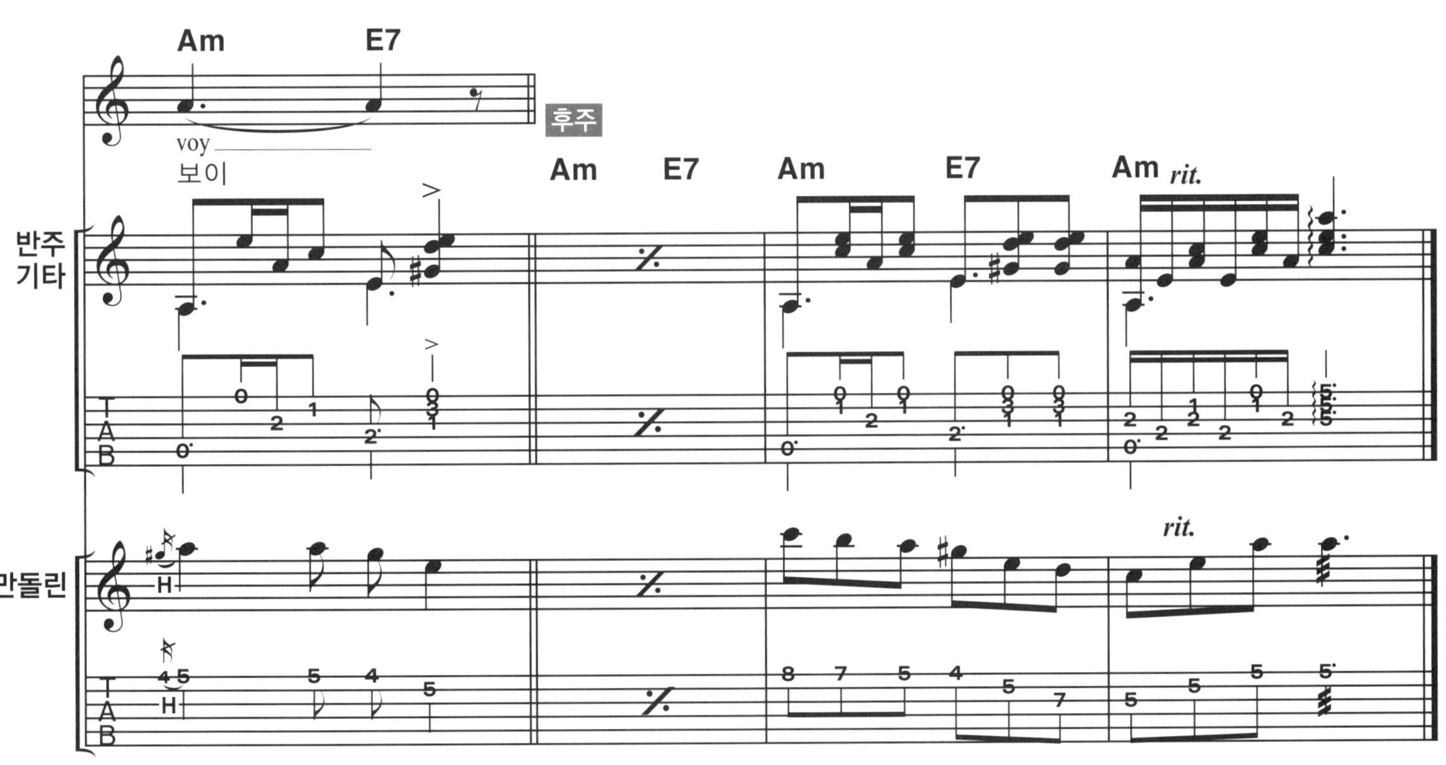
Am E7
voy
보이
후주
Am E7 Am E7 Am rit.
반주 기타
만돌린
rit.

대답없는 너

앨범 「**김종서 1집**」*1992*

채정은 작사 · 김종서 작곡 · 김종서 노래 · 이정선 편곡

Capo 1프렛(Original Fm Key)

- 원곡은 **Fm** Key이지만 카포를 1번 프렛에 사용하여 **Em** Key로 연주합니다.
- 전주와 노래 앞부분은 키보드 반주를 기타로 편곡했습니다.

Slow Beat ♩= 63

전주

일렉 기타

(드럼 솔로)

반주

Em B7/D♯ G/D A7/C♯

A

플루트

반주

C Bm7 Am B7

노래

Em B7/D♯ G/D A7/C♯

노래

힘없 이– 멈 춰 진 하 얀 손 싸 늘히– 식 어 가 는 눈– 빛 – 작

반주

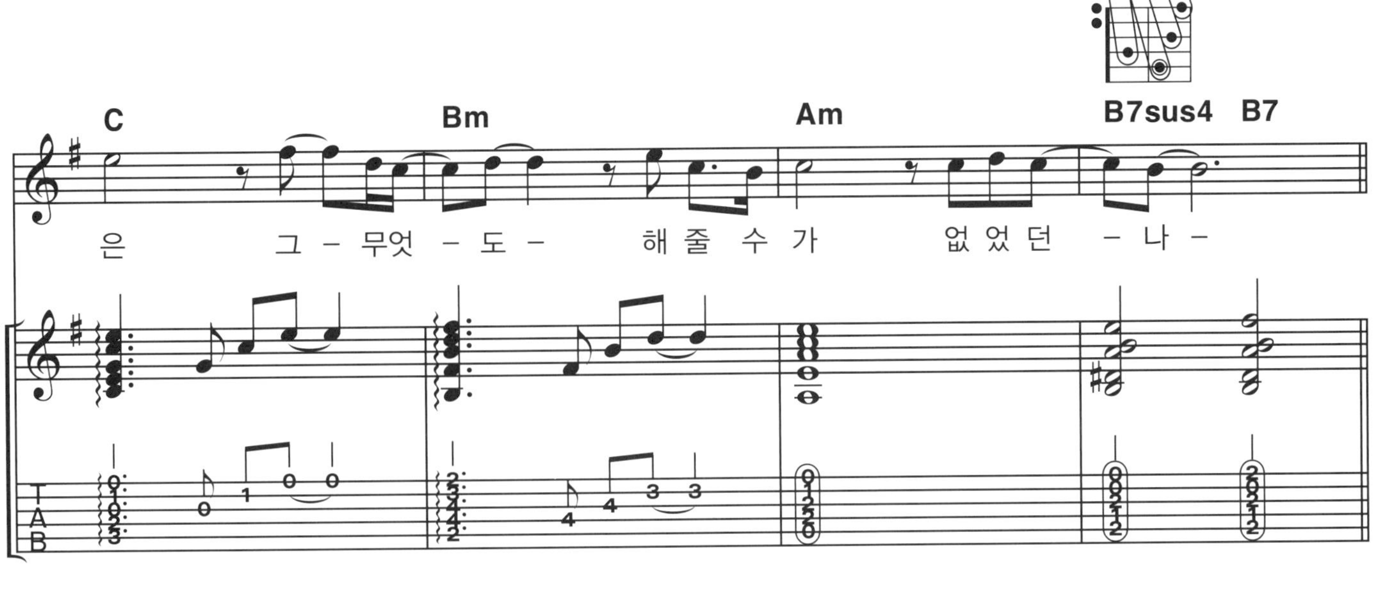
C
Bm
Am
B7sus4 B7
은 그 – 무엇 – 도 – 해 줄 수 가 없 었 던 – 나 –

2 A
Em
B7/D♯
G/D
A7/C♯
비라 도– 내 리 길 바 랬 지 며 칠이– 갔 는 지 몰 랐– 어 – 그

C
Bm
Am
B7sus4 B7
저 숨 – 쉬는 – 게 – 허 무 한 듯 느 껴 질 – 뿐 –

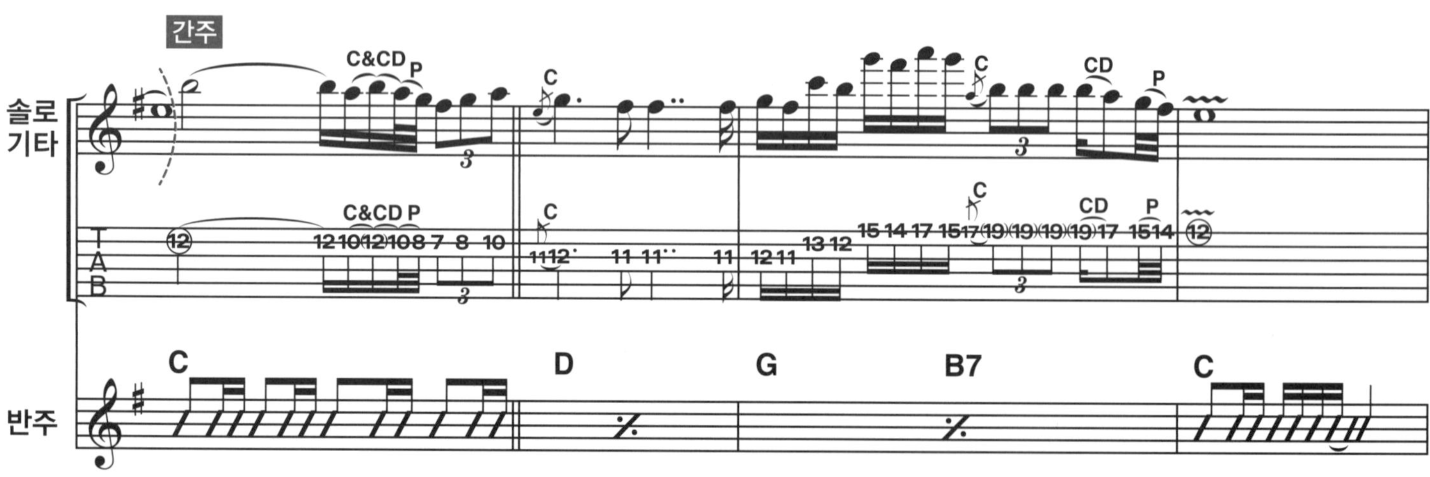

베이스 기타 • 1옥타브 낮추어 연주하십시오.

Em Em C D
데 – 이 제난 누 구의– 가 슴에 안 겨서–아 픔 을 –얘기해야 –하는
G B7 Em C D B7
– 가 – 너 무힘 들 다고– 말 하 고 싶 지만–들 어 줄 –너는– –없는
노래
Em C D B7
데 – – – –
솔로 기타
C
C&CD
P
C C C
반주
Em C D B7
Em
후주
rit.
Em

질투

앨범 「**유승범**」*1992*

최연지, 이순자 작사 · 김지환 작곡 · 유승범 노래 · 이정선 편곡

● 코드의 1도와 5도(3도는 뺌)의 두 음만으로 연주하는 전형적인 록 배킹(Rock Backing)주법을 사용하고 있습니다.
피킹은 다운(ㄇ)만을 사용합니다.
예)

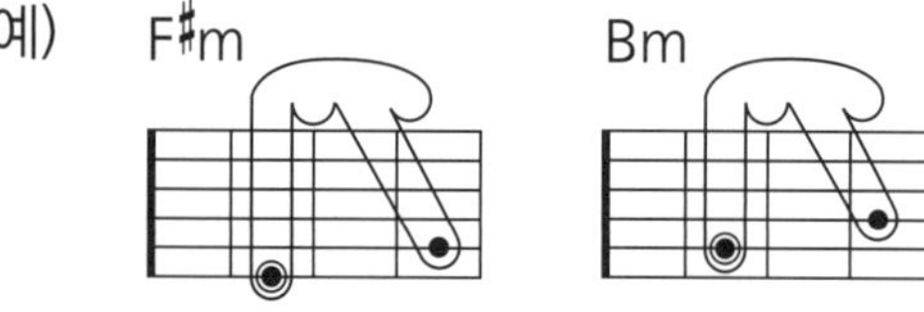

● 몇 곳을 제외하고는 대부분 두 줄(5 · 6번선 또는 4 · 5번선)만 사용하여 연주합니다.

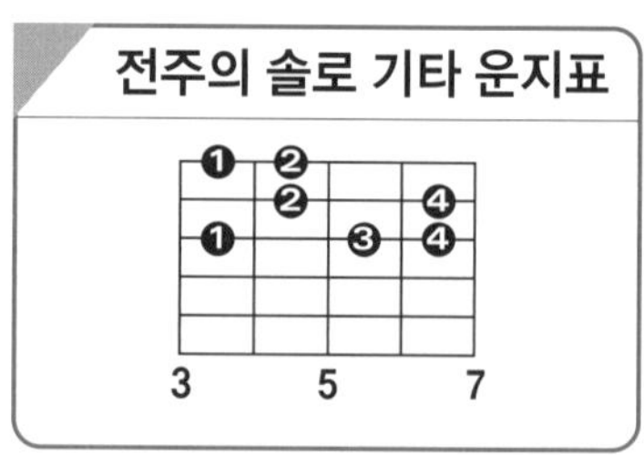

Rock Beat ♩= 107

노래
넌
A
C#m
F#m
C#m
D
A
Bm
E7

A
A
F#m
Bm
E7
노래
대 체 누 – 굴 보 고 있 는 거 야 – 내 가 지 금 여 기 – 눈 앞 에 서 있 는 – 데 날
누 굴 위 – 해 웃 고 있 는 거 야 –
반주
(리듬)

A
F#m
Bm
E7
너 무 기 – 다 리 게 만 들 지 마 – 웃 고 있 을 거 라 – 생 각 하 지 마 – 많 은
항 상 곁 에 있 다 –

B
C♯m F♯m Bm E7
것 을 바라지않 -아- 그저 사랑의눈빛이필요 할 뿐야- 나의
C♯m F♯m Bm B E7
마 음 전하려해 - 도- 너의 눈동자는- 다른 말을하고-있잖아
2 A
E7 A F♯m
서로를잘안다고느 꼈었 지-
Bm E7 A F♯m
그리서사랑이라생 각했 어- 너무멀지않는곳에 있어 줘-

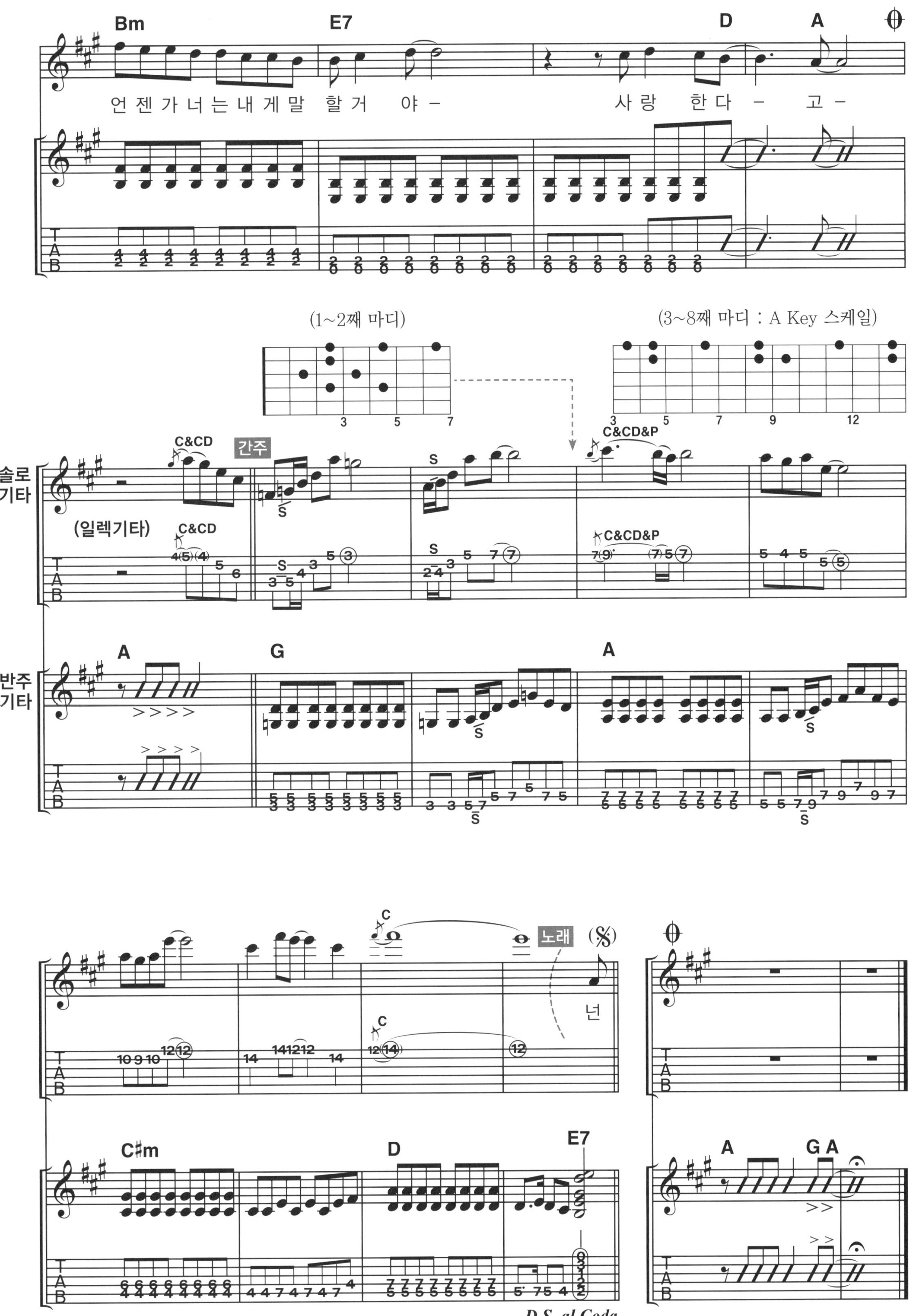
Bm
E7
D
A
언 젠 가 너 는 내 게 말 할 거 야 –
사 랑 한 다 – 고 –
(1~2째 마디)
(3~8째 마디 : A Key 스케일)
C&CD
간주
C&CD&P
솔로 기타
(일렉기타)
반주 기타
A
G
A
C
노래
넌
C#m
D
E7
A
G A
D.S. al Coda

▶초급편

What A Wonderful World

영화 「**굿 모닝 베트남**」 사운드 트랙 *1989*

George David Weiss, Robert Thiele 작사 · 작곡 · Louis Armstrong 노래 · 이정선 편곡

- 1967년 루이 암스트롱이 발표한 곡으로 영화 「굿 모닝 베트남」에 사용되면서 새롭게 알려진 곡입니다.
- 원곡은 피크로 분산화음을 연주했지만 Ⓣ i m r m i Ⓣ i m r m i 의 핑거링으로 반주해도 어울립니다.

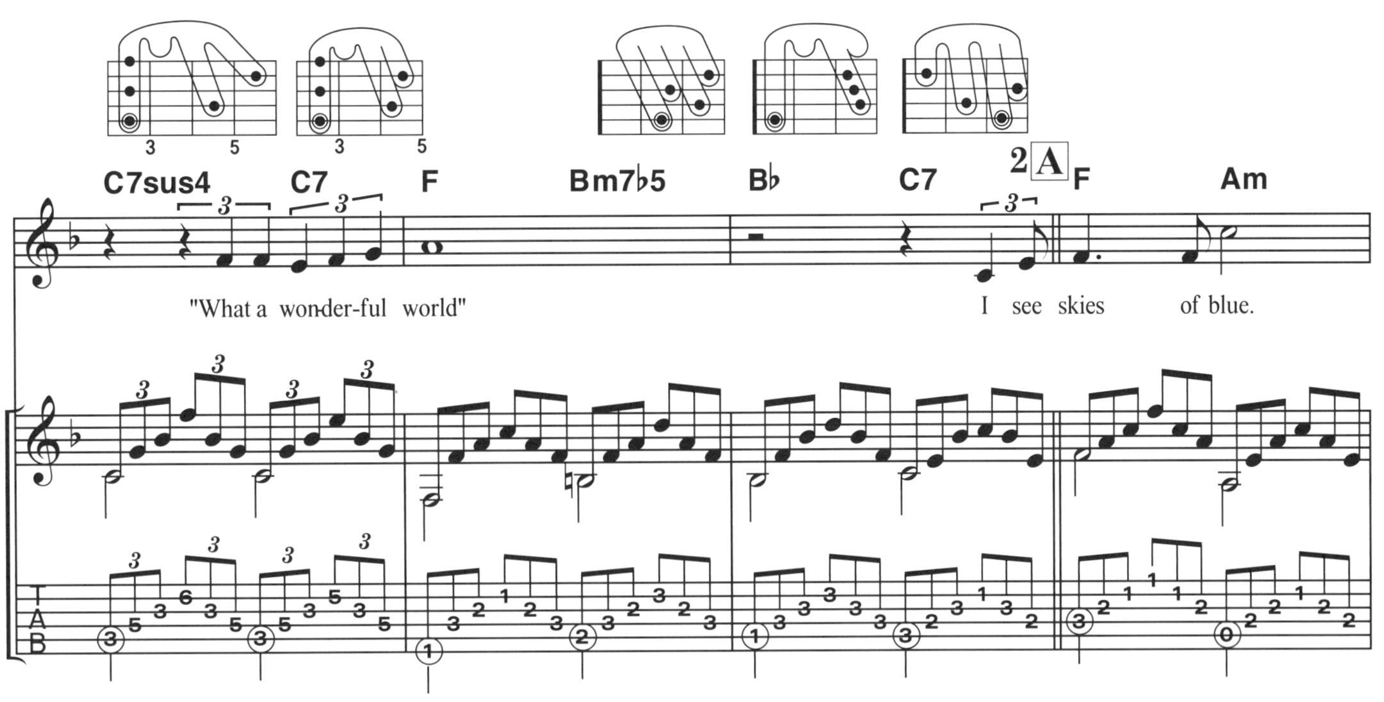
3
5
3
5
C7sus4
C7
F
Bm7♭5
B♭
C7
2 A
F
Am
"What a won-der-ful world"
I see skies of blue.
T
A
B

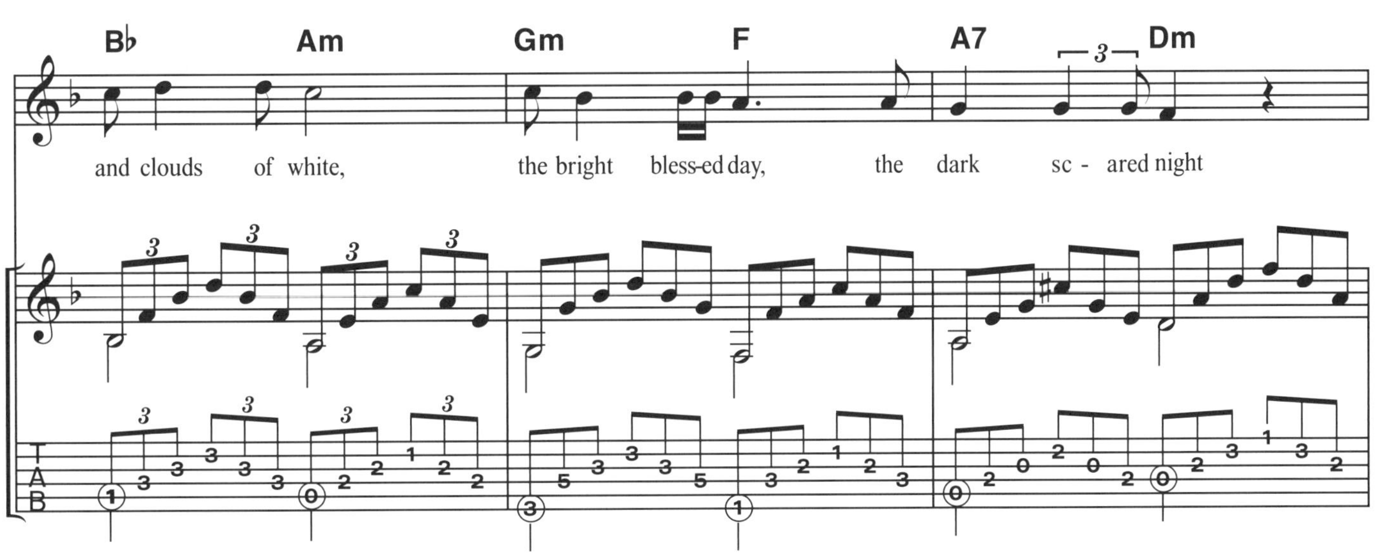
B♭
Am
Gm
F
A7
Dm
and clouds of white,
the bright bless-ed day,
the dark sc - ared night
T
A
B

D♭
C7sus4
C7
FM7
B♭/F
F
And I think to my-self.
"What a won - der - ful world"
The
T
A
B

B
C
F
C
col-lors of the rain-bow
so pret-ty in the sky
Are al-so on the fac-es of
F
Dm
C/E
Dm/F
C
peo-ple go-ing by
I see friends shak-ing hands say-ing "How do you do?"
Dm
F♯dim
Gm(7)
C7
3 A
F
Am
there real - ly saying
"I love you"
I hear bab-ies crying

B♭ Am Gm F A7 Dm
I watch them grow They'll learn much more than I'll ev-er know And
• 반주인 와 노래의 가 어울려서
블루스적인 느낌을 강하게 주는 부분입니다.
D♭ C7sus4 C7 F E♭(7) D(7)
I think to my-self "What a won-der - ful world." Yes, I
Gm7 C7sus4 C7 F E♭ F F
think to my - self What a won-der - ful world. Oh yeah

▶초급편

짝사랑

앨범 「주현미 골든 특집」1991

이호섭 작사 · 김영광 작곡 · 주현미 노래 · 이정선 편곡

Capo 3프렛(Original E♭ Key)

- 원곡은 E♭ Key이지만 카포를 3번 프렛에 사용해서 C Key로 연주합니다.
- 셔플 리듬( )을 가볍게 연주하는 것이 반주의 요령입니다.
- 중간 중간에 오블리카토(Oblicato)를 리듬과 함께 연주할 수 있도록 편곡을 했습니다. 조금 어렵더라도 템포를 지키면서 연습해 봅시다.

전주의 운지표

5 7

노래
반주
Dm C F C
무 엇을 말하 는 지 난 아 직몰 라– 난 정 말몰 라– 가 슴만 두근 두
무 엇을 말하 는 지 난 아 직몰 라– 난 정 말몰 라– 가 슴만 두근 두
무 엇을 말하 는 지 난 아 직몰 라– 난 정 말몰 라– 가 슴만 두근 두

G7 C Am
근 아 – 사 – 랑인 가 봐 해 질 무 렵 이 면
근 아 – 사 – 랑했 나 봐 그 대 지 나 치 는
근 아 – 사 – 랑했 나 봐 그 대 지 나 치 는

C Am G7 Am
창 가에 앉 아 나 는 요 어 느 샌 가 그 대 모 습 그 려요 사 랑 한 다 고 좋 아 한 다 고
시 간 이 되 면 나 는 요 어 느 샌 가 거 울 앞 에 있 어요 사 랑 한 다 고 좋 아 한 다 고
시 간 이 되 면 나 는 요 어 느 샌 가 거 울 앞 에 있 어요 사 랑 한 다 고 좋 아 한 다 고

Dm
G7
Am
E7
Am
C
G7
말 해주 세 요 –
말 해주 세 요 –
말 해주 세 요 –
눈 물만 큼고 운 별 이될 래요
눈 물만 큼고 운 별 이될 래요
그 대가 습속 에 꺼 지지 않는
그 대가 슴 에
그 대가 슴 에
별 이될 래 요
C
간주
1.
반주
C
Am
C
G7
• 여기서부터 4마디는 전주의 5~8째 마디 핑거링과 같습니다.
2.
솔로
C
반주
C
E7
Am
C
G7
C
C
G7
C
D.S. al Coda

우리집으로 와

앨범 「몽음」*1993*

장철웅 작사 · 장철웅 작곡 · 장철웅 노래 · 이정선 편곡

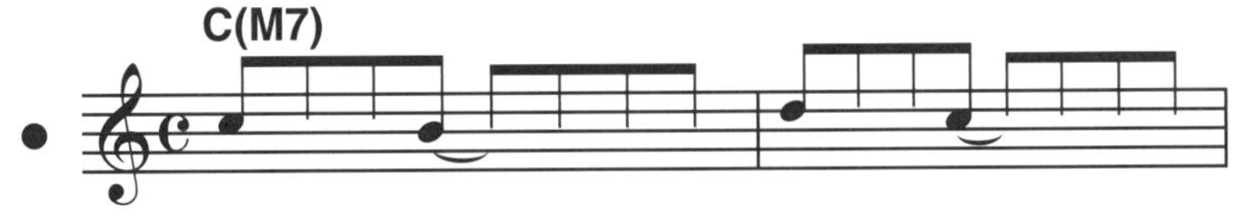

● ~처럼 고음 부분에서 움직이는 선율을 이용한 아르페지오 반주가 예쁜 노래입니다.

● 1993년에 발표되었다가 2015년 「응답하라 1988」에 삽입되면서 다시 알려지게 된 노래입니다. 여기에서는 기타 반주를 중심으로 채보했습니다.

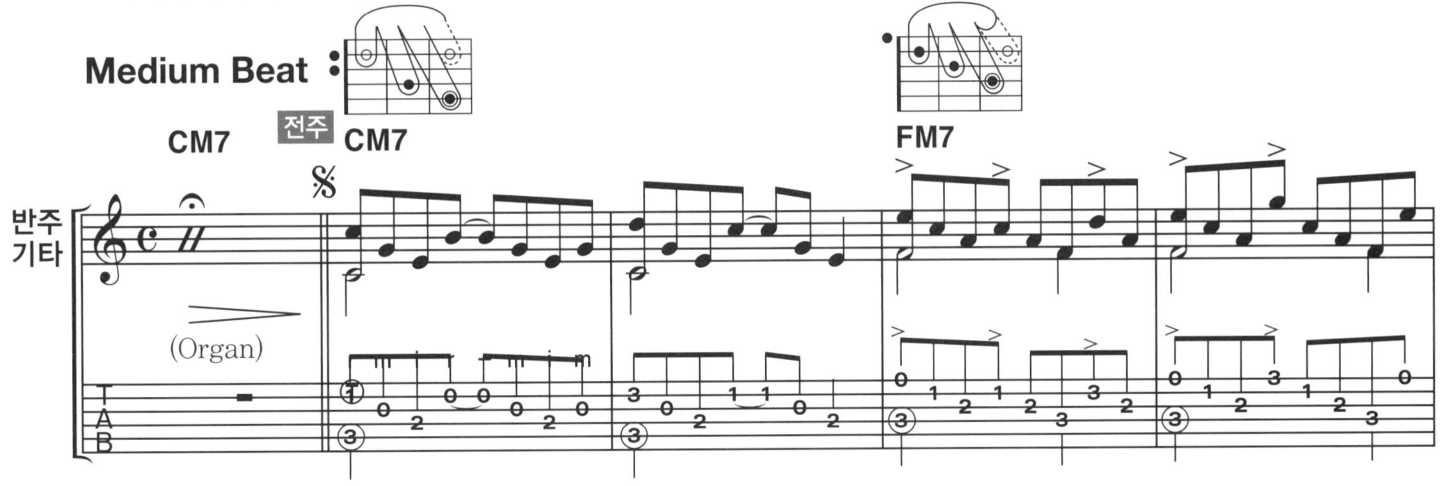

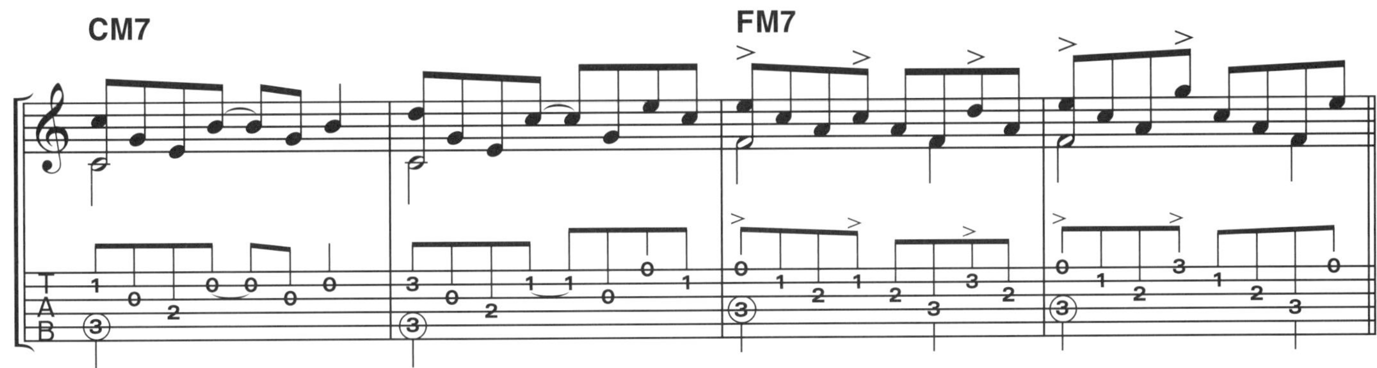

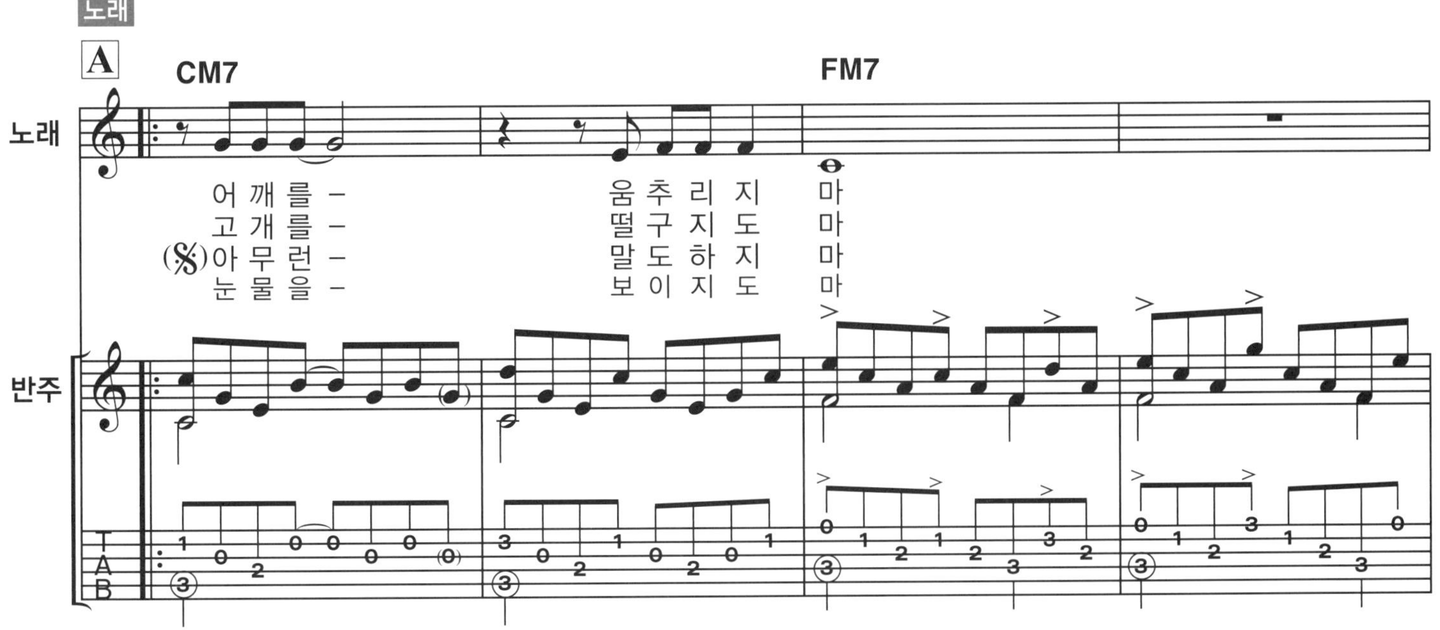

CM7
FM7
2x only
4x
밖 에 – 바 람 도 – 없 는 데
너 의 초 라 한 모 습 은 – 싫 어 – 너
난 너 의 외 로 움 을 알 아 –
슬 픔 은 잠 시 뿐 인 거 – 야
(4x) 우 울
T
A
B

B
Dm7
G7
C
FM7
(너) 갈 곳 이 없 – – 으 면 – 우 리 집 – 으 로 와 – 제 발
(우울)한 – 기 분 나 누 – 고 – 노 래 를 – 부 르 고 – 너 와
T
A
B

• B 부분의 리듬 기타는 / / / / / / / / 입니다.

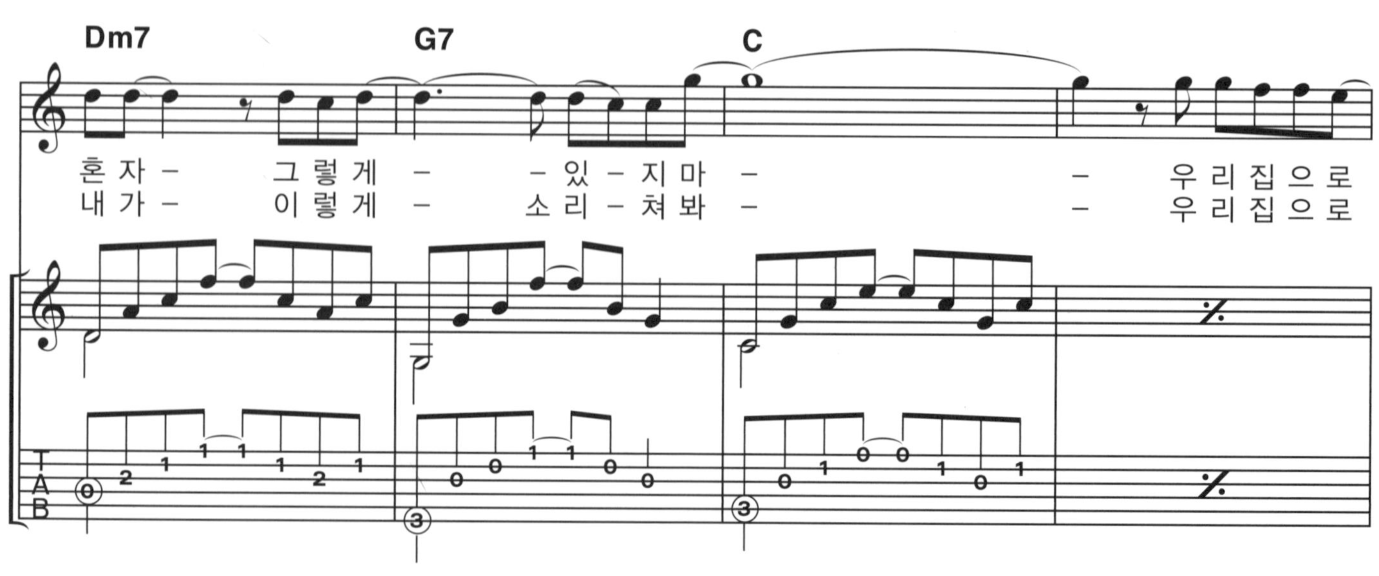
Dm7
G7
C
혼 자 – 그 렇 게 – – 있 – 지 마 – – 우 리 집 으 로
내 가 – 이 렇 게 – 소 리 – 쳐 봐 – – 우 리 집 으 로
T
A
B

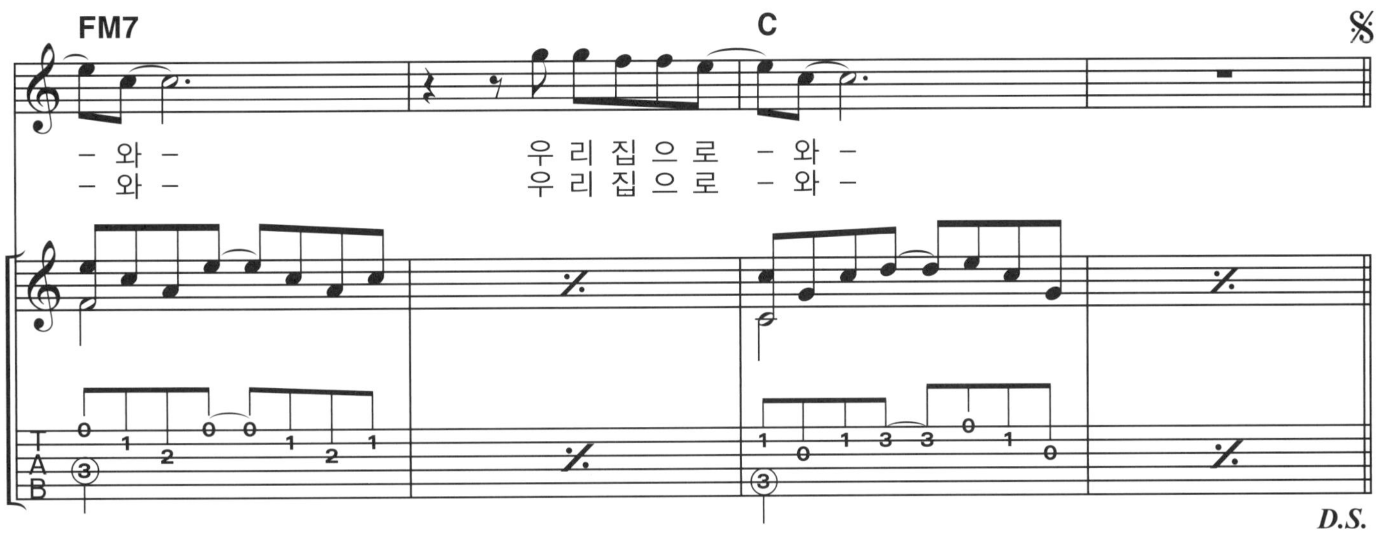

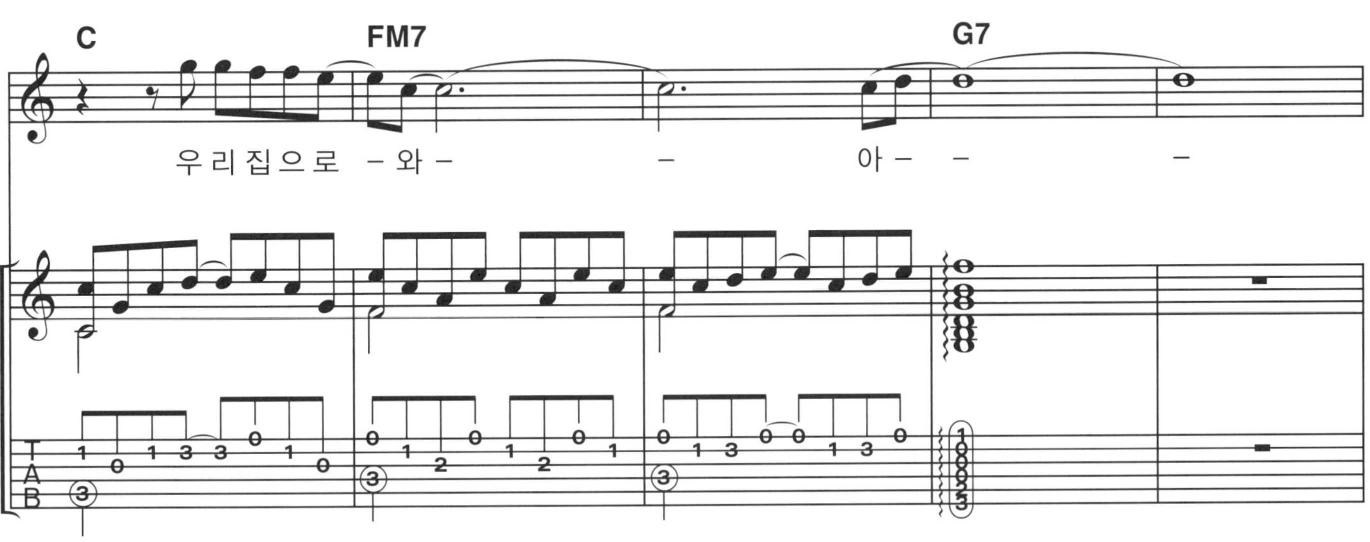

후주

▶고급편

아무 말도 없이 떠나요

앨범 「신촌 블루스 2집」 1989

이정선 작사 · 이정선 작곡 · 이정선 노래 · 이정선 편곡

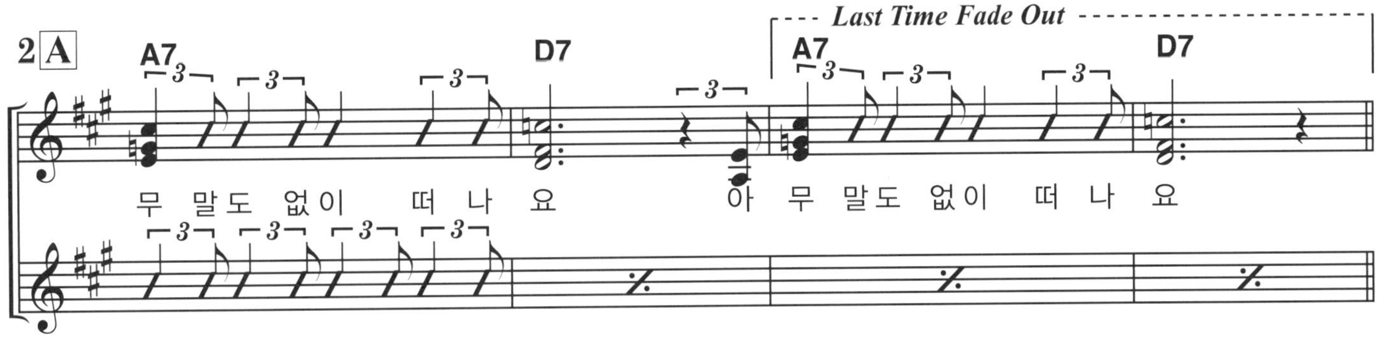
2 A
Last Time Fade Out
A7
D7
A7
D7
무 말도 없이 떠 나 요
아 무 말도 없이 떠 나 요

간주
솔로 기타
반주 기타
A7
D7
A7

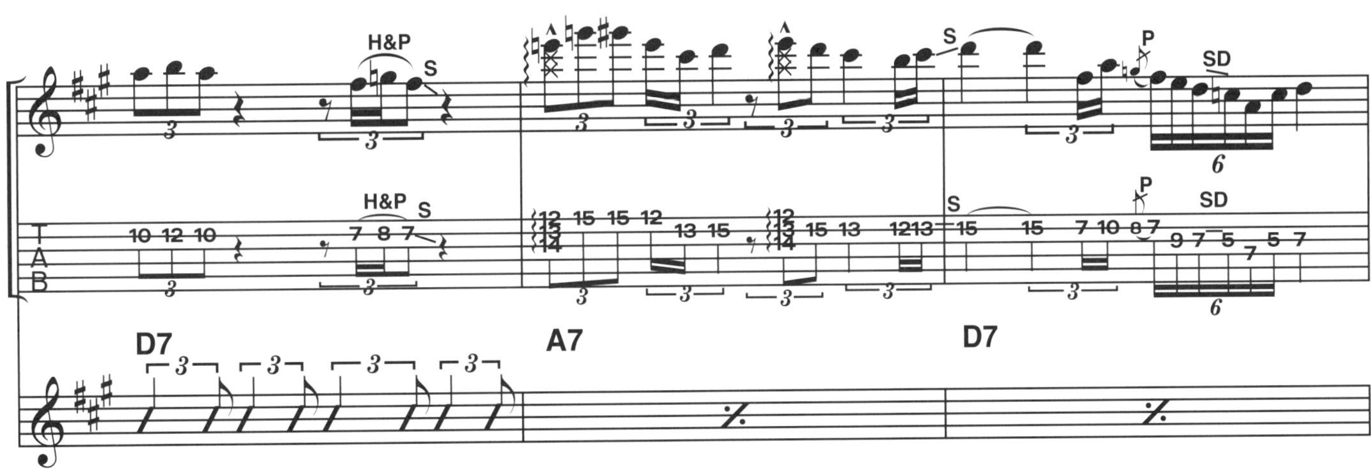
D7
A7
D7

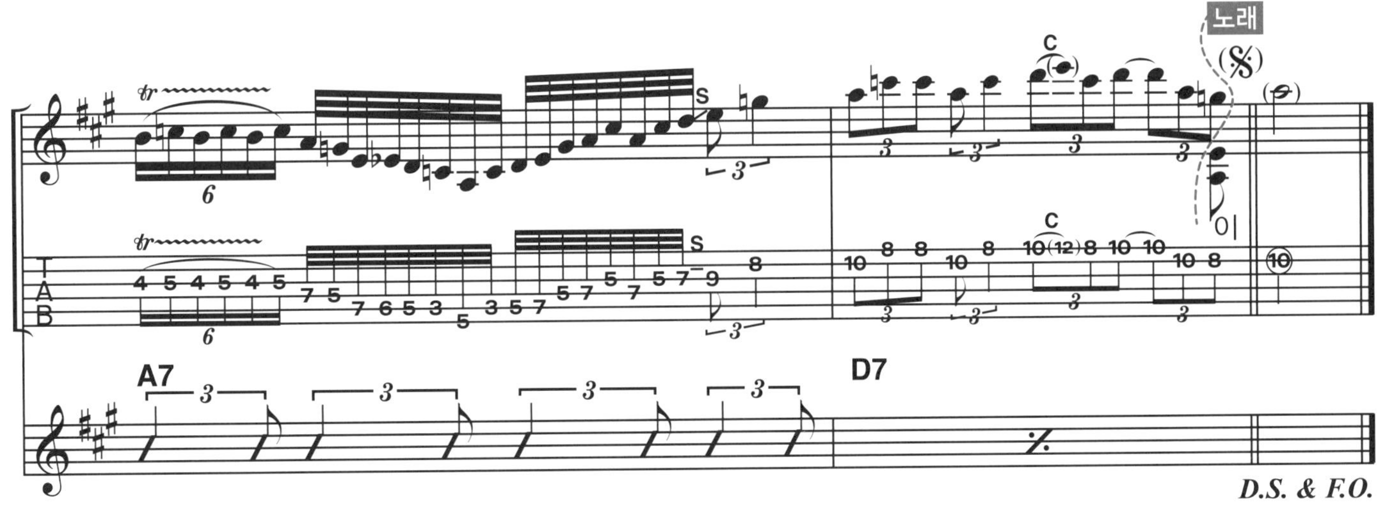
A7
D7
노래
이
D.S. & F.O.

▶중급편

내가 아는 한 가지

앨범 「이덕진 1집」 1991

박주연 작사 · 최성원 작곡 · 이덕진 노래 · 이정선 편곡

● 전주 1~4째 마디의 반주는 원곡에 나오는 베이스 기타 악보를 1옥타브 올려 적은 것입니다.

● 전주 7~8째 마디에 나오는 하모닉스는 아래와 같은 요령으로 연주합니다.

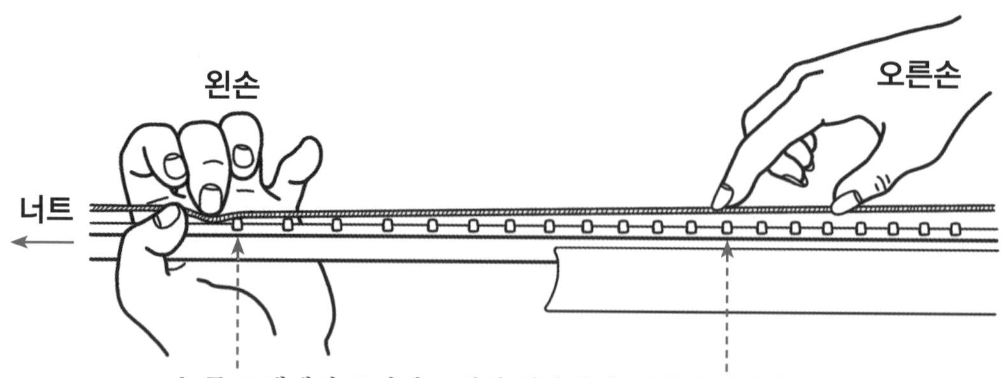

• 누른 프렛에서 12번째 프렛의 쇠막대기 위에 손가락을 가볍게 대고, 엄지손가락으로 줄을 튕깁니다.

Slow Beat ♩= 67

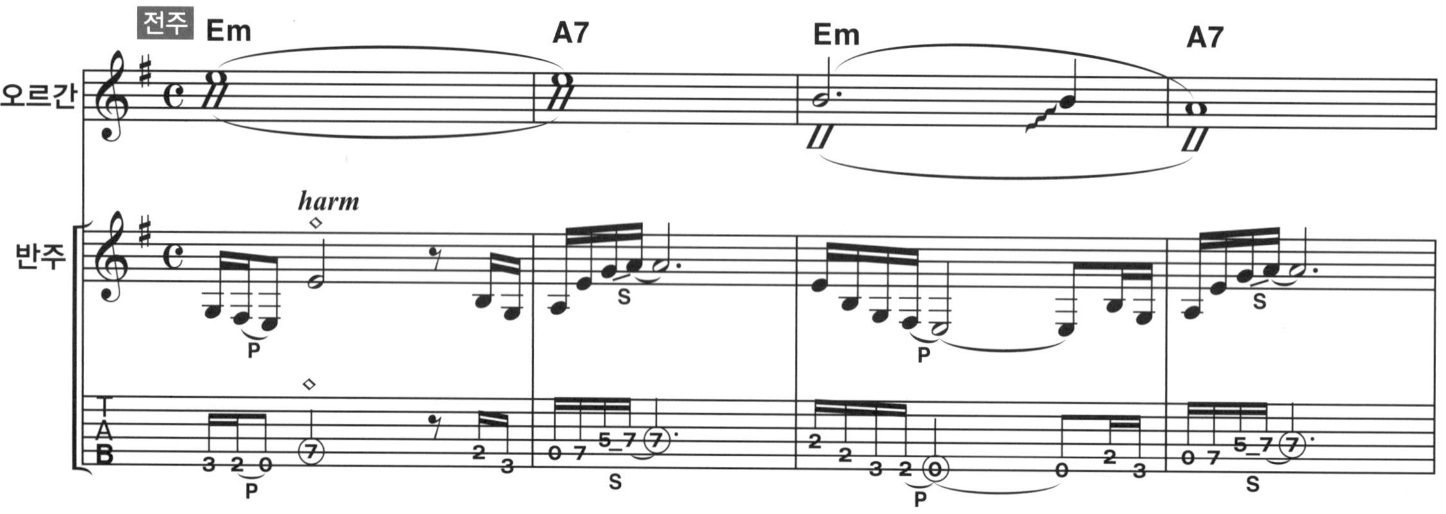

• 옥타브 하모닉스 (위의 해설 참조)

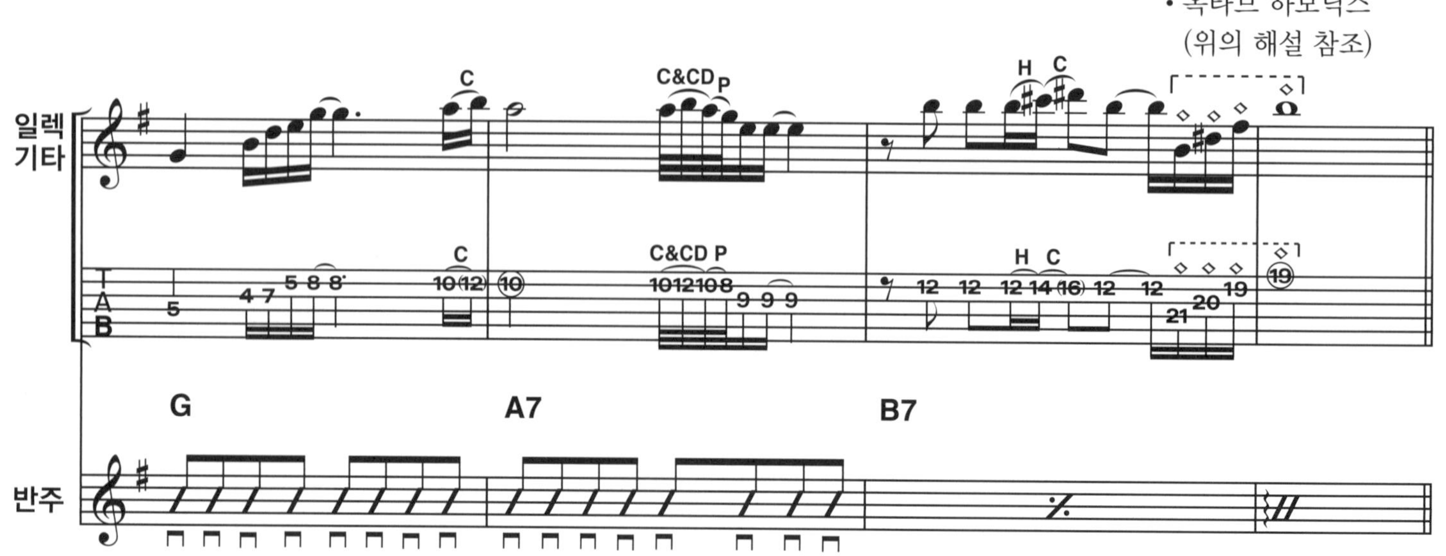

A
노래
Em EmM7/D♯ Em7/D A7/C♯ C Bm7 Em
노래
살 아 가는동– 안 – 한번 도안올 – 지몰– 라 – 사랑 이 라 는 감 – 정 의–물 – 결 – 그런
네 가 원 하는– 건 – 나또 한원하 – 는거– 야 – 이미 나 는 – 따 – 로 있지않 – 아 – 이별
반주
T
A
B
r m i T
Em EmM7/D♯ Em7/D A7/C♯ C Bm7 CM7/E
때 가 왔다는– 건 – 삶이 가끔주 – 는선– 물 – 지금 까 지 – 잘 견 뎌 왔–다 – 는 –
이 라 는것또– 한 – 사랑 했던사 – 람만– 이 – 가질 수 있 는 추 억 일 지–몰 – 라 –
Last Time Repeat & F.O.
B
G D/F♯ Em C G D7
널 만 났 다 는건 – 외 롭 던 날 들의– 보 상–인 – 걸 –
반주
G B7 Em CM7 Am7 D7 G
그 래 서 나 는– 맞 이 하 게 된 거야– 그 대 라 는 커 다 란–운 – 명

G D/F♯ Em C G D7
이 세 상 에 무 엇 하 나도 –
나 를 꺾 을 수는– 없 겠–지 – 만 –

간주
G B7 Em CM7 Am7 D7 G
8va
너 의 뜻 대 로–
살 아 가 는 것 만 이–
내 가 아 는 – 한 가 – 지 –
일렉기타

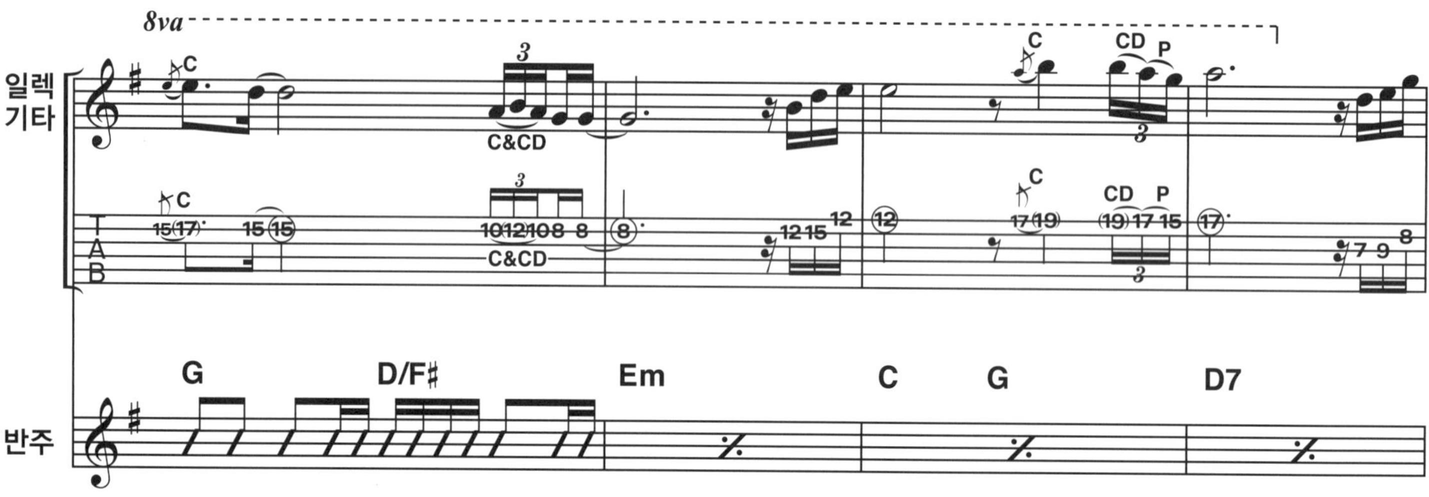
8va
일렉 기타
C&CD
반주
G D/F♯ Em C G D7

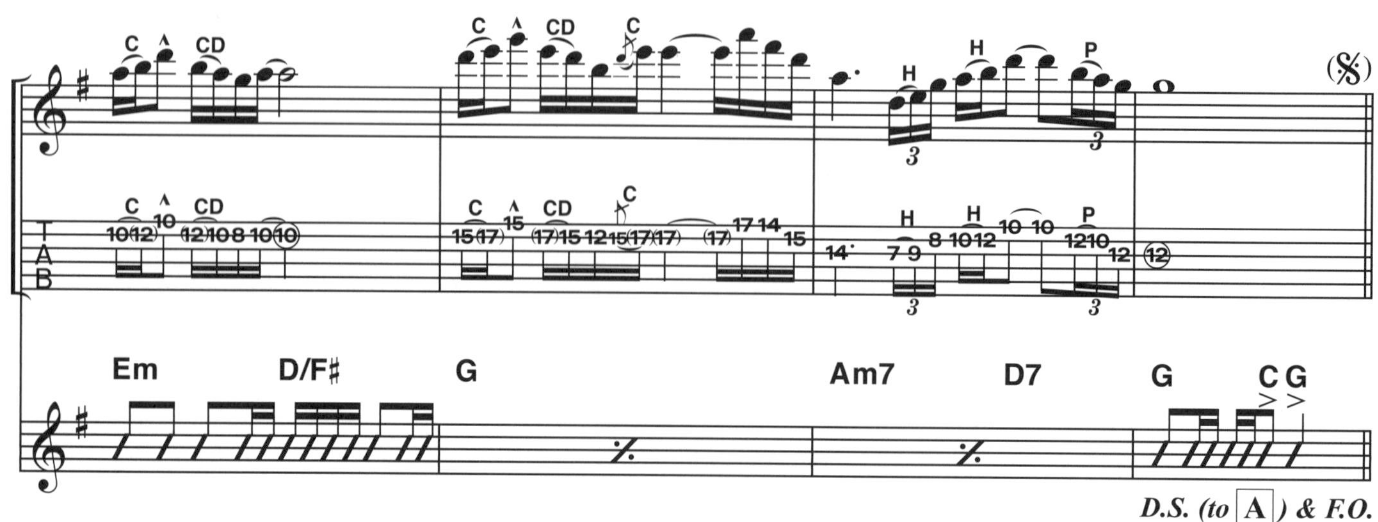
Em D/F♯ G Am7 D7 G C G
D.S. (to A) & F.O.

그것만이 내 세상

앨범 「들국화 1집」1985

최성원 작사 · 최성원 작곡 · 들국화 노래 · 이정선 편곡

● B의 5째 마디부터는 드물게 다운(ㅁ)스트로크만을 사용하는 16비트의 리듬(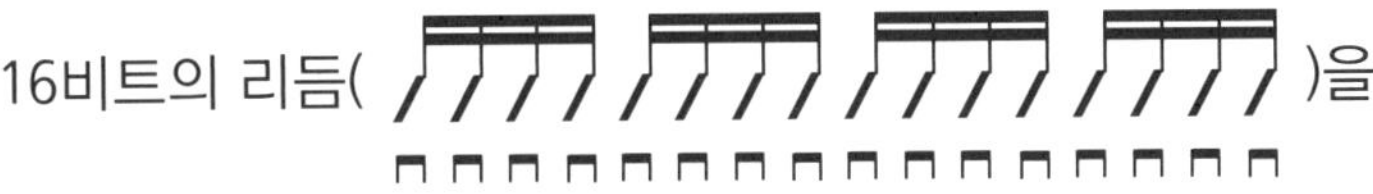)을 반주로 사용하고 있습니다.

● 다운 · 업(ㅁ · V)을 교대로 하는 16비트보다, 다운(ㅁ)스트로크만을 사용하는 16비트가 훨씬 더 묵직한 느낌을 줍니다.

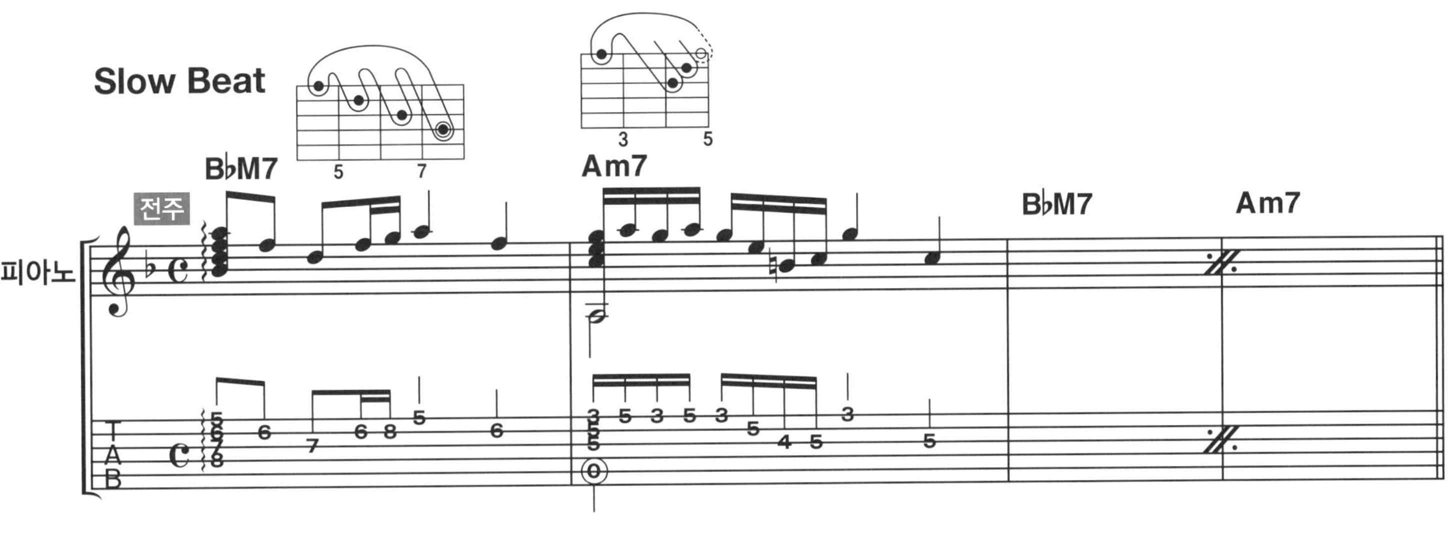

Am7
B♭M7
Am7
– – 조금은 걱정된눈빛으로 – –
– – 조금은 걱정된눈빛으로 – –
T
A
B

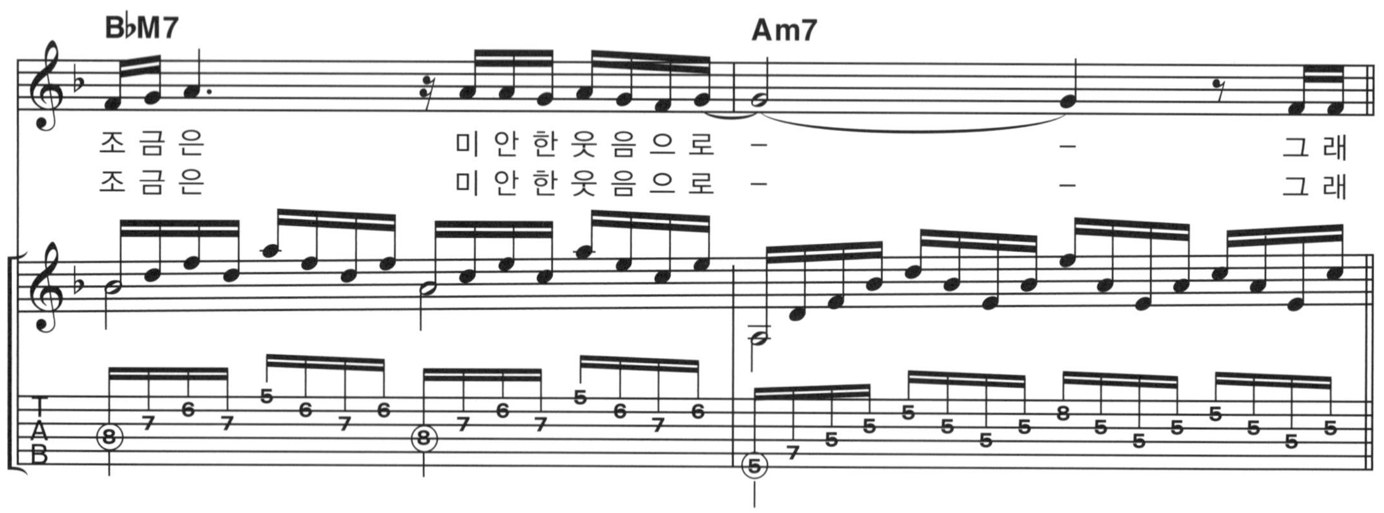
B♭M7
Am7
조 금 은 미 안 한 웃 음 으 로 – – 그 래
조 금 은 미 안 한 웃 음 으 로 – – 그 래
T
A
B

B
B♭
Am
B♭
아마 난– 세상을모르나봐 – – 혼자 이렇 게– 먼길을떠났나봐
아마 난– 세상을모르나봐 – – 혼자 그렇 게– 그길에남았나봐
반주
(피아노)
• C 코드에 베이스는 B♭이지만
기타 하나로 리듬을 연주할 때는
C7코드로 연주하는 것이 좋습니다.
Am
C
F
B♭
C
C/B♭
Am
– – 하 지만– 후횐– 없– 지 울며웃 던 모–든
– – 하 지만– 후횐– 없– 지 울며웃 던 모–든

Dm G7 C C7 F B♭ C C/B♭ Am
꿈 그것-만 이내 세 - 상 - 하 지만- 후 횐 없- 어 찾아헤 맨 모-든
꿈 그것-만 이내 세 - 상 - 하 지만- 후 횐 없- 어 닦아왔 던 모-든
Dm G7 C C7 F B♭
꿈 그것-만 이내 세 - 상 - 그것만이내세 - 상 -
꿈 그것-만 이내 세 - 상 - 그것만이내세 - 상 -
간주
D.C 더블 초킹(Double Chocking)
3번선의 음정을 초킹해서
2번선의 음정과
같은 음정으로 만듭니다.
솔로 기타
H&P
D.C.
반주
C C/B♭ Am Dm G7 C
F.O.
(Drum)
F B♭ C C/B♭ Am Dm G7 C C
D.S. (to A)

▶초급편

옛 이야기

앨범 「**김규민 1집**」*1991*

박주연 작사 · 이동진 작곡 · 김규민 노래 · 이정선 편곡

Capo 7프렛(Original Fm Key)

- 원곡은 **Fm** Key이지만 카포를 7번 프렛에 사용해서 **Am** Key로 연주합니다(여자가 부르기에 알맞은 Key입니다).
- 원곡에서는 Sinthesizer와 Piano로 연주했으나 여기에서는 기타로 칠 수 있도록 편곡했습니다.
- 각 음들이 끊어지지 않고 부드럽게 연결될 수 있도록 여운을 충분히 살려가면서 연주하는 것이 좋습니다.

• 코드 폼을 흐트러뜨리지 않은 상태에서 2 · 3 · 4박의 상성부에 변화를 줍니다. 각 박의 첫 음을 강하게 퉁겨서 돌출되도록 합시다.

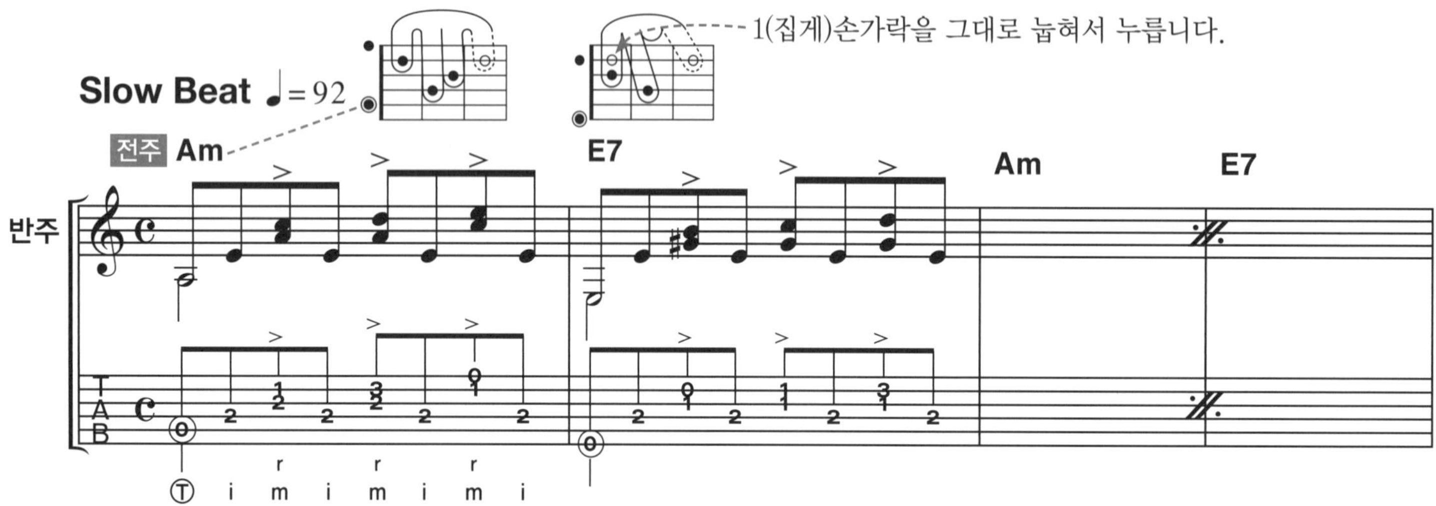

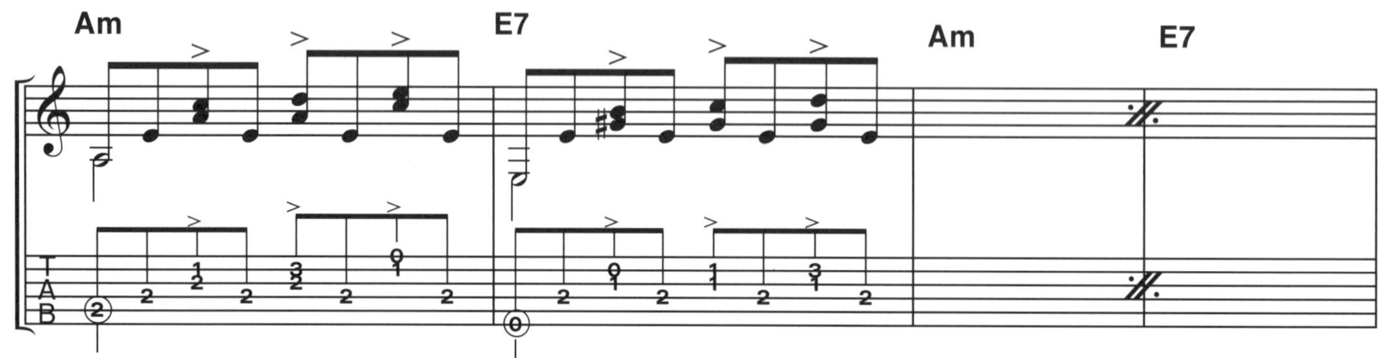

• 1째 박은 1(집게)손가락을 눕혀서 누르고(작은 바레), 2째 박부터는 눕혀서 눌렀던 손가락을 살짝 세워서 E(7)코드의 모양으로 돌아갑니다.

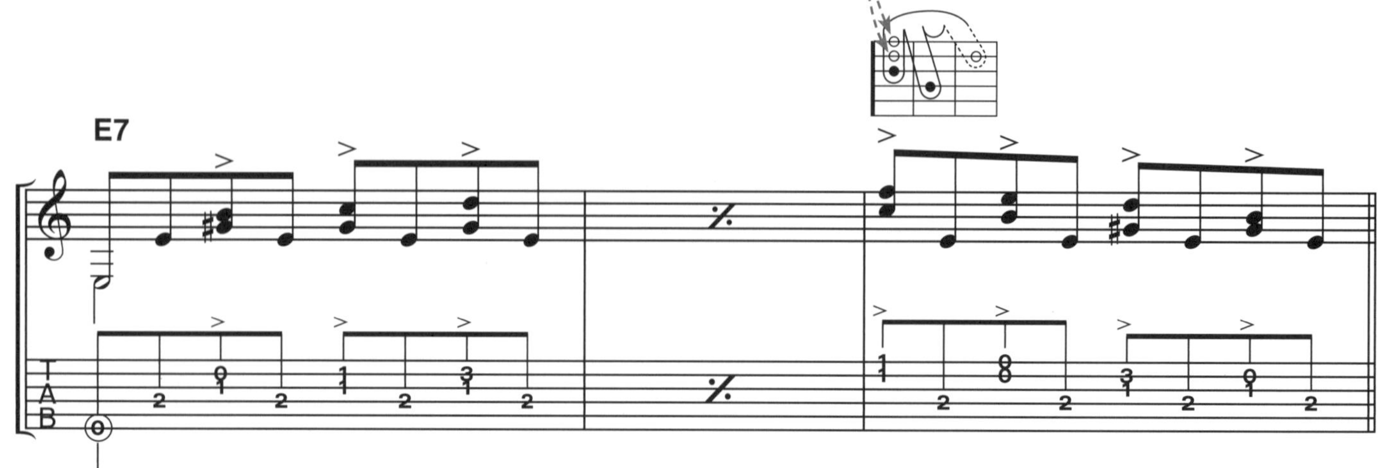

옛 이야기-2

노래

A

Am E7 Am A7

노래

옛 얘기 하듯 말 할까 바 람 이 나 들 으렴

눈 물에너 는 쌓 인채 가 시 밭 내 맘 밝아

반주

T A B

3째 박에서는
이 손가락을 뗍니다.

3째 박을 퉁길 때만
누릅니다.

1. Dm C Bm7♭5 E7

거 품 같 은 사 연들 서 럽 던 인 연

Ⓣ i m i r i m i Ⓣ i m i m i m i~

r r r

B
G E7/G♯ Am Dm G C A7/C♯
널 마중 나 가 있 는 내 삶은 고 – 달 퍼
Dm G C F Dm Bm7♭5 E7
진 무 러 진 서 러 움 내 어깨에춤 추 면 –
C
Am Dm G C
갈 테 야 그 하 늘 – 가 나 를 추 억 하 는 그 대
Dm E7 Am Bm7♭5 E7
손 수 건 만 – 큼 만 울 고 반 갑 게 날 맞 아 줘
반주
Last Time Repeat al Coda
Am Dm G C
왜 이 리 늦 었 냐 고 그 대 내 게 물 어 오 면

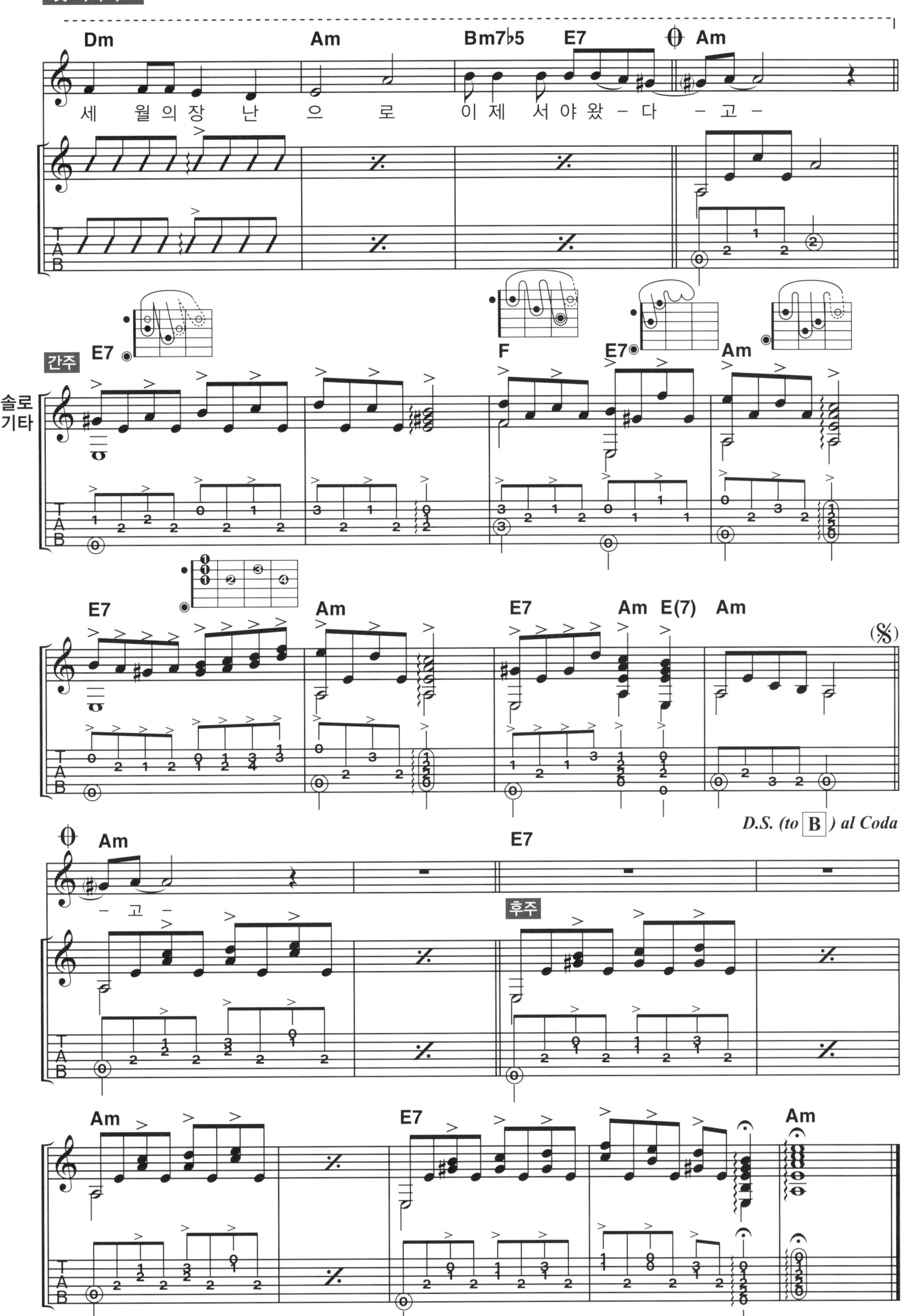
Dm
Am
Bm7♭5
E7
Am
세 월 의 장 난 으 로 이 제 서 야 왔 - 다 - 고 -
간주
솔로
기타
E7
F
E7
Am
E7
Am
E7
Am
E(7)
Am
D.S. (to B) al Coda
Am
E7
- 고 -
후주
Am
E7
Am

Hotel California

앨범「Best of Eagles」1987

D. Felder, D Henly, Frey 작사 · 작곡 · Eagles 노래 · 이정선 편곡

- 원곡은 **Bm** Key이지만 2대의 기타가 각각 다른 Key로 연주합니다.
  1st 기타 -> Capo 7프렛 **Em** Key로 연주합니다.
  2nd 기타 -> 카포없이 원래의 **Bm** Key로 연주합니다.
  - 노래는 Bm Key로 되어 있습니다.
- 분산화음이지만 플랫 피크를 사용해서 강하게 피킹합니다.
- 전주의 패턴( )을 익히면 악보는 참고하고 악보와 조금 다르게 연주해도 코드안에서 비슷한 느낌이 날 것입니다.
- 록 음악의 명연주로 꼽히는 후주에서 2대의 기타가 만들어내는 애드립을 특히 주의깊게 연주해 봅시다.
  애드립은 하이 포지션을 사용하고 있기 때문에 일렉 기타로 연습을 하여야 합니다.
  H.O, P.O, Slide, Chocking(반음, 한음, 한음반)등의 테크닉이 절묘하게 혼합되어 있는 록 기타 솔로의 고전입니다.
- 악보에 표기된 코드 네임 중 베이스가 지정된 경우라도 기타는 다른 음을 베이스로 치기도 합니다.

Hotel California-2
Am7
B7
Em
Bm
2nd
기타
(카포 사용하지 않음)
(Bm Key)
B7/D♯
Dadd9
A9/C♯
1st
기타
7프렛)
F♯7/A♯
Aadd9
E9/B
2nd
기타
(카포X)
C
G
Am7
G
D
Em7

• 리듬 기타는 4/4 ~ 식으로 연주합니다.

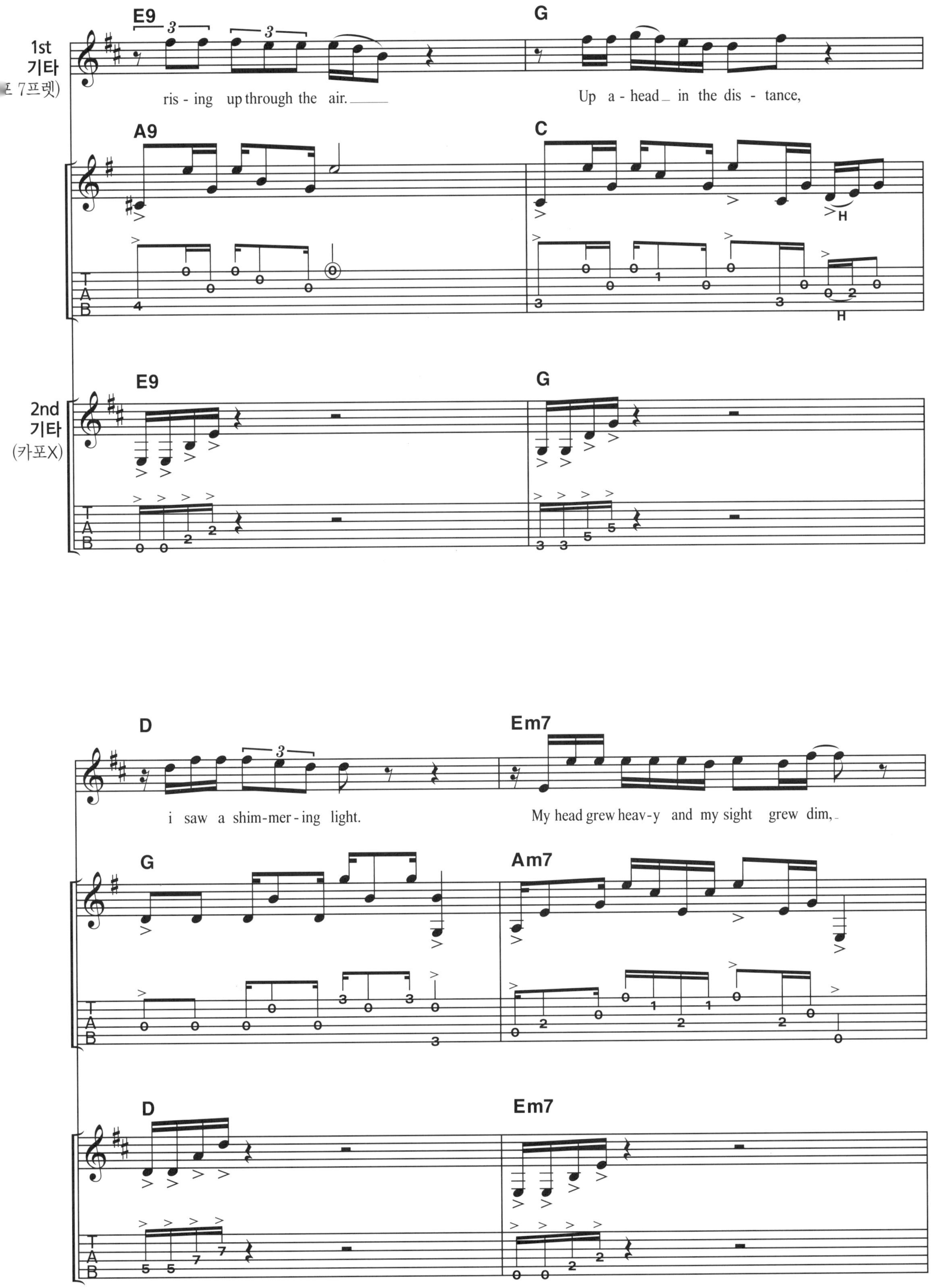

1st 기타 (카포 7프렛)

E9 G

ris - ing up through the air. Up a - head in the dis - tance,

A9 C

H

T A B

H

2nd 기타 (카포X)

E9 G

T A B

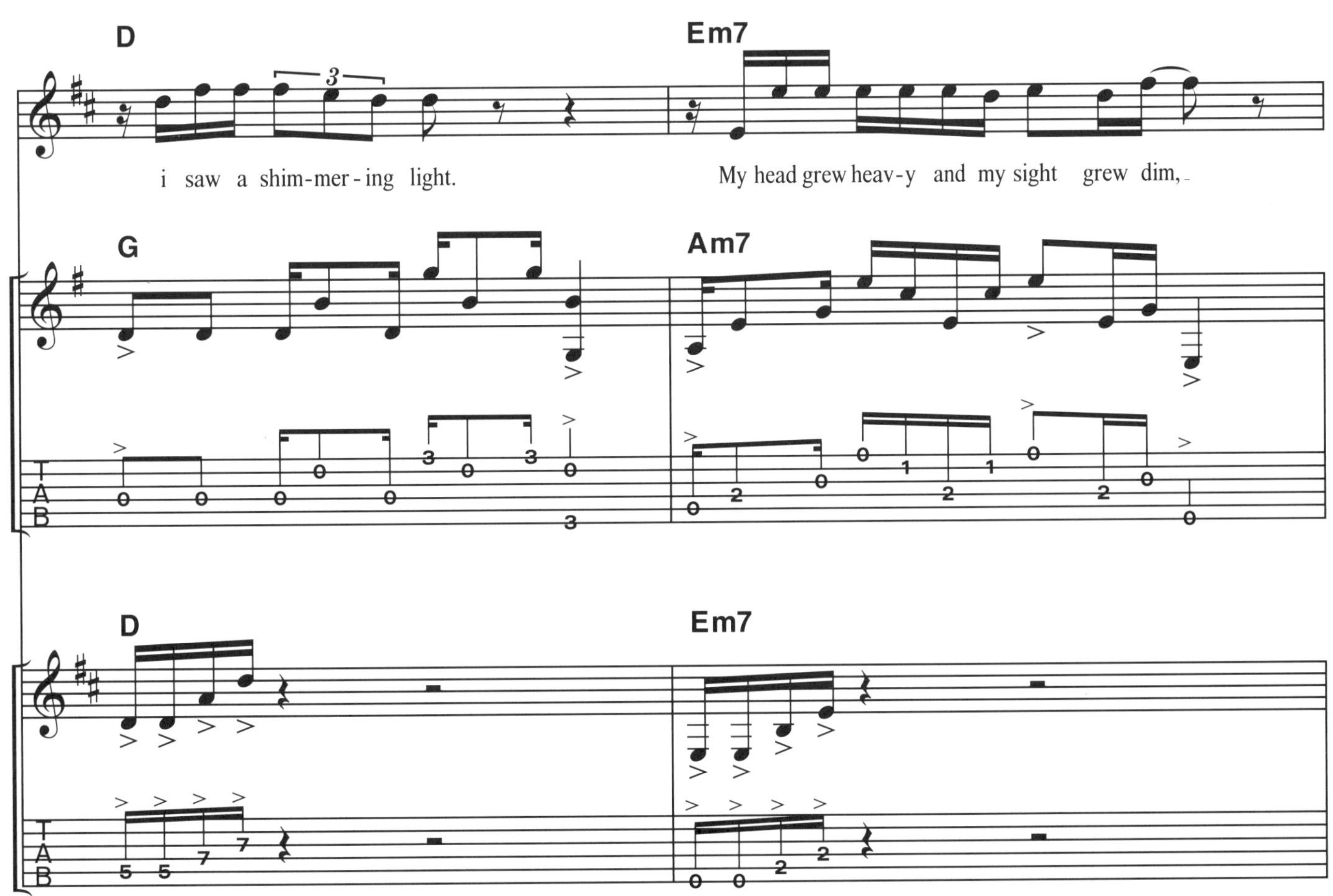

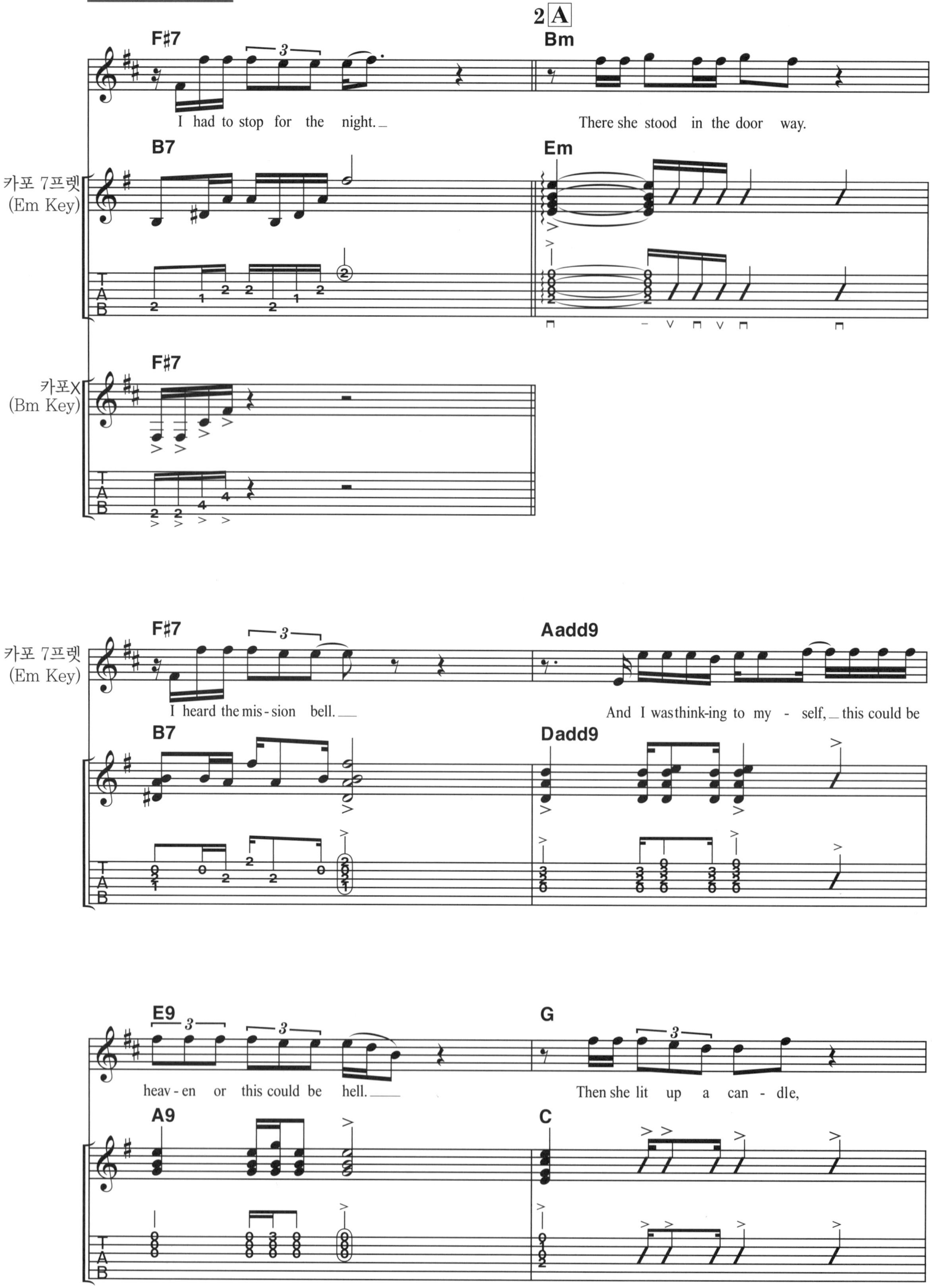

2 A

F♯7

Bm

I had to stop for the night.

There she stood in the door way.

카포 7프렛 (Em Key)

B7

Em

카포X (Bm Key)

F♯7

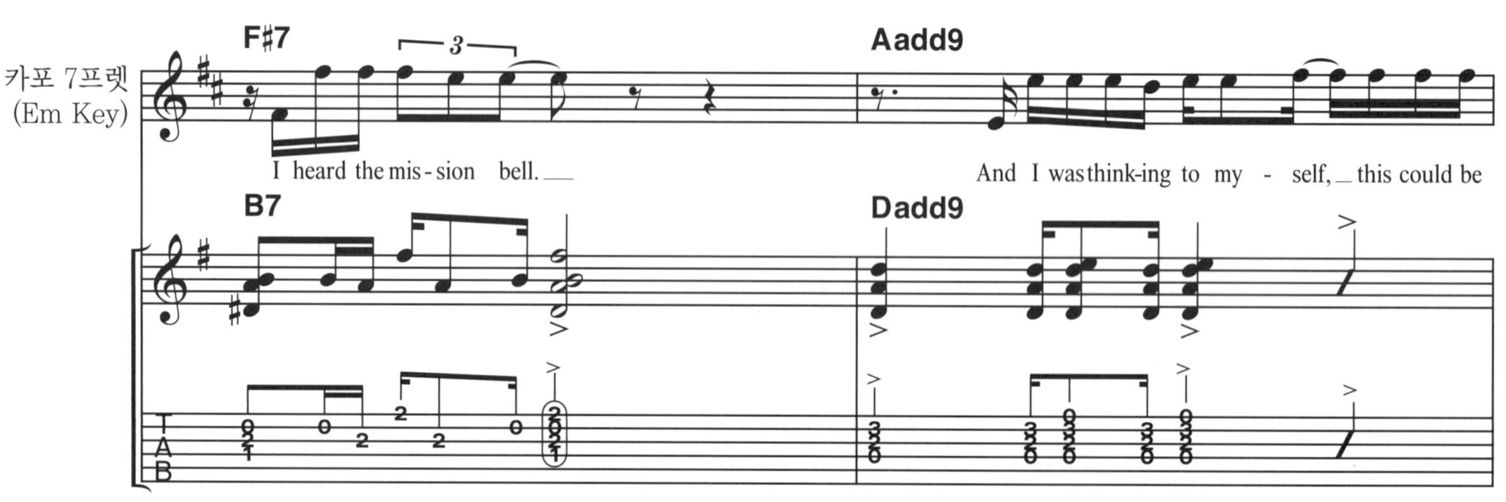

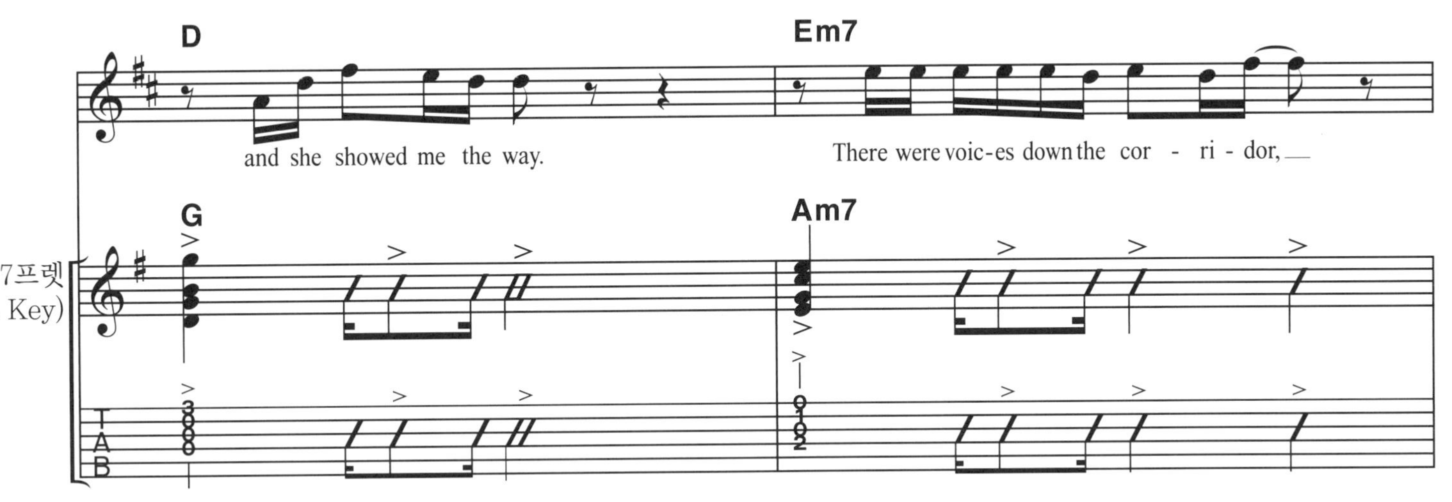
D
Em7
and she showed me the way.
There were voic-es down the cor - ri - dor,
G
Am7
7프렛
Key)
T
A
B

B
F♯7
G
I thought I heard them say
"Wel-com to the Ho - tel Cal - i - for
B7
C
• 1st 기타와 2nd 기타의 리듬을 합쳐서 채보했습니다.
리듬의 악센트에 주의해서 연주합시다.
T
A
B

D
F♯7
- nia.
Such a love - ly place,
Such a
G
B7
7프렛
Key)

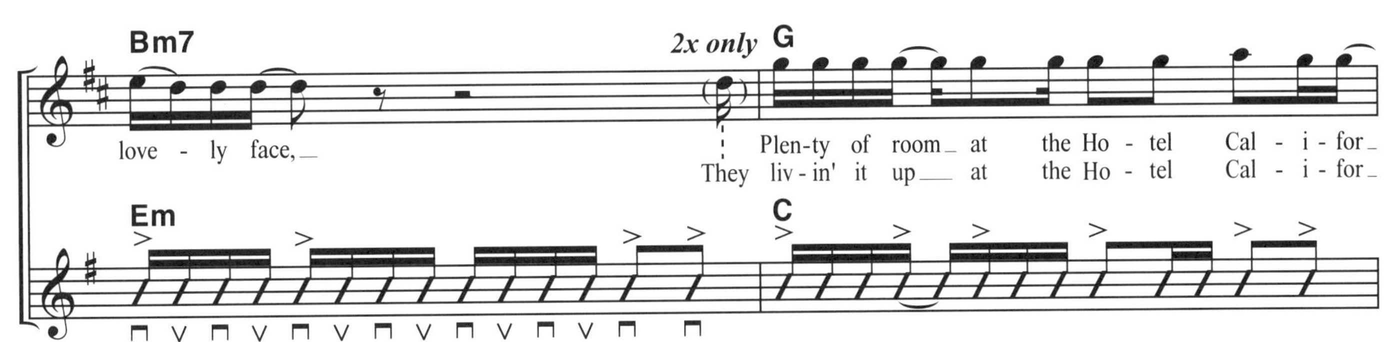
Bm7
2x only
G
love - ly face,
Plen-ty of room at the Ho - tel Cal - i - for
They liv - in' it up at the Ho - tel Cal - i - for
Em
C

D
Em7
- nia.
- nia.
An - y
What a
time of year,
nice sur - prise,
you can
bring your
G
Am7
카포 7프렛
(Em Key)
F♯7
3 A
Bm
find it here."
al - I - bis."
(Coda)
Her mind is Tif - fa - ny twist - ed
B7
Em
D.S. time
T
A
B
(Coda)
• 2nd 기타와 리듬 기타는 A와 같습니다
F♯7
Aadd9
She got the Mer - ce - des Benz
She got a lot of pret-ty pretty boys
B7
Dadd9
E9
G
that she calls friends.
How they dance in the court - yard,
A9
C
H

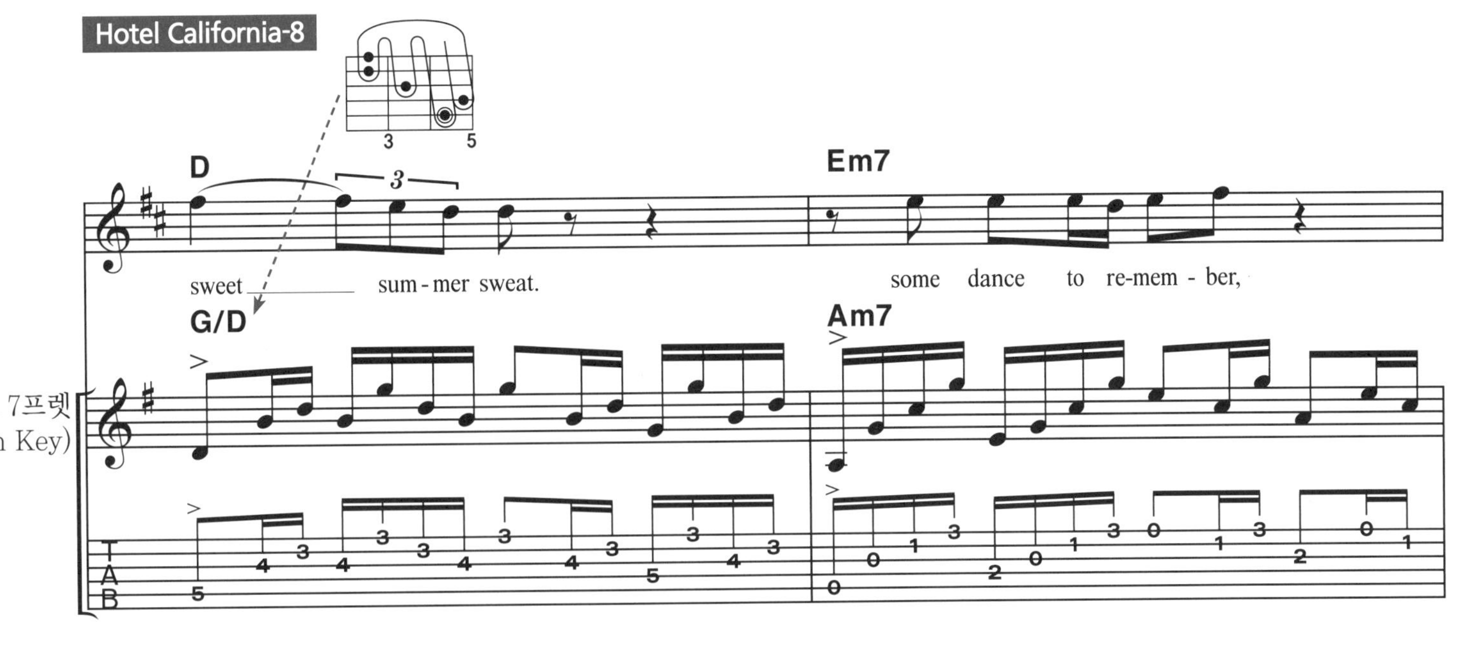
3
5
D
Em7
sweet sum-mer sweat.
some dance to re-mem-ber,
G/D
Am7
7프렛
Key)
5 4 3 4 3 3 4 3 4 3 5 3 4 3
0 0 1 3 2 0 1 3 0 1 3 2 0 1

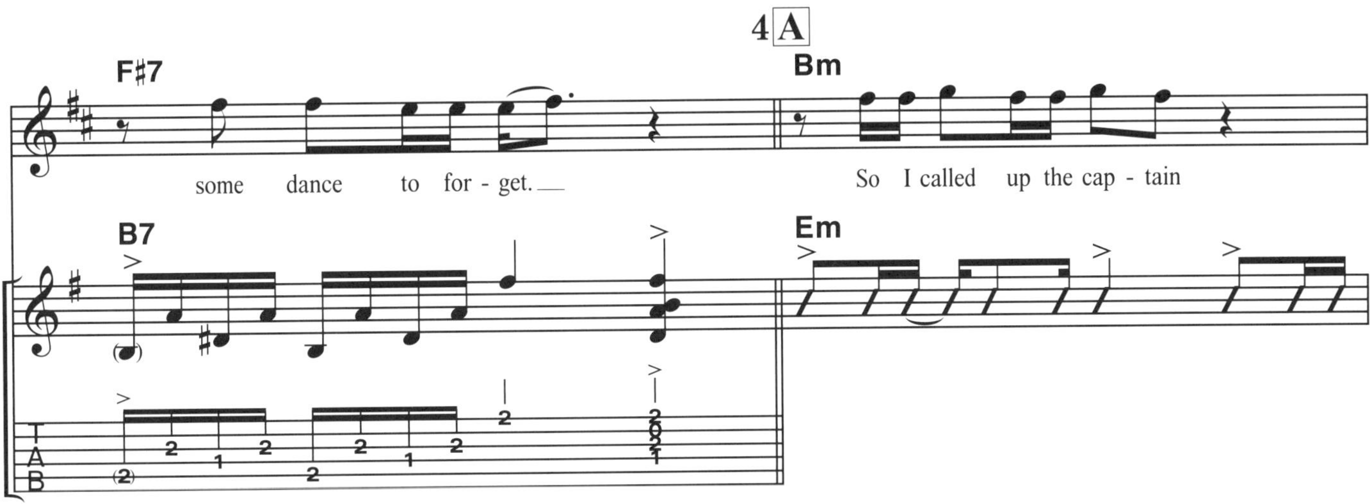
4 A
F♯7
Bm
some dance to for-get.
So I called up the cap-tain
B7
Em
(2) 2 1 2 2 2 1 2 2 2 0 2 1

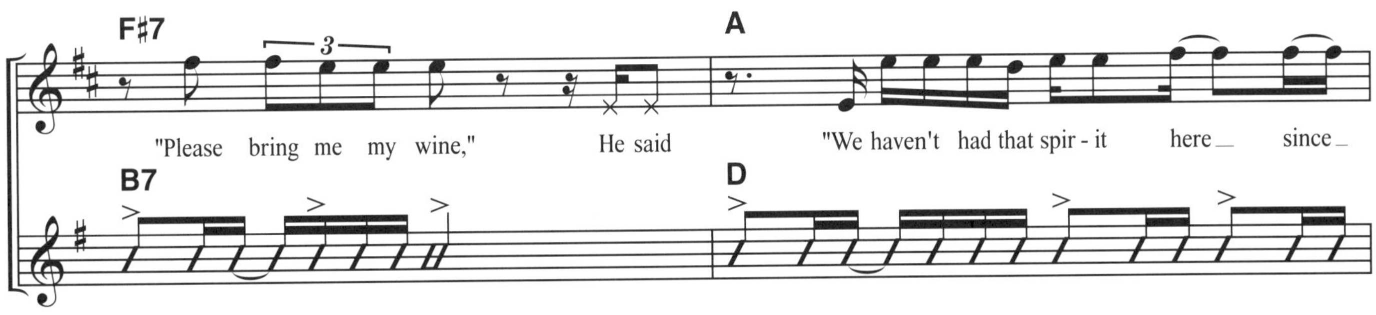
F♯7
A
"Please bring me my wine,"
He said
"We haven't had that spir-it here since
B7
D

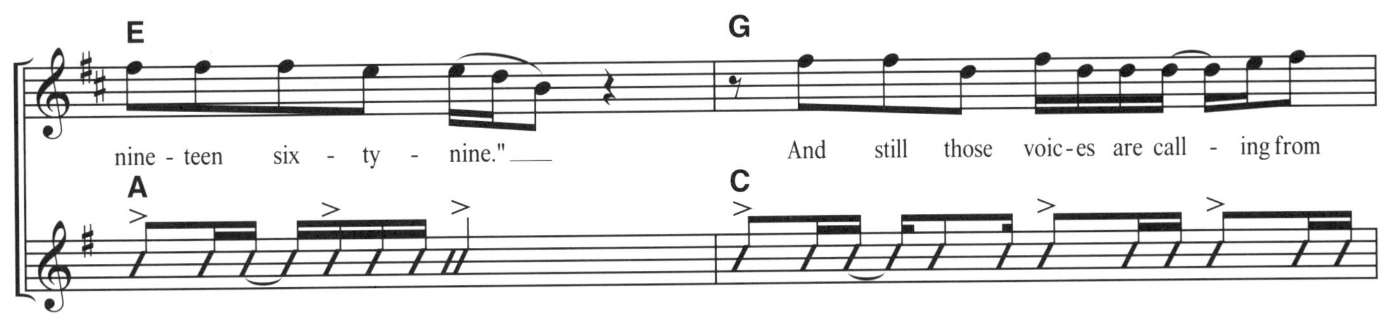
E
G
nine-teen six-ty-nine."
And still those voic-es are call-ing from
A
C

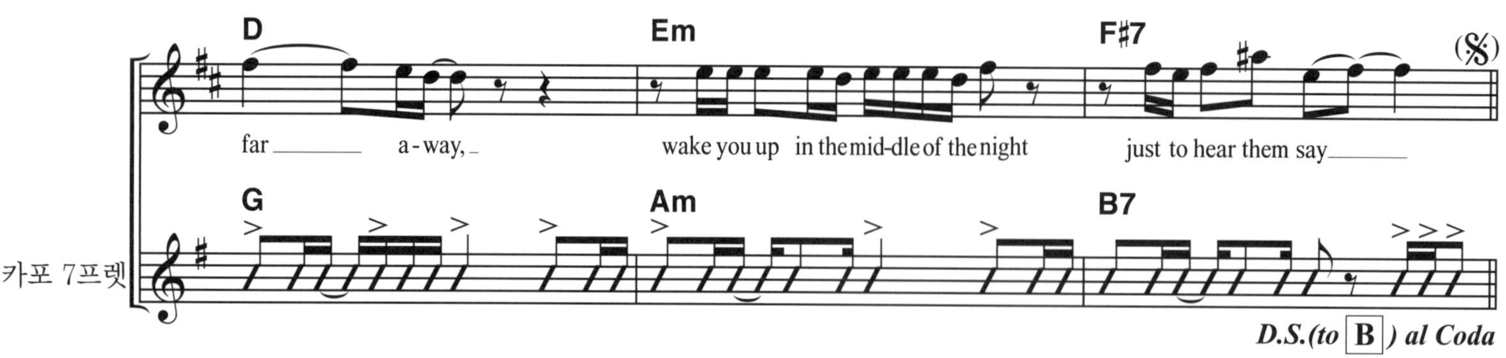
D
Em
F#7
far a-way,
wake you up in the mid-dle of the night
just to hear them say
G
Am
B7
카포 7프렛
D.S.(to B) al Coda

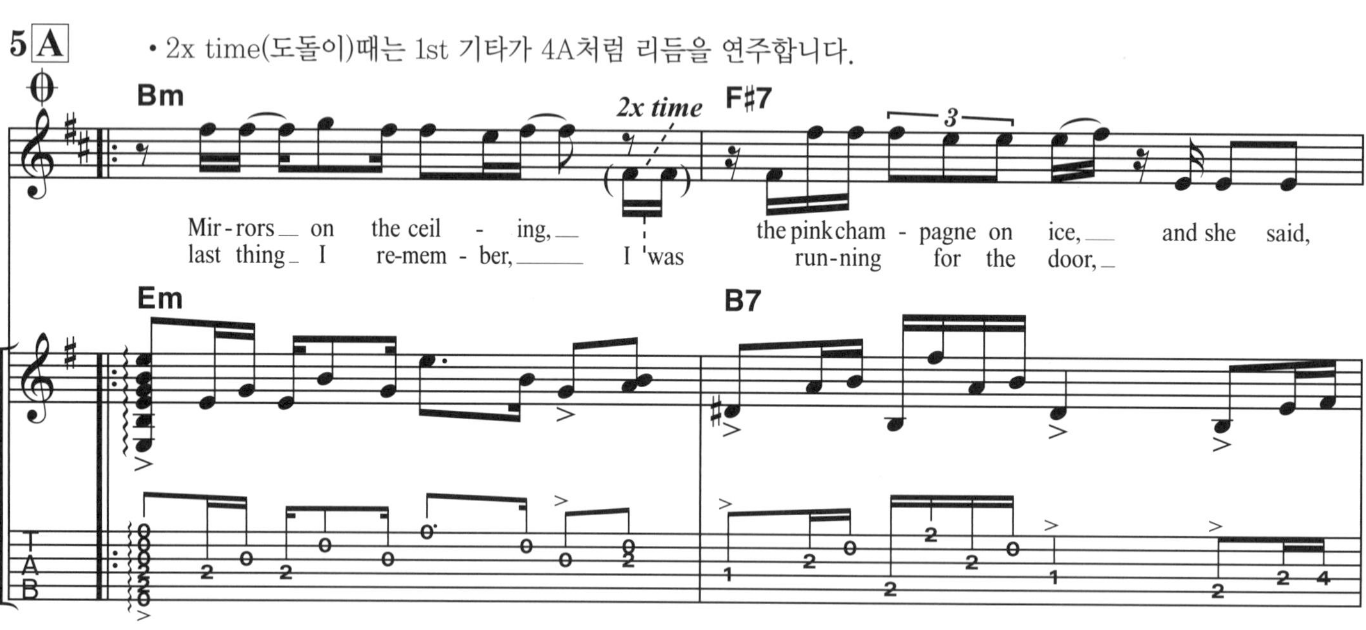
5 A
• 2x time(도돌이)때는 1st 기타가 4A처럼 리듬을 연주합니다.
Bm
2x time
F#7
Mir-rors on the ceil - ing, the pink cham - pagne on ice, and she said,
last thing I re-mem - ber, I was run-ning for the door,
Em
B7

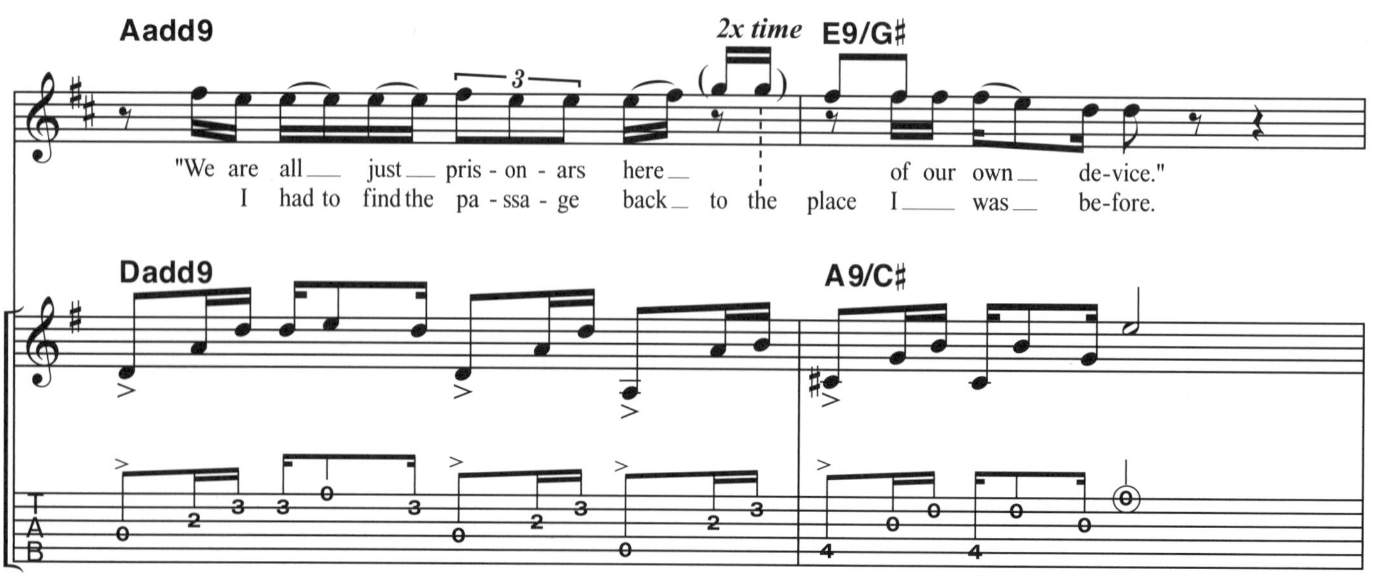
Aadd9
2x time
E9/G#
"We are all just pris - on - ars here of our own de-vice."
I had to find the pa - ssa - ge back to the place I was be-fore.
Dadd9
A9/C#

G
D
2x only
And in the mas - ter's cham - bers,
Re - lax said the night man.
"We are
they gath-ered for the feast.
pro-gramed to re - ceive.
C
G
H
T
A
B

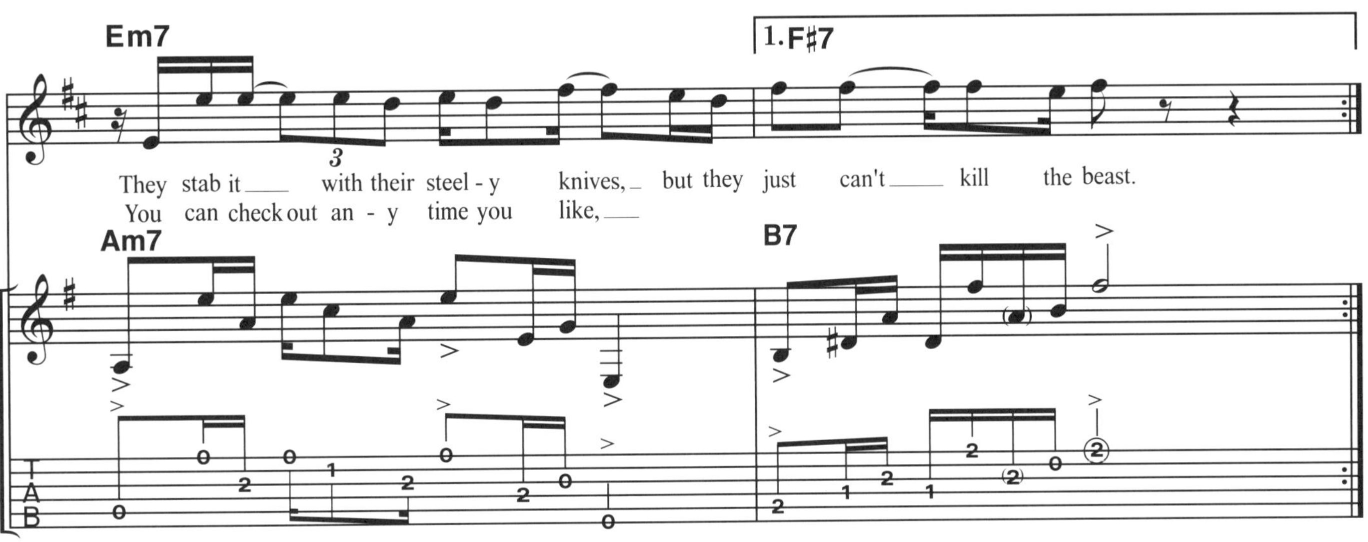
Em7
1. F♯7
They stab it with their steel - y knives, but they just can't kill the beast.
You can check out an - y time you like,
Am7
B7
T
A
B

후주
2. F♯7
C
but you can nev - er leave."
• 리듬 기타는 B 와 같이 연주합니다.
B7
T
A
B
Bm
S
H
C
솔로기타 Bm Key

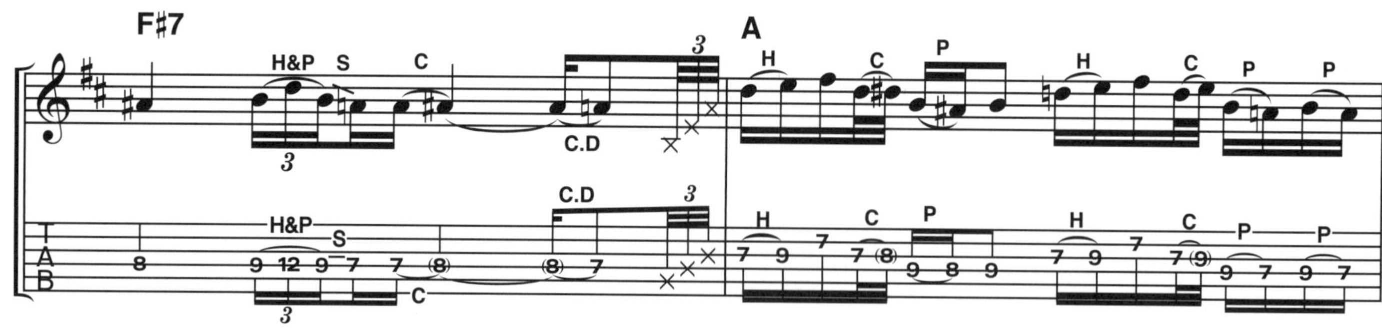
F♯7
A
H&P S C C.D
H C P H C P P

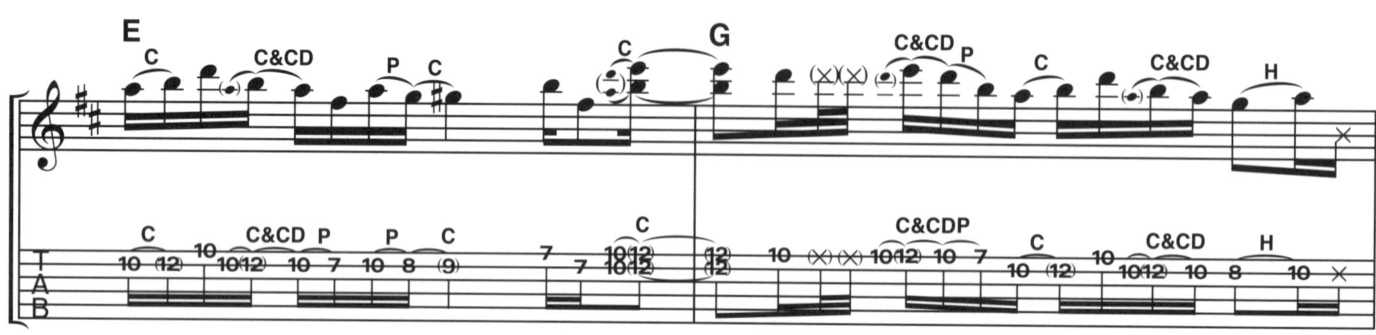
E
G
C C&CD P C C
C&CD P C C&CD H

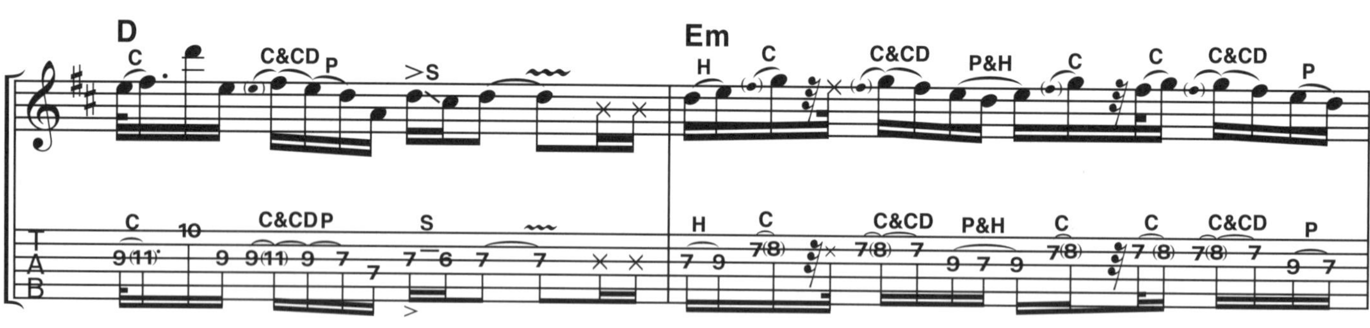
D
Em
C C&CD P S
H C C&CD P&H C C C&CD P

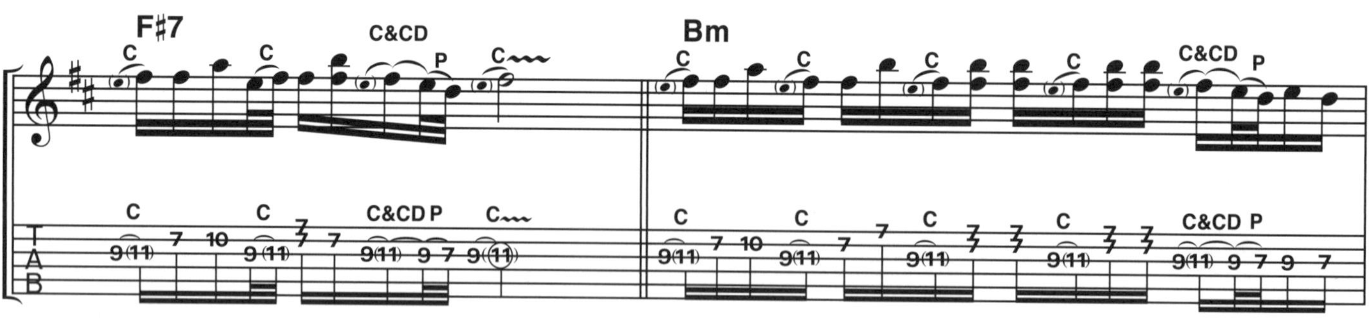
F♯7
Bm
C C C&CD P C
C C C C C&CD P

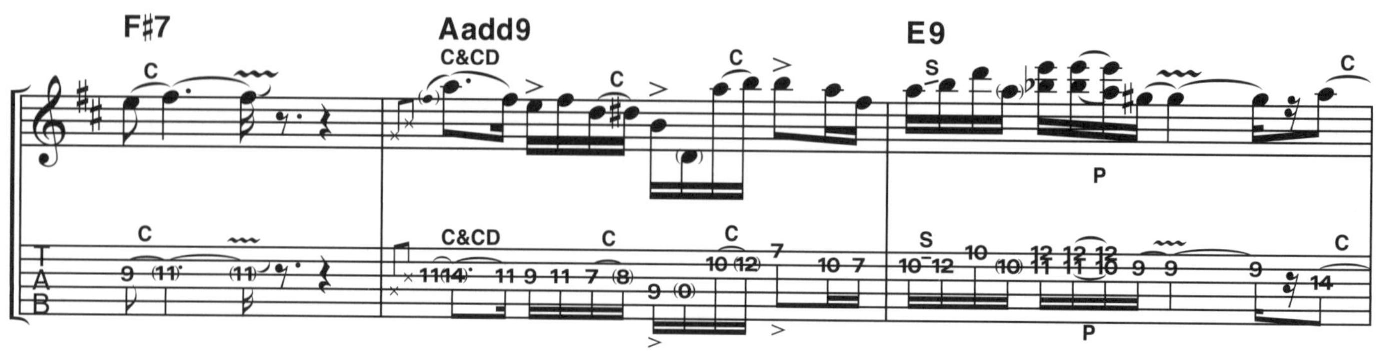
F♯7
Aadd9
E9
C
C&CD C C
S P C

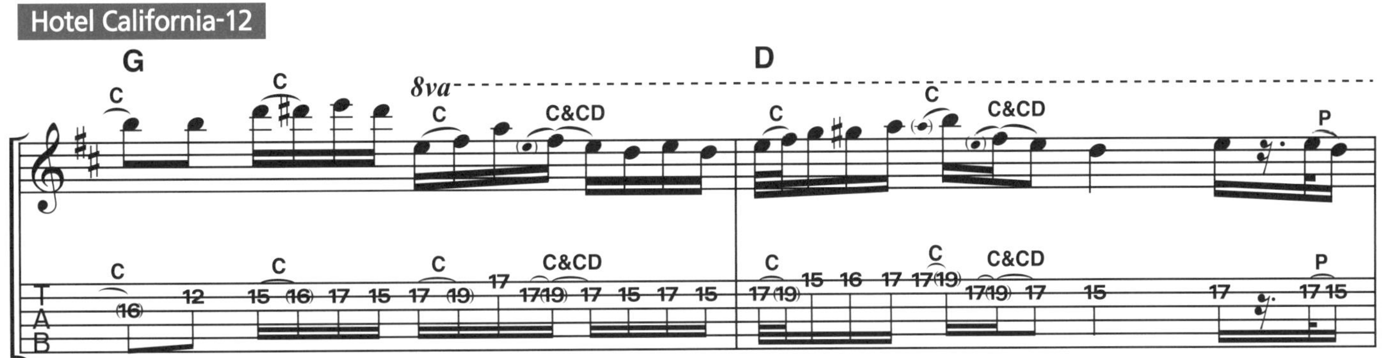

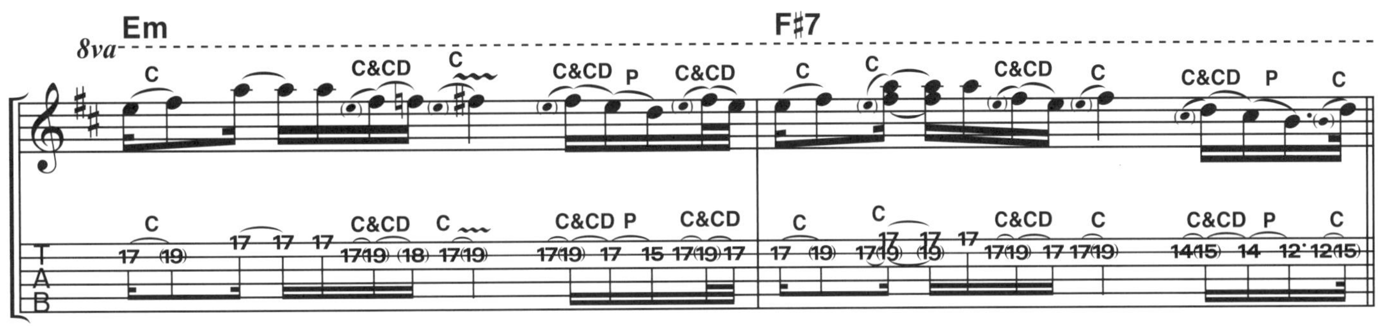

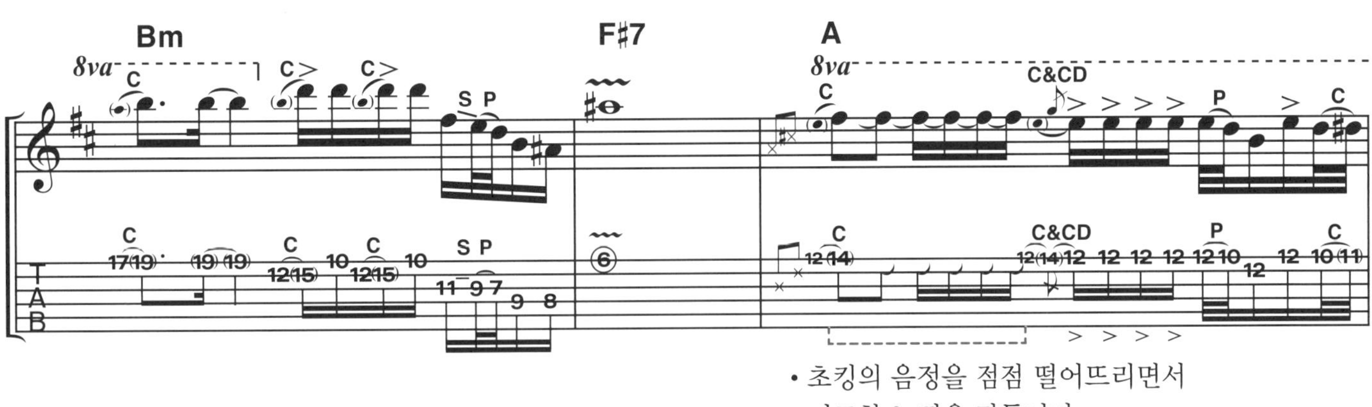

• 초킹의 음정을 점점 떨어뜨리면서
미묘한 느낌을 만듭니다.

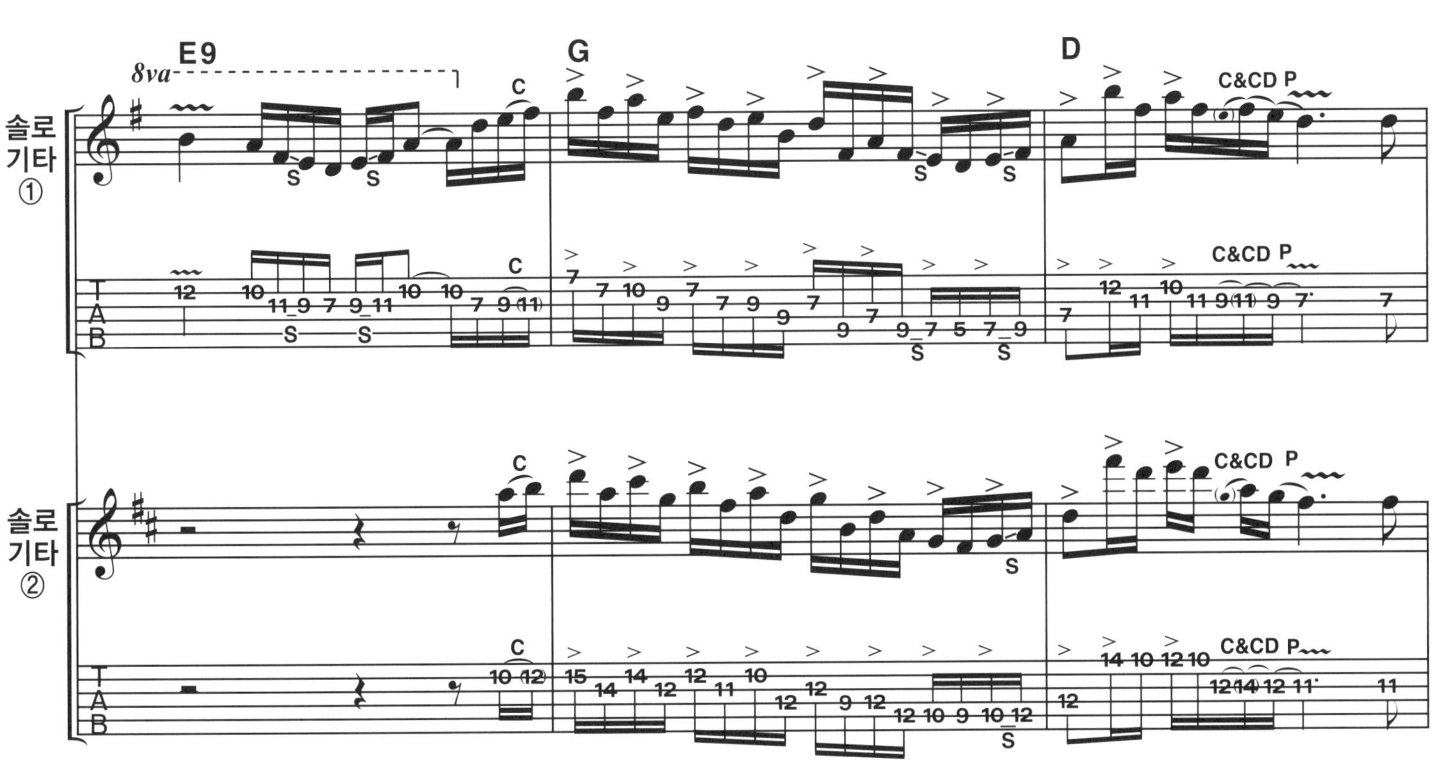

Em
F♯7
Bm
F♯7
솔로 기타 ①
솔로 기타 ②
8va
A
E9
G
D
Em
F♯7
Guitar Rhythm & F.O.
Guitar Rhythm & F.O.

뮤트(Mute)테크닉

- 커팅(Cutting)은 줄을 친 후 음의 울림을 멈추게 하는 것이고(여운을 잘라 없앰), 뮤트(Mute)는 처음부터 손바닥을 줄에 댄 상태에서 연주하여 음정이 없이 "찻!"하는 타악기의 효과를 내는 것입니다.

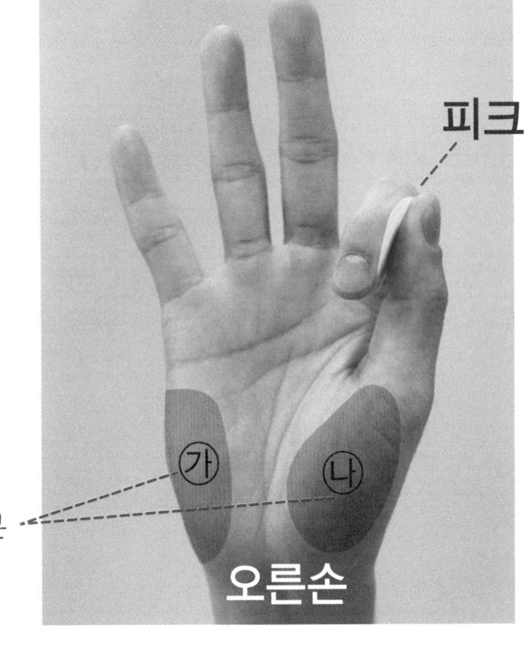

• 뮤트할 때 줄에 닿는 부분

- ㉮의 부분과 ㉯의 부분을 이용해서 각자의 취향에 맞는 뮤트 테크닉을 연습해 봅시다. 특히 리듬 주법의 뮤트 테크닉에서는 왼손의 역할이 매우 중요합니다.

「먼지가 되어」 해설

• 아래의 악보는 전주 시작 부분입니다.

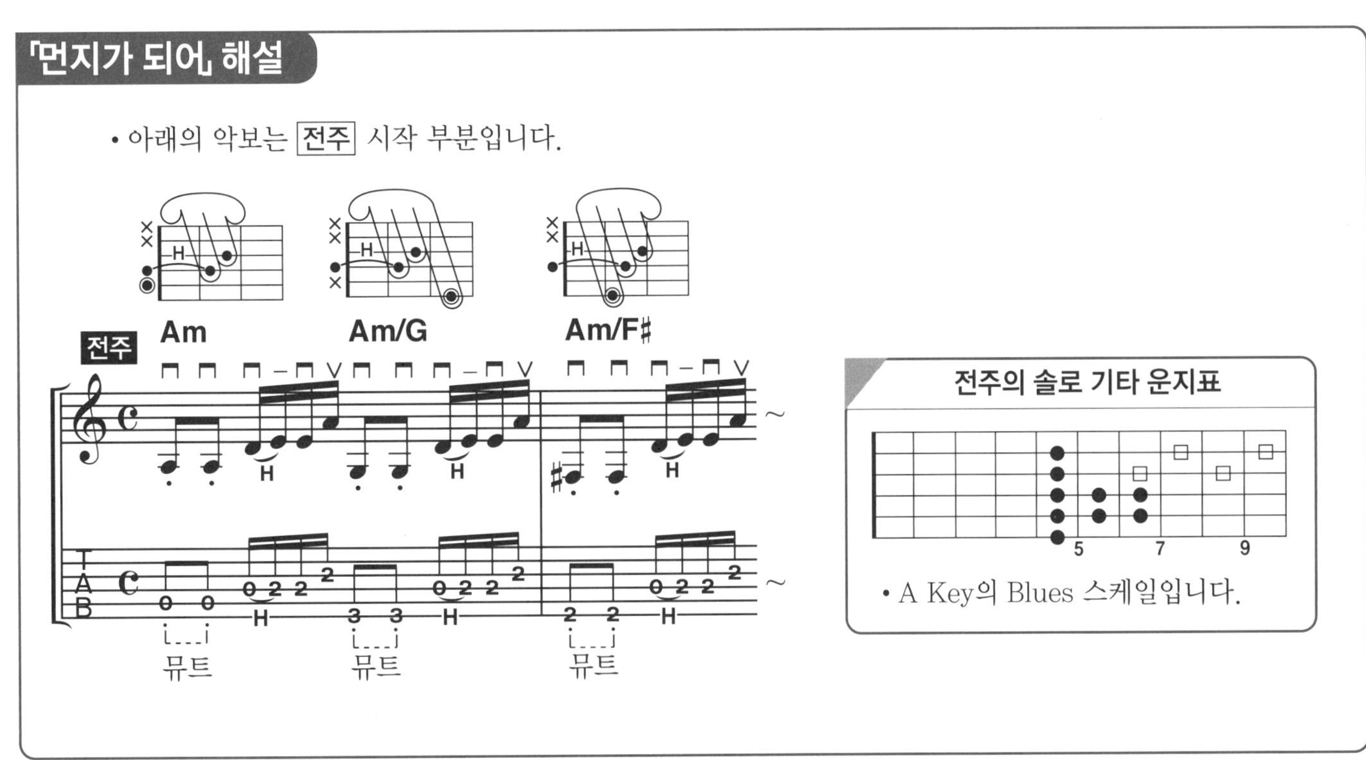

• A Key의 Blues 스케일입니다.

▶고급편

먼지가 되어

앨범 「이윤수」 1991

송문상 작사 · 이대헌 작곡 · 이윤수 노래 · 이정선 편곡

Slow Beat ♩=88

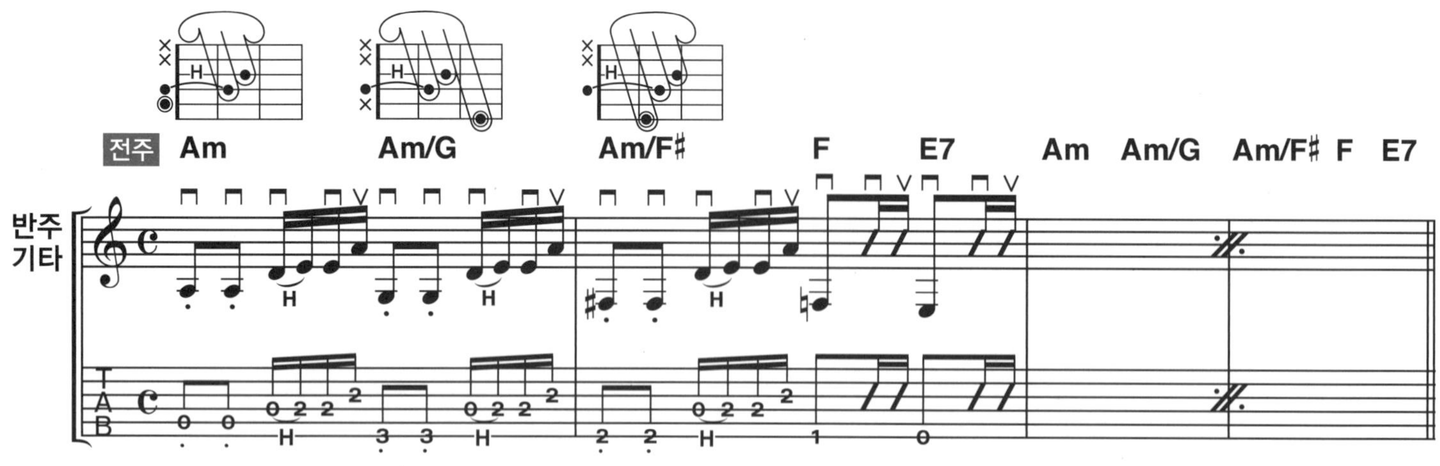

A
Am Am/G Am/F♯ F E7 Am Am/G Am/F♯ F G
노래
바 하 의 선율에– 젖은날 에는– 잊었던 기억 들–이 피어나 네요–
반주
Am Am/G Am/F♯ F E7 Am Am/G Am/F♯ F E7
바람 에 날 려 간–– 나의 노 래도– 휘 파 람 소리로––– 돌아오 네요–
Am Am/G Am/F♯ F E7 Am Am/G Am/F♯
내 조그만 –공 간–속에 추억–만 쌓– 이고– 까닭–모를 눈 물 만이 아롱거 리네
E7sus4 E7
B
Dm G7
– – 작 은 가 슴 을 모 – 두
가 되 어 날 – 아

CM7
Am
A7
Dm
G7
모 두 – 어 시를 써 – 봐 도 모 자란 당
가 야 – 지 바람 에 – 날 려 당 신곁 으
1. CM7
Am A7
2. CM7
E7sus4 E7
– – 신 – – 먼 지 – – 로 – –
간주
솔로 기타
반주 기타
C&CD
Am
Am/G
Am/F♯
F
E7
P
S
C

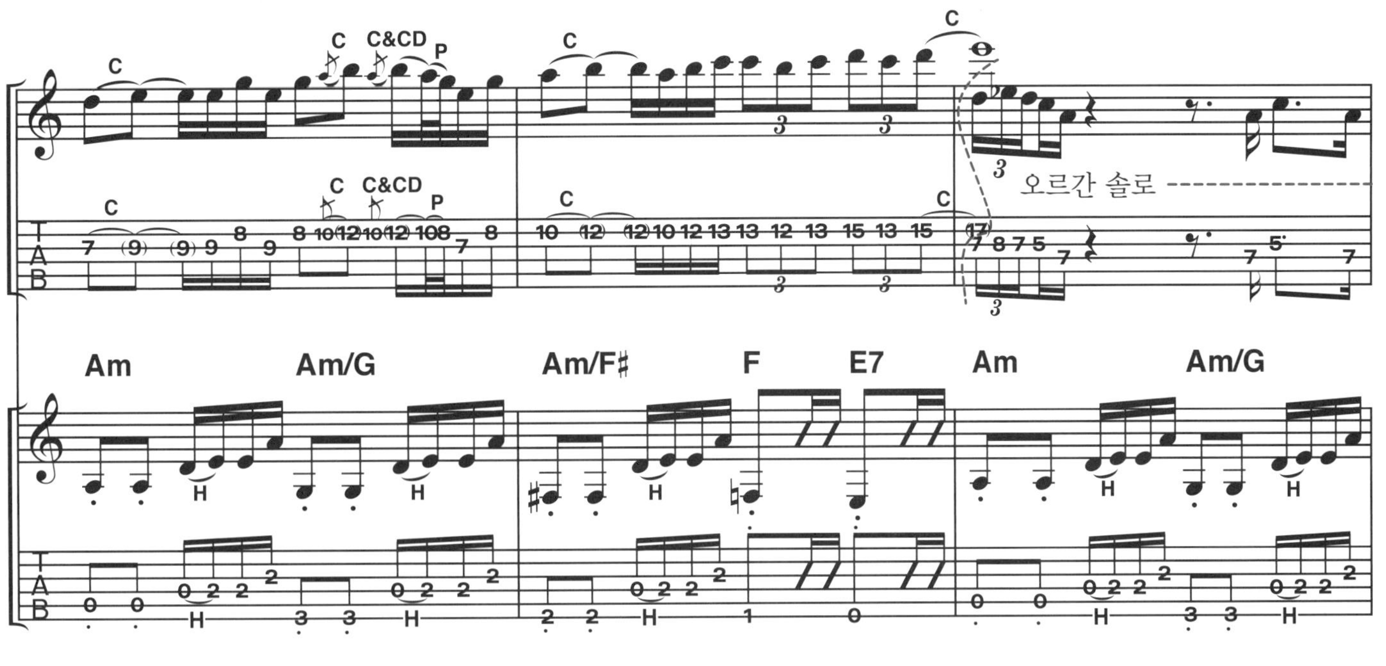
C
C&CD
P
오르간 솔로
Am
Am/G
Am/F♯
F
E7

오르간 솔로
반주
Am/F♯
F
E7
Am
Am/G
Esus4

노래
작 은
D.S. (to A) al Coda
Am
Am/F
Am/F♯
F
E7
뚜 뚜루루 뚜뚜루루 뚜뚜루루 쭈 바
Repeat & F.O.
Am/G

Blackbird

앨범 「Remastered」2009

John Lennon 작사 · Paul McCarthey 작곡 · Beatles 노래 · 이정선 편곡

- 새소리와 함께 기타 하나로만 반주가 연주되는 아름다운 곡입니다.
- 독학으로 기타를 마스터한 폴 맥카트니답게 변칙적인 주법이 일품입니다.

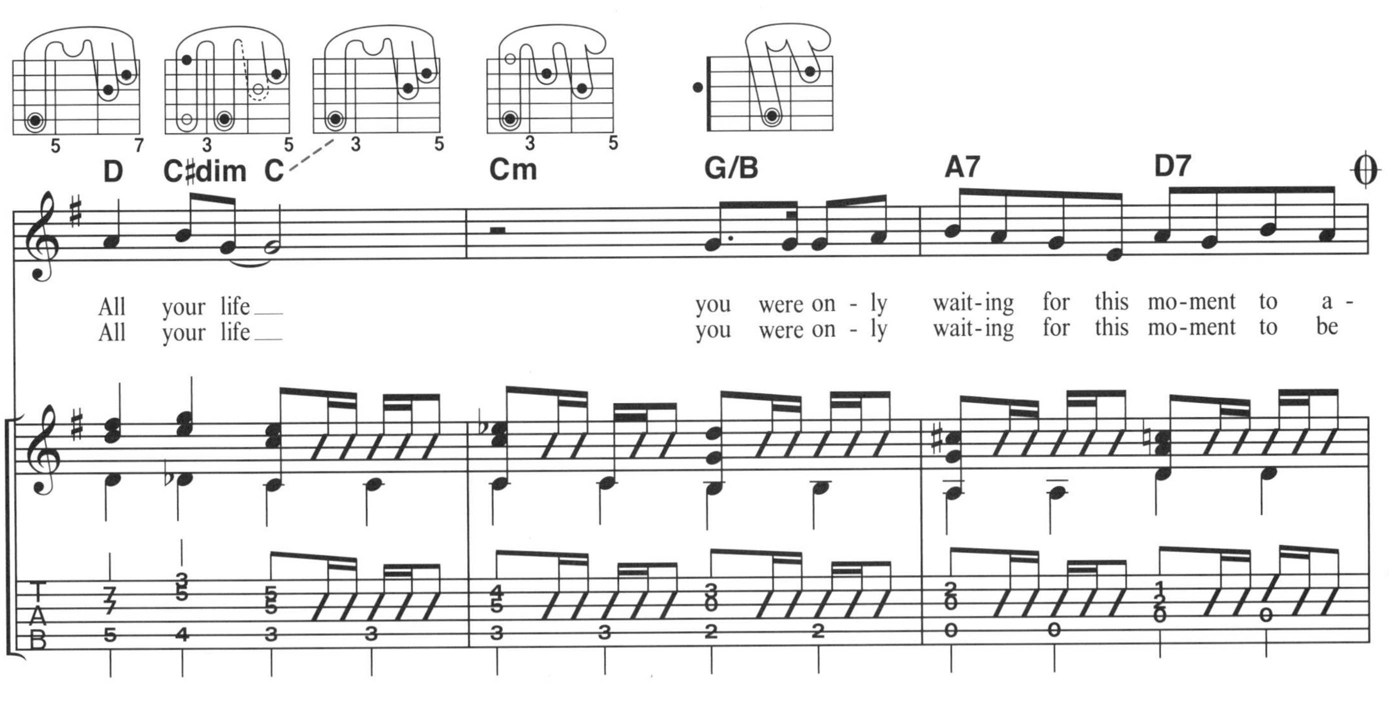
D C♯dim C
Cm
G/B
A7
D7
All your life___ you were on - ly wait-ing for this mo-ment to a -
All your life___ you were on - ly wait-ing for this mo-ment to be

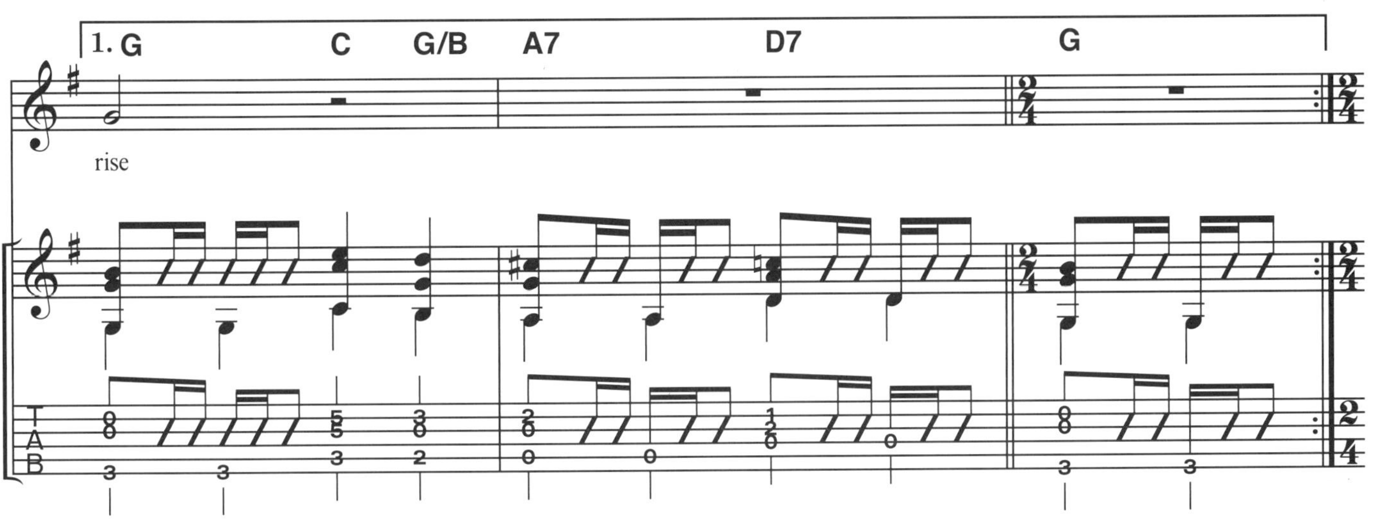
1. G C G/B A7 D7 G
rise

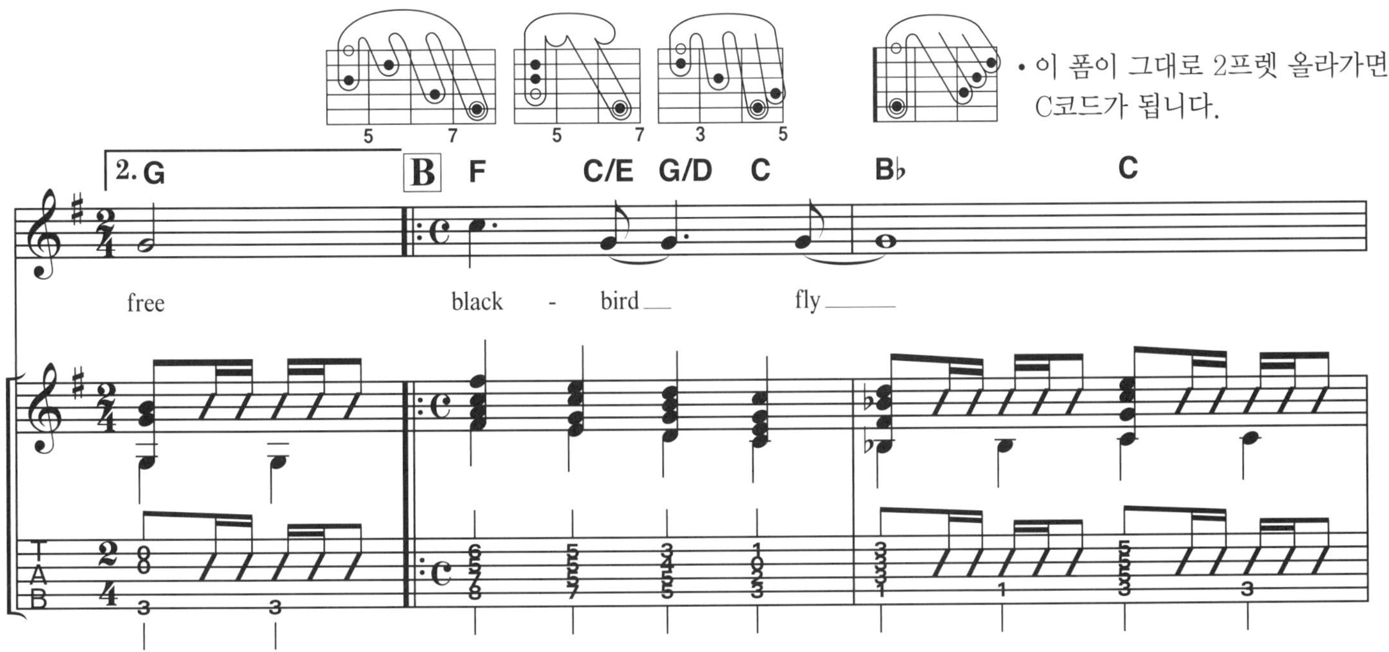
2. G
B F C/E G/D C B♭ C
free black - bird___ fly______
• 이 폼이 그대로 2프렛 올라가면
C코드가 됩니다.

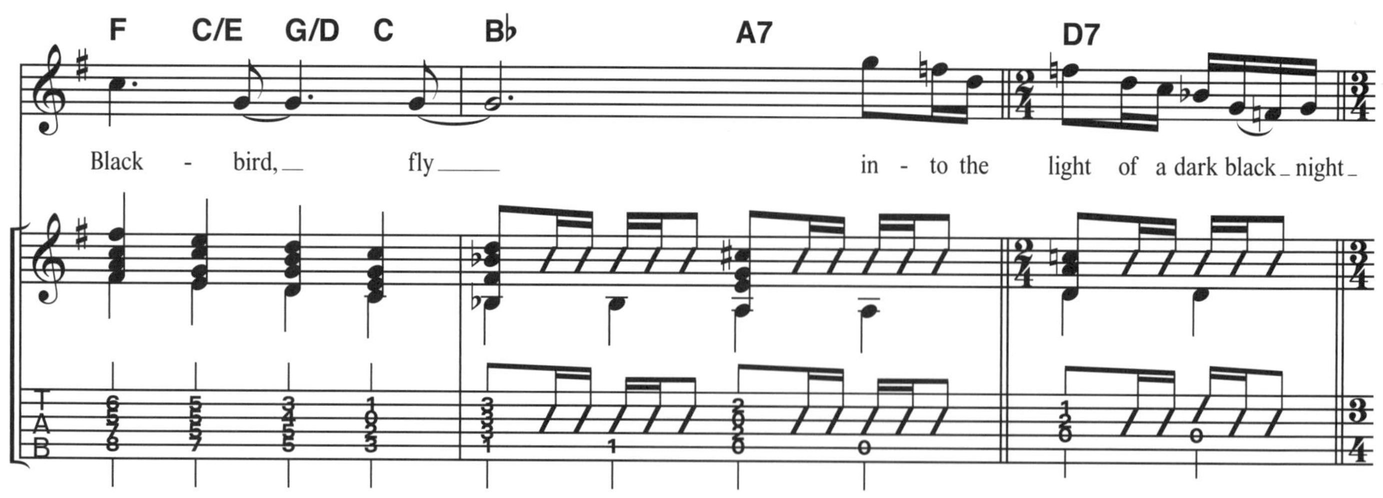
F C/E G/D C B♭ A7 D7
Black - bird, fly in - to the light of a dark black night

G Am7 G/B
1.
(A의 3째 마디와 같은 운지)
G
C A7/C♯ D7 B7/D♯

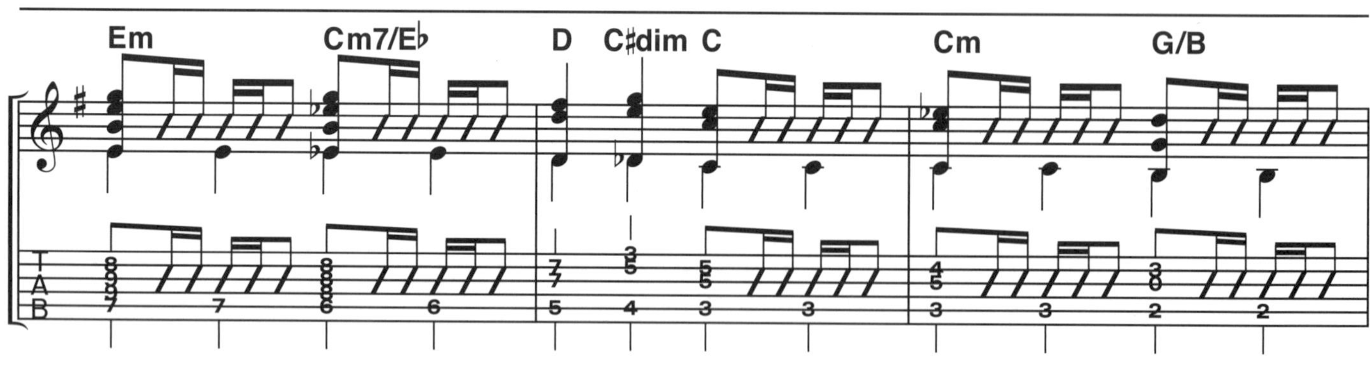
Em Cm7/E♭ D C♯dim C Cm G/B

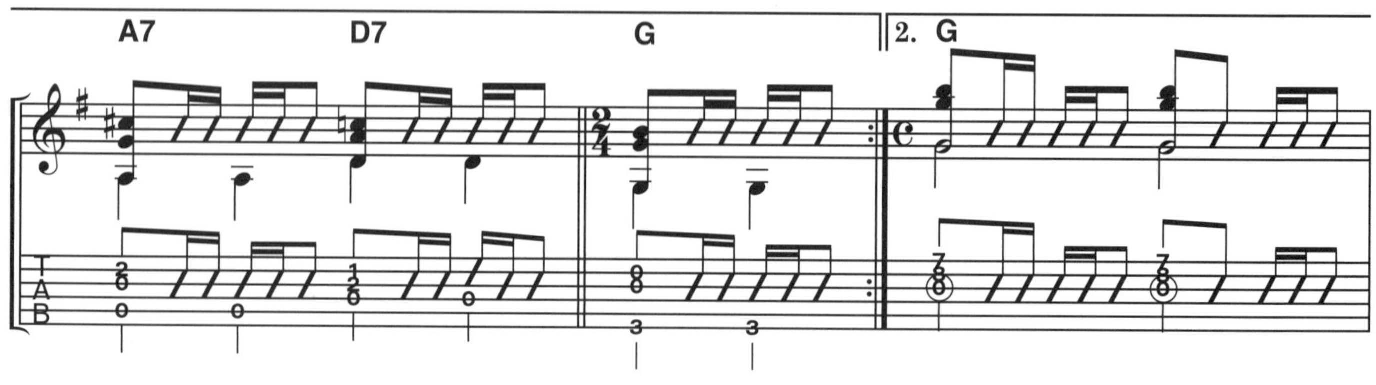
A7 D7 G
2. G

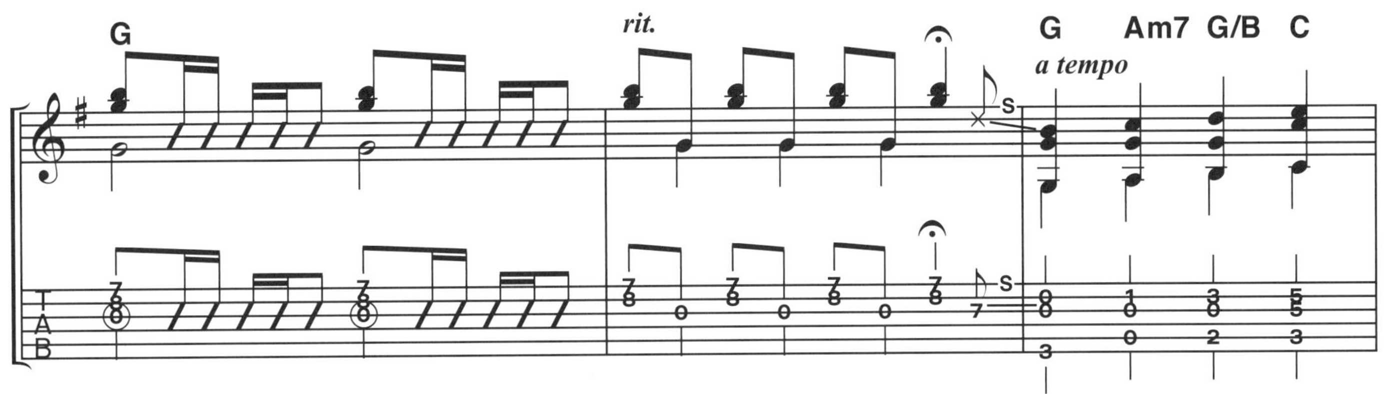
G
rit.
G Am7 G/B C
a tempo
S
S

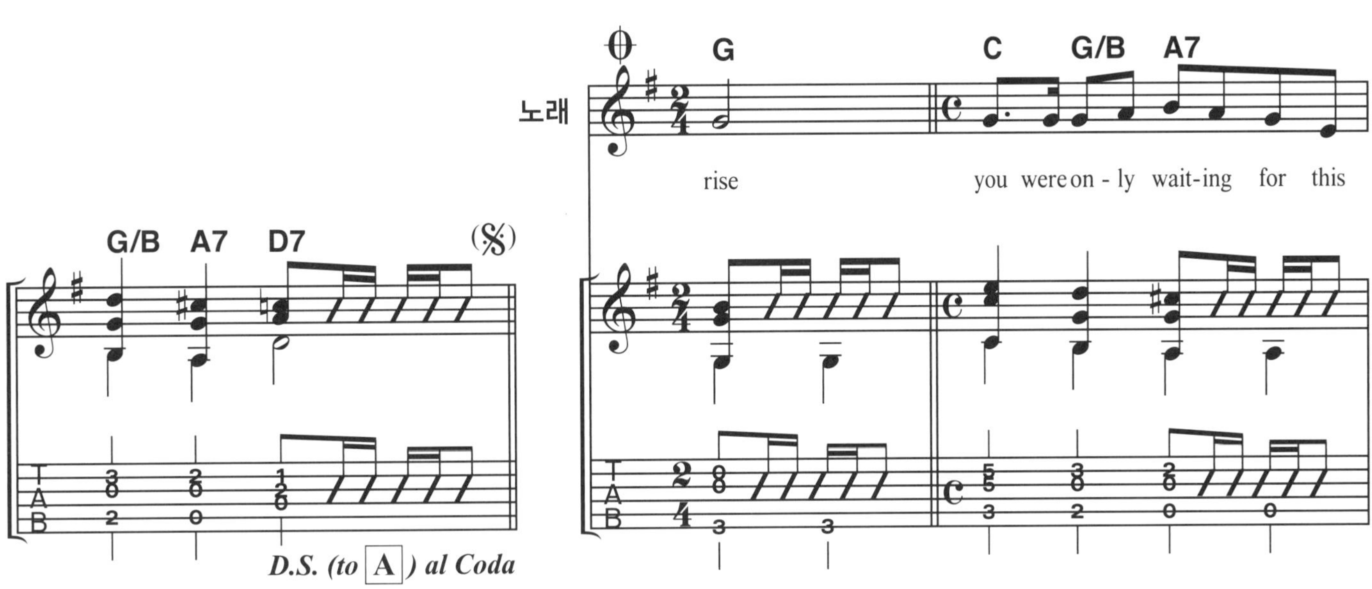
G/B A7 D7
D.S. (to A) al Coda
G
C G/B A7
노래
rise
you were on - ly wait-ing for this

D7 G C G/B A7 D7 G
노래
mo-ment to a - rise
you were on - ly wait-ing for this mo-ment to a - rise
반주

Wonderful Tonight

앨범 「Slow Hand」 1977

Eric Clapton 작사 · Eric Clapton 작곡 · Eric Clapton 노래 · 이정선 편곡

- 솔로 기타는 Bottle Neck를 사용하여 슬라이드(Slide)주법으로 연주합니다.
- 원곡에서는 2대의 반주 기타가 개방현과 하이 포지션에서 각각 8 Beat 아르페지오로 연주하고 있지만 별로 중요하지 않기 때문에 여기서는 1대의 기타로 채보했습니다.
  악보에 얽매이지 말고 자유스럽게 아르페지오를 해도 좋습니다.

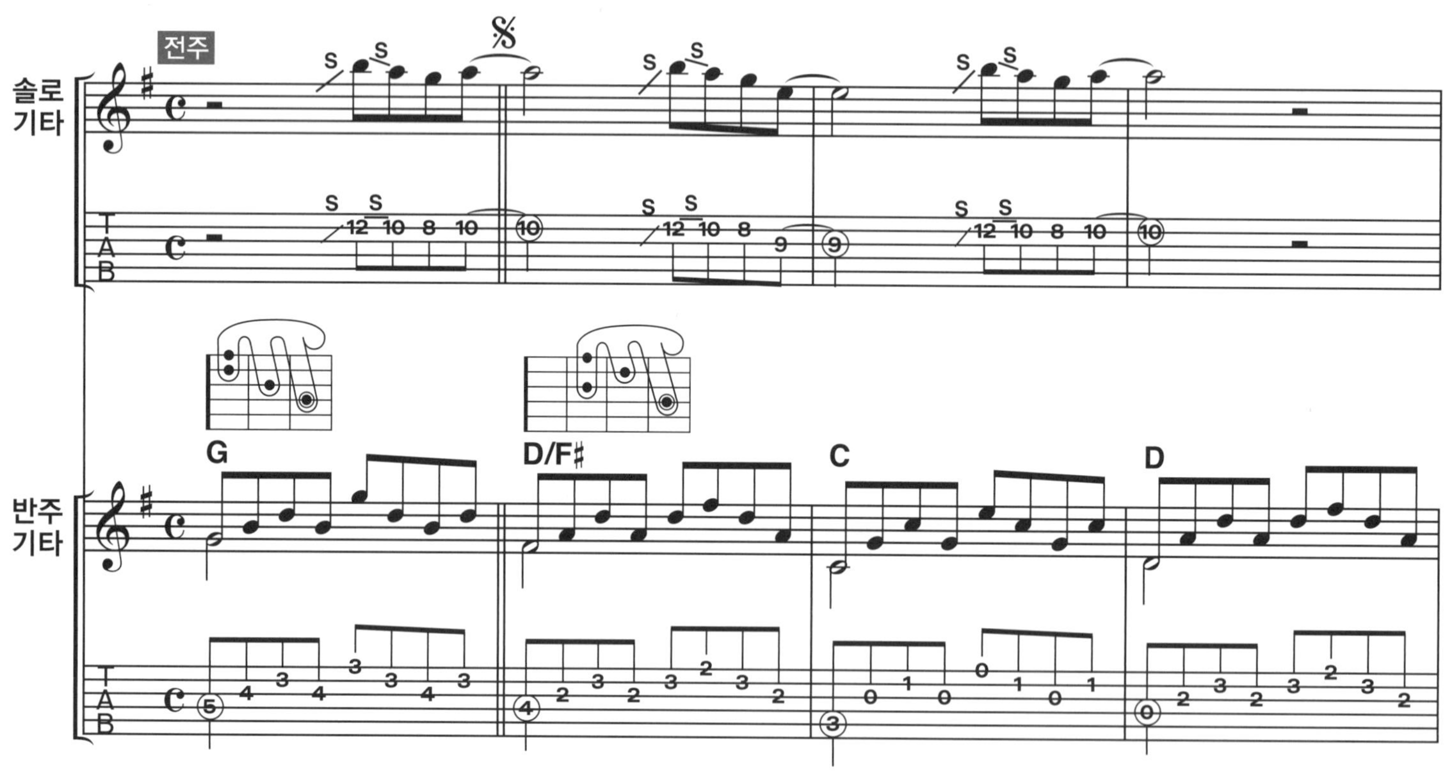

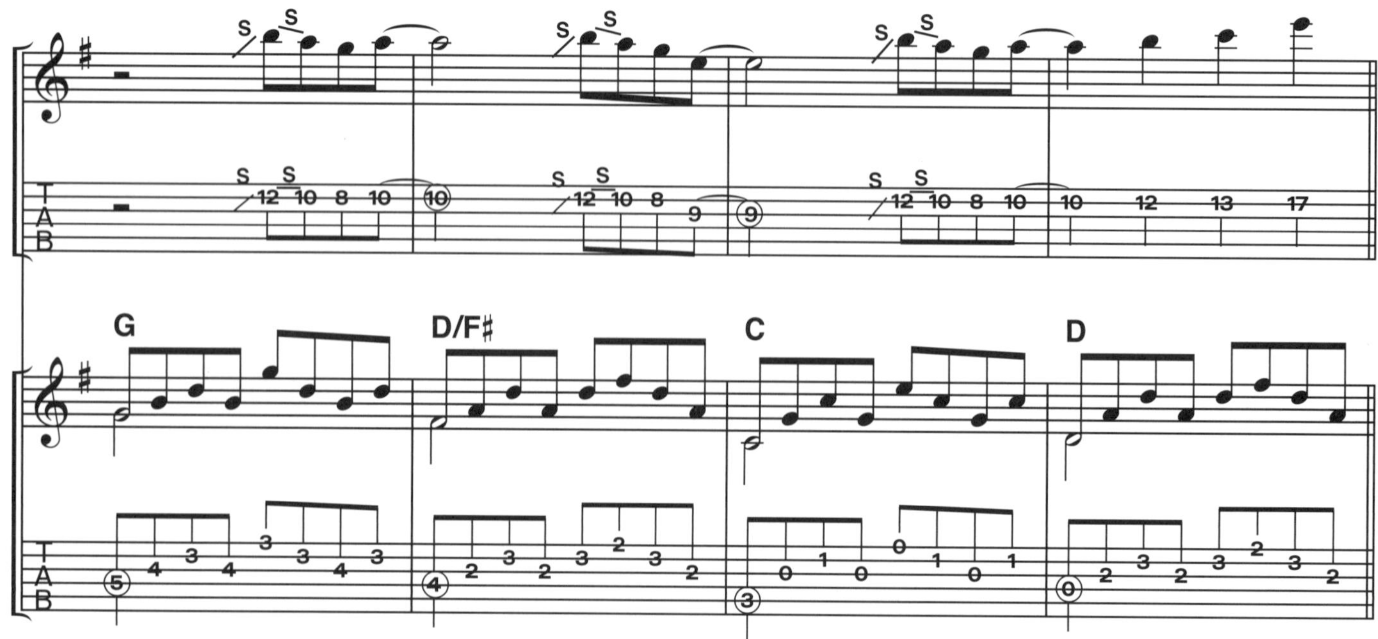

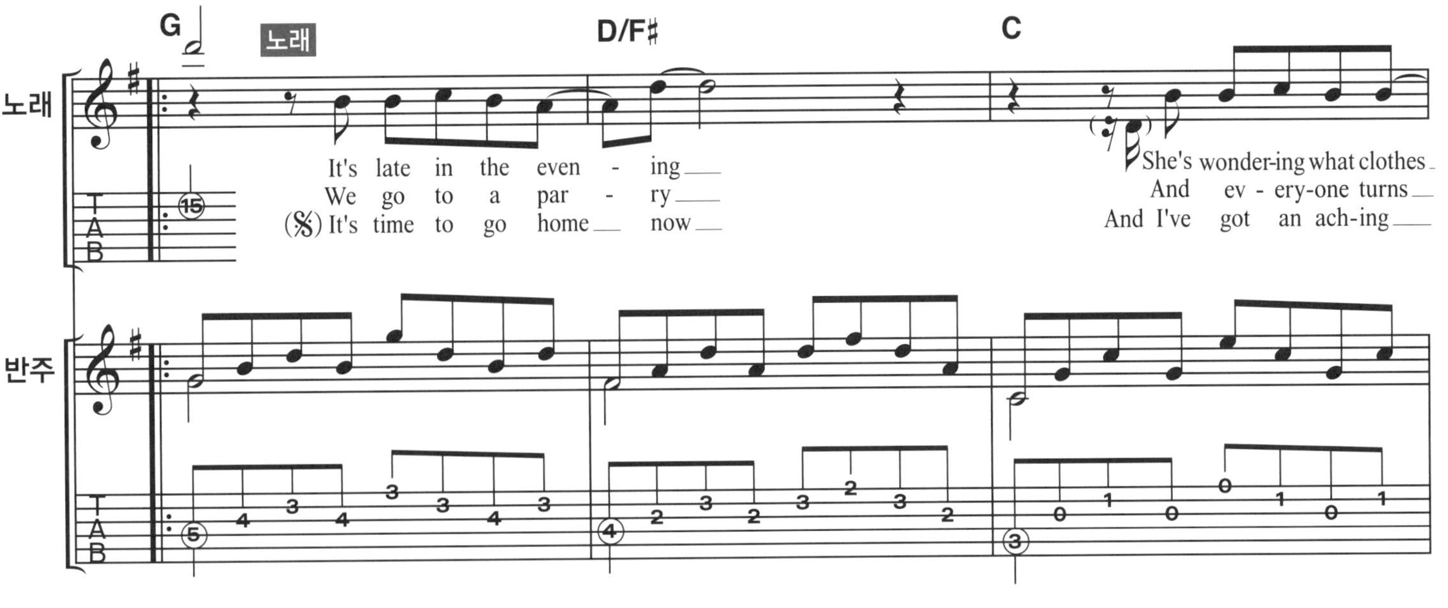
G
노래
D/F♯
C
노래
반주
It's late in the even - ing
We go to a par - ry
(𝄋) It's time to go home now
She's wonder-ing what clothes
And ev - ery-one turns
And I've got an ach-ing
T
A
B

D
G
D/F♯
to wear.
to see
head
She put on her make - up
This beau - ti - ful la - dy
So I give her the car - keys

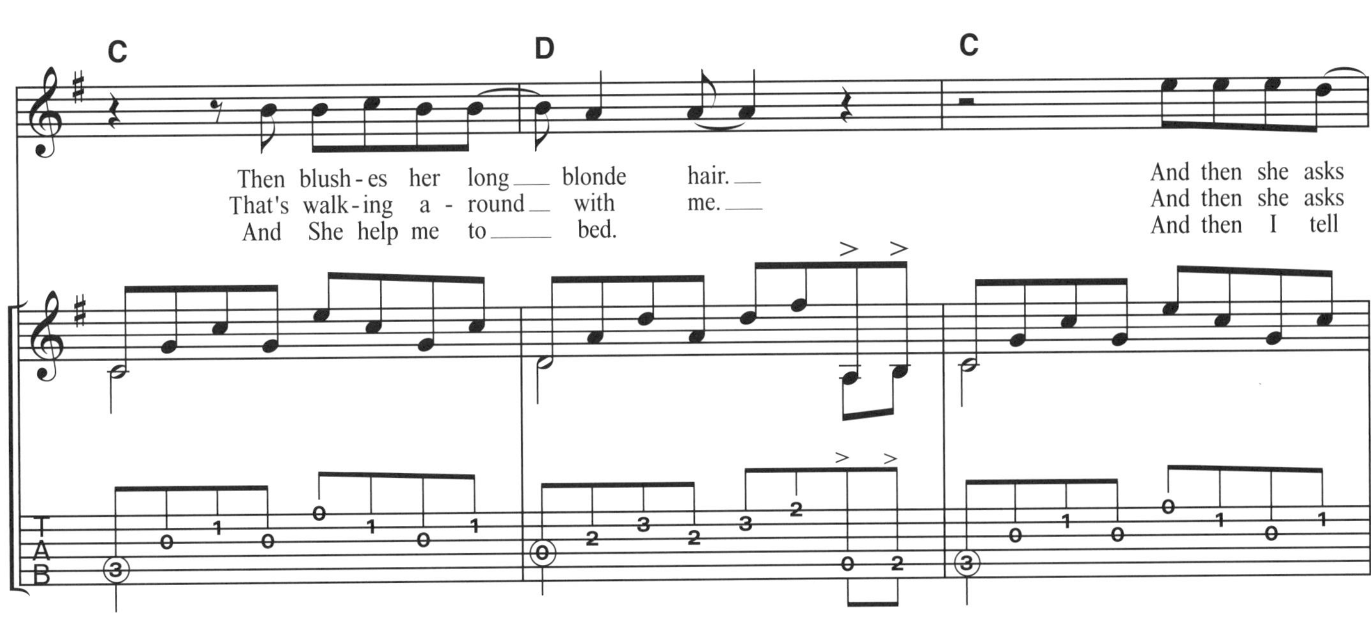
C
D
C
Then blush - es her long blonde hair.
That's walk - ing a - round with me.
And She help me to bed.
And then she asks
And then she asks
And then I tell

• 전주의 D/F♯ 코드와 같습니다.

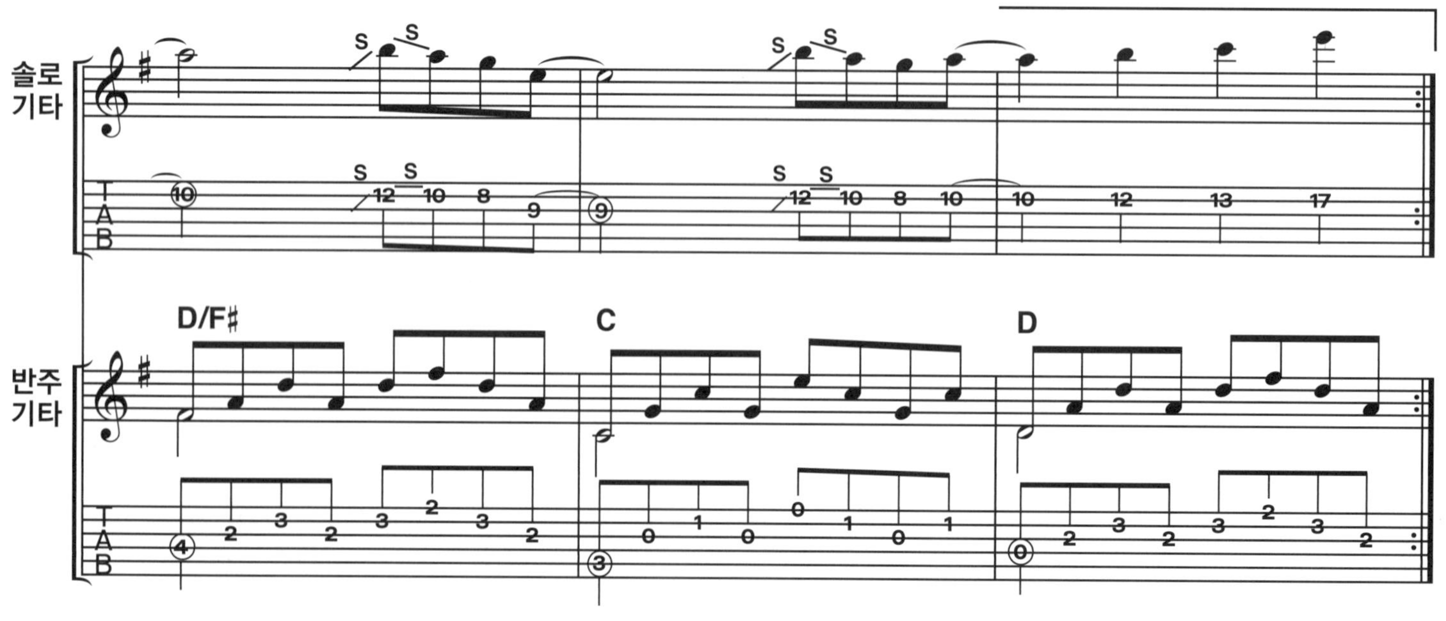

2.G
G7
노래
B C
D
I feel won - der - ful. Be - cause I see the love
H
반주
G
Bm7/F♯
Em
C
light in your eyes
And the won - der of it all
D
C G/B D7/A G
D
G
Is that you just don't re - al - ize. How much I love you
솔로 기타
타브
S S
D.S. al Coda (No Rep.)

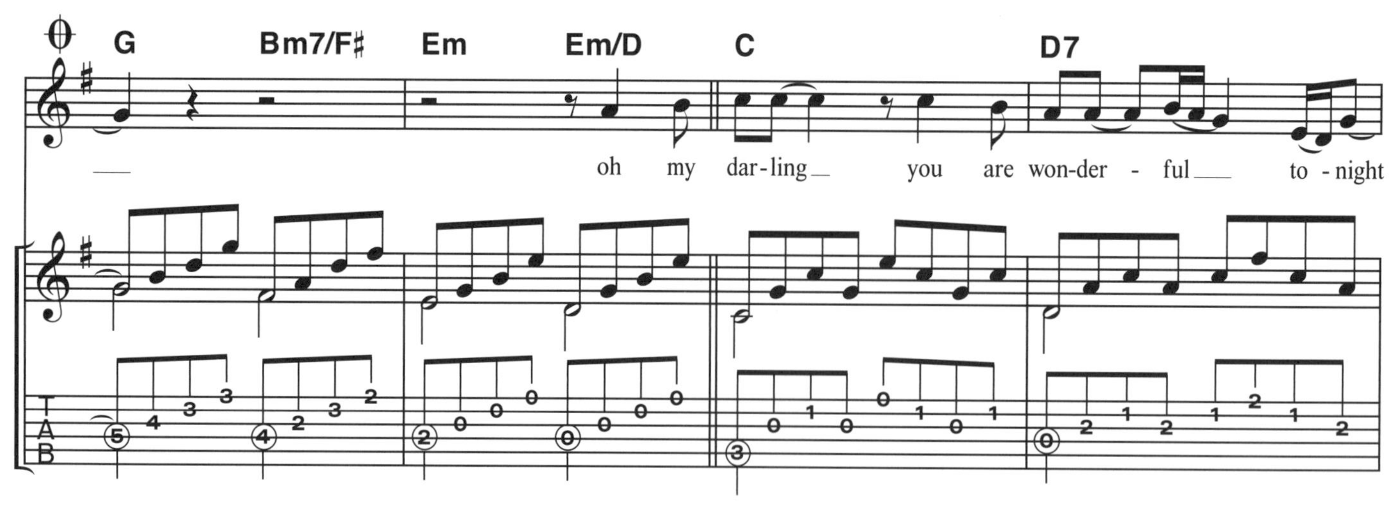
G
Bm7/F♯
Em
Em/D
C
D7
oh my dar-ling you are won-der - ful to - night

후주

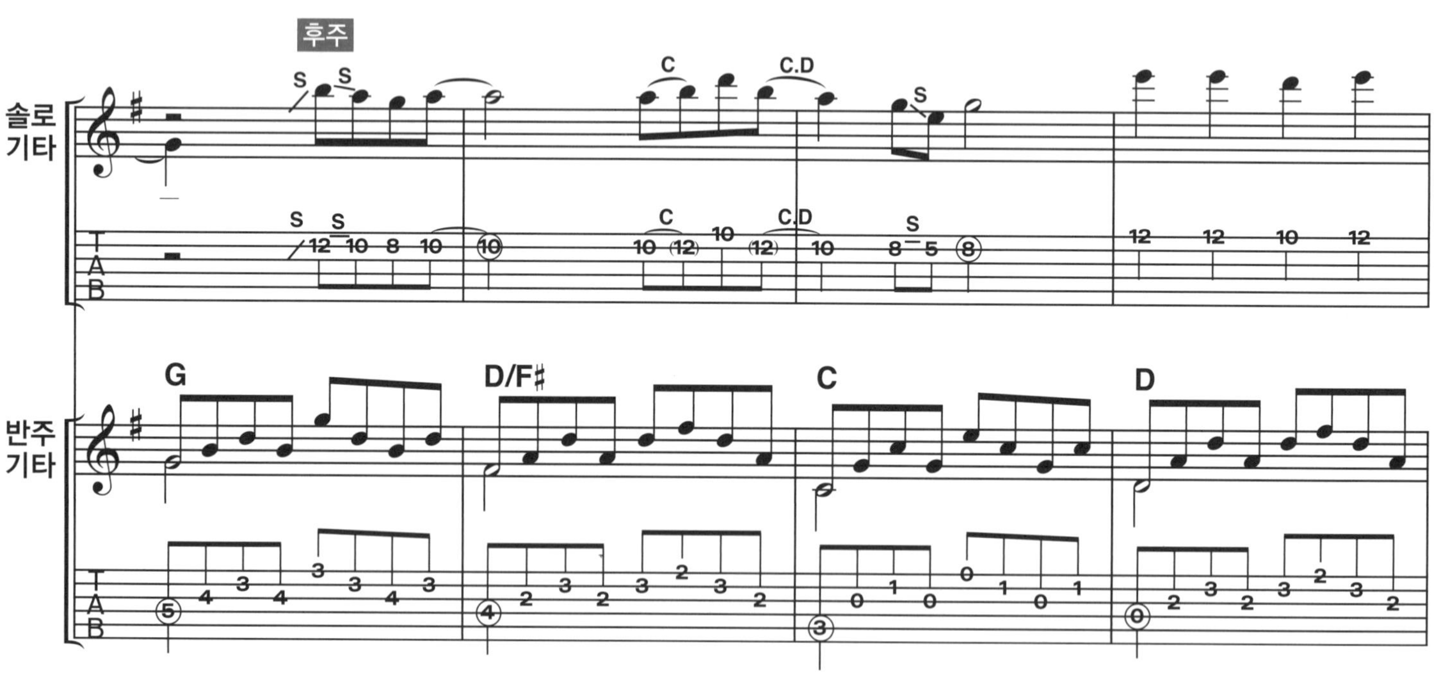
솔로 기타
반주 기타
G
D/F♯
C
D

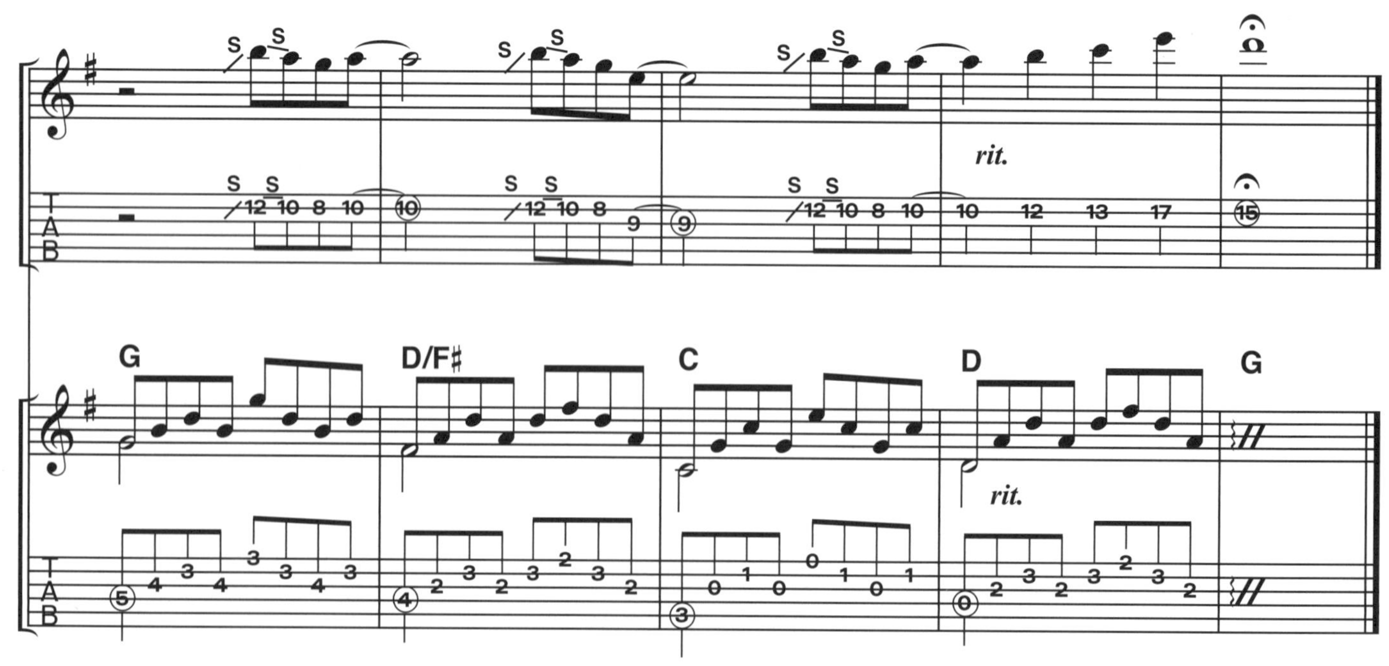
rit.
G
D/F♯
C
D
G

어느새

앨범 「**장필순 1집**」*1989*

김현철 작사 · 김현철 작곡 · 장필순 노래 · 이정선 편곡

Capo 2프렛(Original Bm Key)

- 원곡은 **Bm** Key이지만 카포를 2번 프렛에 사용해서 **Am** Key로 연주합니다.
- 원곡에서는 가 기타의 리듬이지만
  기타 하나만의 반주일 때는 로 연주합니다.
- 라틴 계열의 음악은 싱코페이션이 특징입니다.

Medium Beat ♩= 90

Am9
Bm7/A
이제 는–
그리 움– 도지– 워 져 버려 –

Dm7
Em7
FM7
Em7
어느 새–
목 마른– 가슴–모 두잃 어버 –린

Dm7
Em7
FM7
무뎌 진–
그 런사– 람이나는 돼어 만가 –네

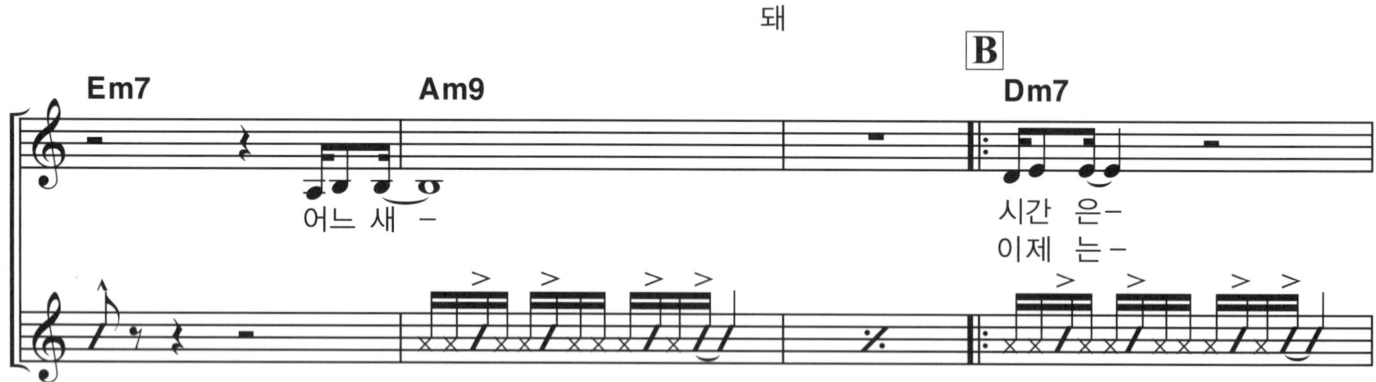
돼
B
Em7
Am9
Dm7
어느 새 –
시간 은–
이제 는–

Dm7
CM7
사랑 하– 는사– 람 마 저 빼앗 아–
가슴 시– 린그– 런 기 억 조차 도–
나를 상– 심하– 게 만 들
모두 깨– 끗하– 게 잊 어

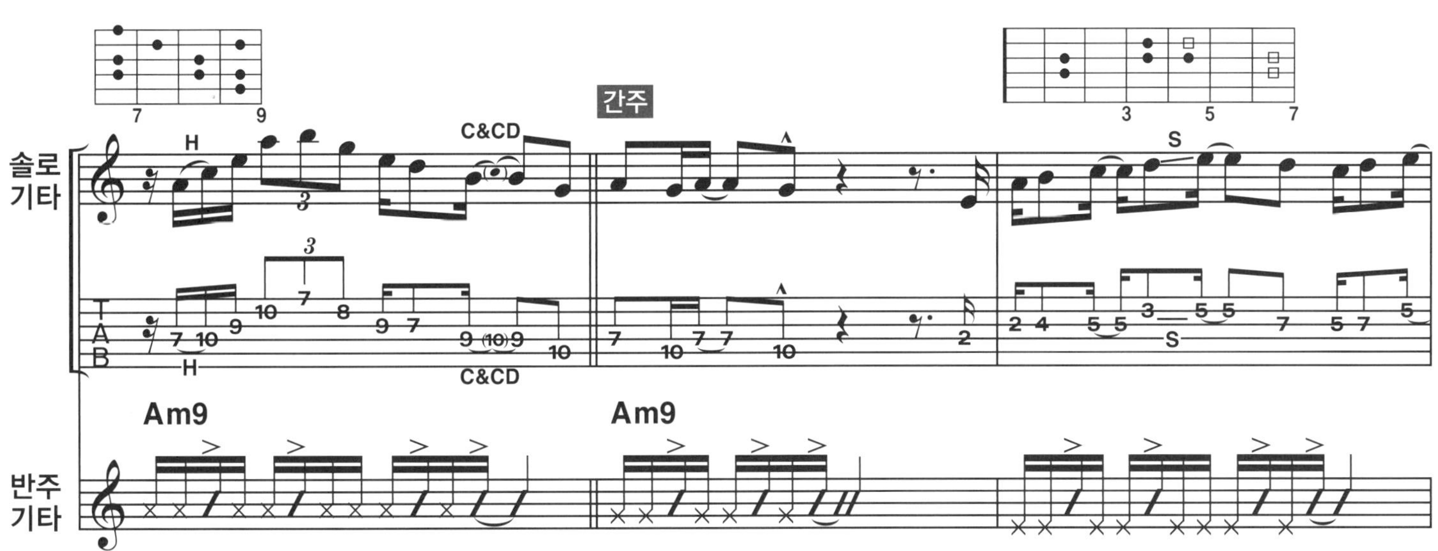

• 간주 부분은 [리듬 표기] 의 16비트 리듬으로 반주해도 좋습니다.

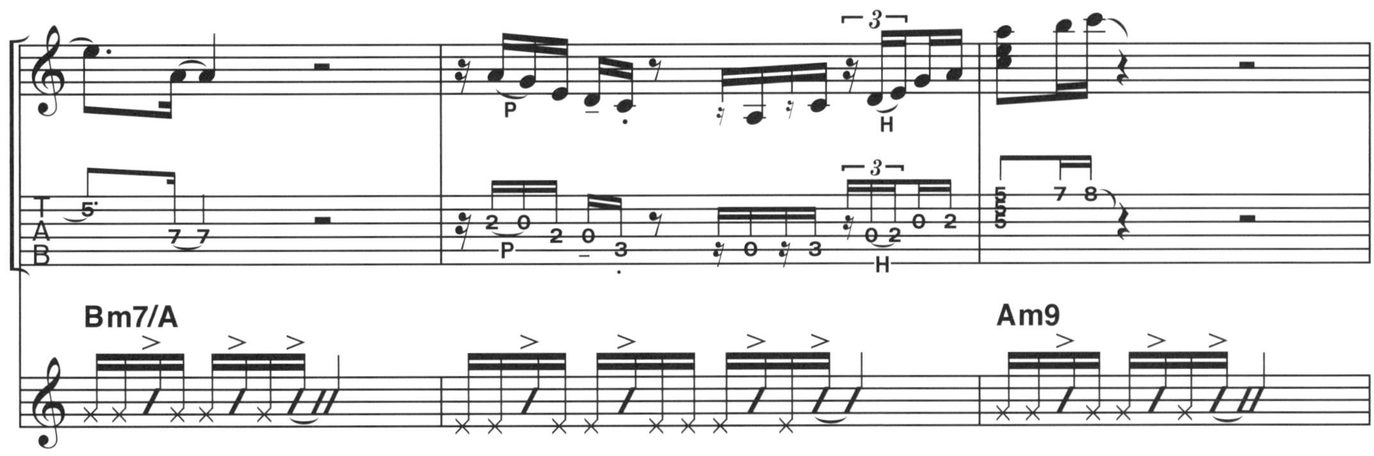

• 솔로 기타는 나일론 기타로 연주되는데 손톱을 사용하여 핑거링합니다.

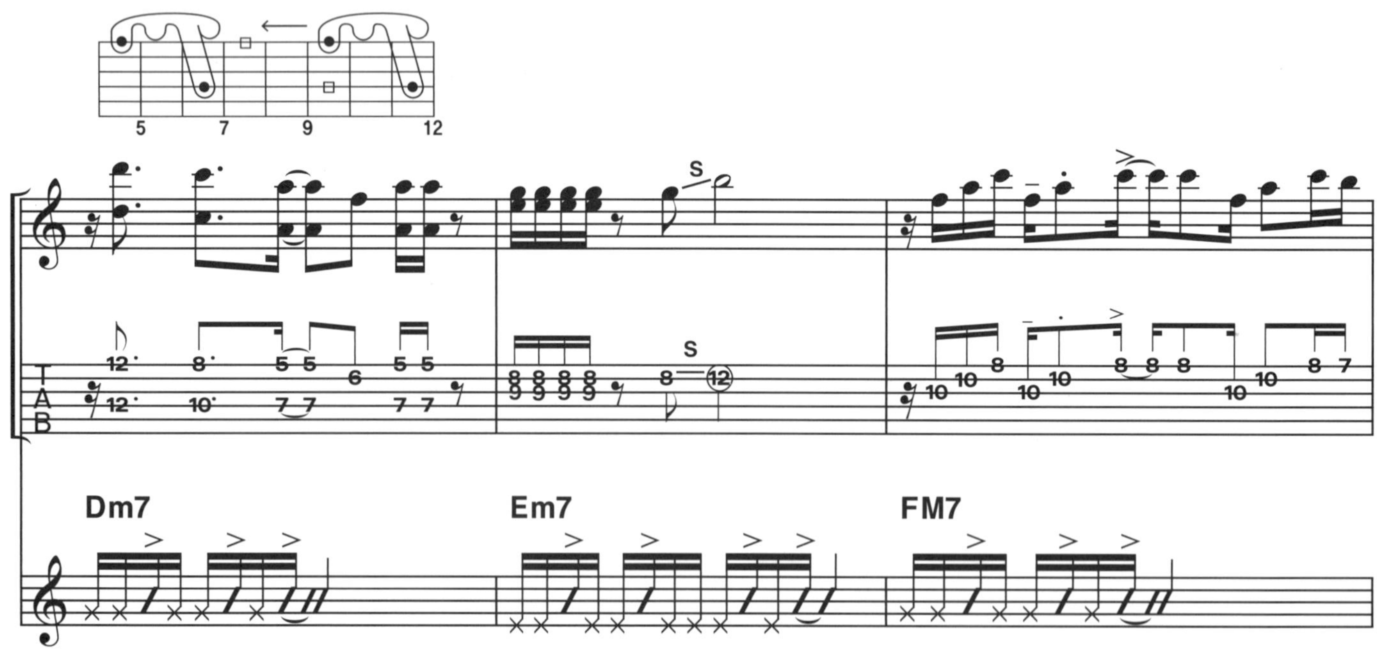

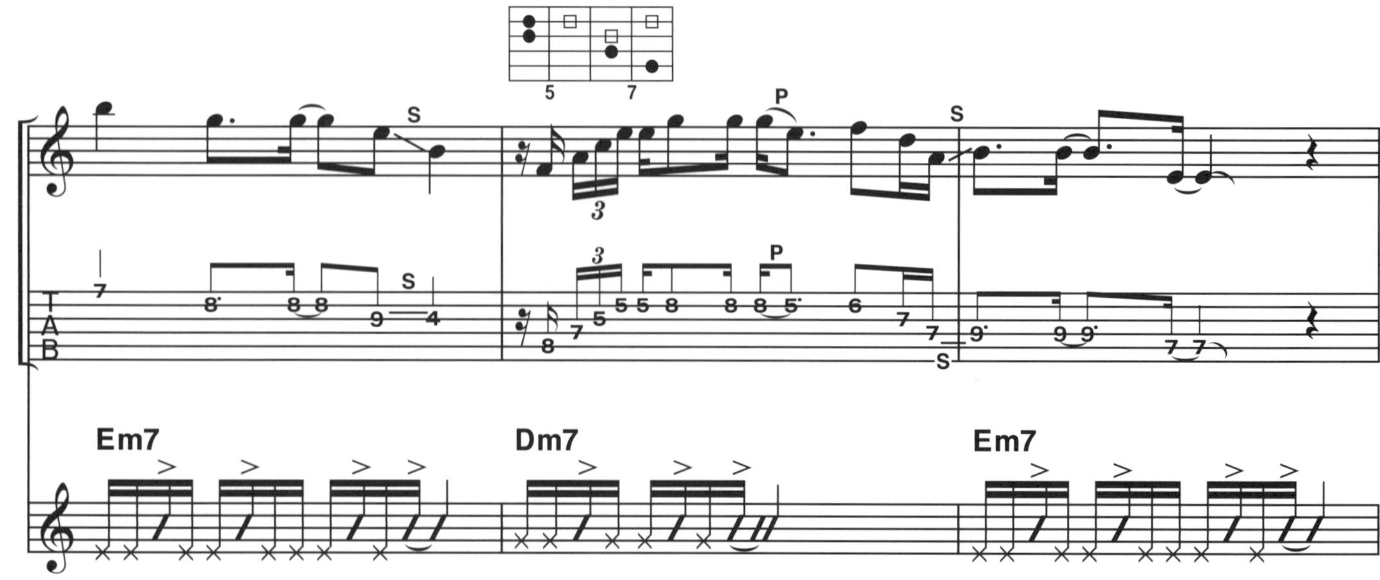

FM7 Em7 Am9

P

T
A
B

B 노래

노래 / 반주

Dm7 CM7

시간 은– 사랑 하– 는사– 람 마 저 빼앗 아– 나를 상– 심하 – 게 만 들
이제 는– 가슴 시– 린그– 런 기 억 조차 도– 모두 깨– 끗하 – 게 잊 어

B♭M7 1. Bm7♭5 E7 Am9 A7

었 지만 – 어 느 새 –
버 린 – –

2. Bm7♭5 E7 Am9 (𝄋)

무뎌 진– 사람– 이 돼 가네 – 어 느 새 –

D.S. (to **A** *) al Coda*

𝄌 Em7 Am9 Am9

어느 새– 어느 새–

Fade Out

▶중급편

축복합니다

앨범 「**들국화 1집**」*1985*

조덕환 작사 · 조덕환 작곡 · 들국화 노래 · 이정선 편곡

- 반주에서는 개방현을 이용한 포지션의 운지가 아름다운 곡입니다.
- 반주기타에서

D(add9) DM(add9) D7(add9) G6/D Gm6/D 등으로

반음씩 하행하는 선율이 선명하게 나타나도록 연주해야 원곡의 느낌을 살릴 수 있습니다.

- 전주는 피아노의 선율이 두드러지지만 기타로 연주할 수 있도록 편곡을 했습니다.
- 원곡에서는 간주를 일렉 기타로 연주했지만, 어쿠스틱 기타로 연주해도 좋을 것 같습니다.

참고

- 드롭 「D」튜닝 (Dropped 「D」 Tuning)을 할 수 있다면 6번선을 1음 낮추어(D음으로) 베이스를 6번선에서 연주하면 더욱 더 아름다운 반주를 즐길 수 있습니다. 〈기타교실 2권 참고〉

Modetato Slow

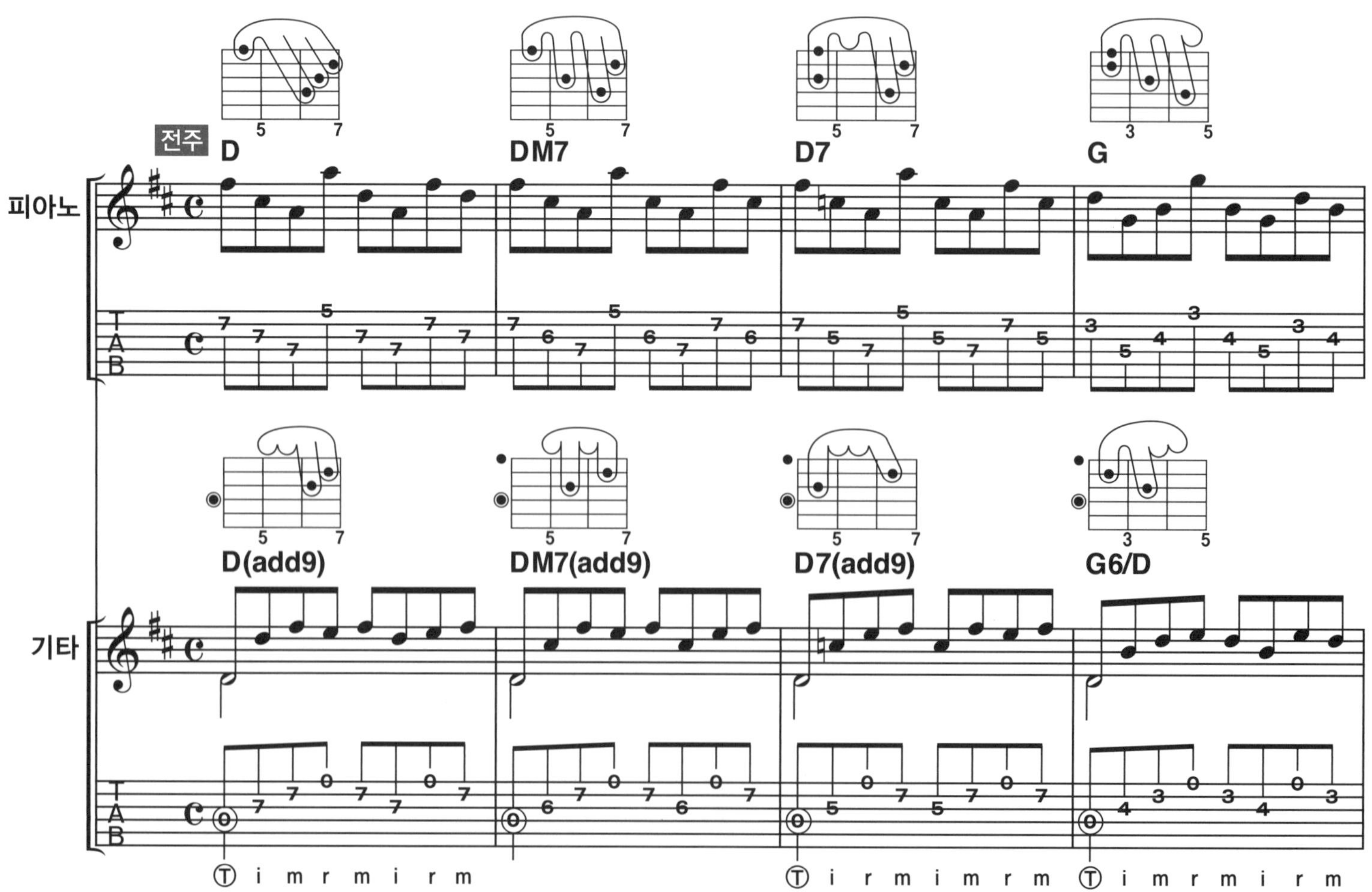

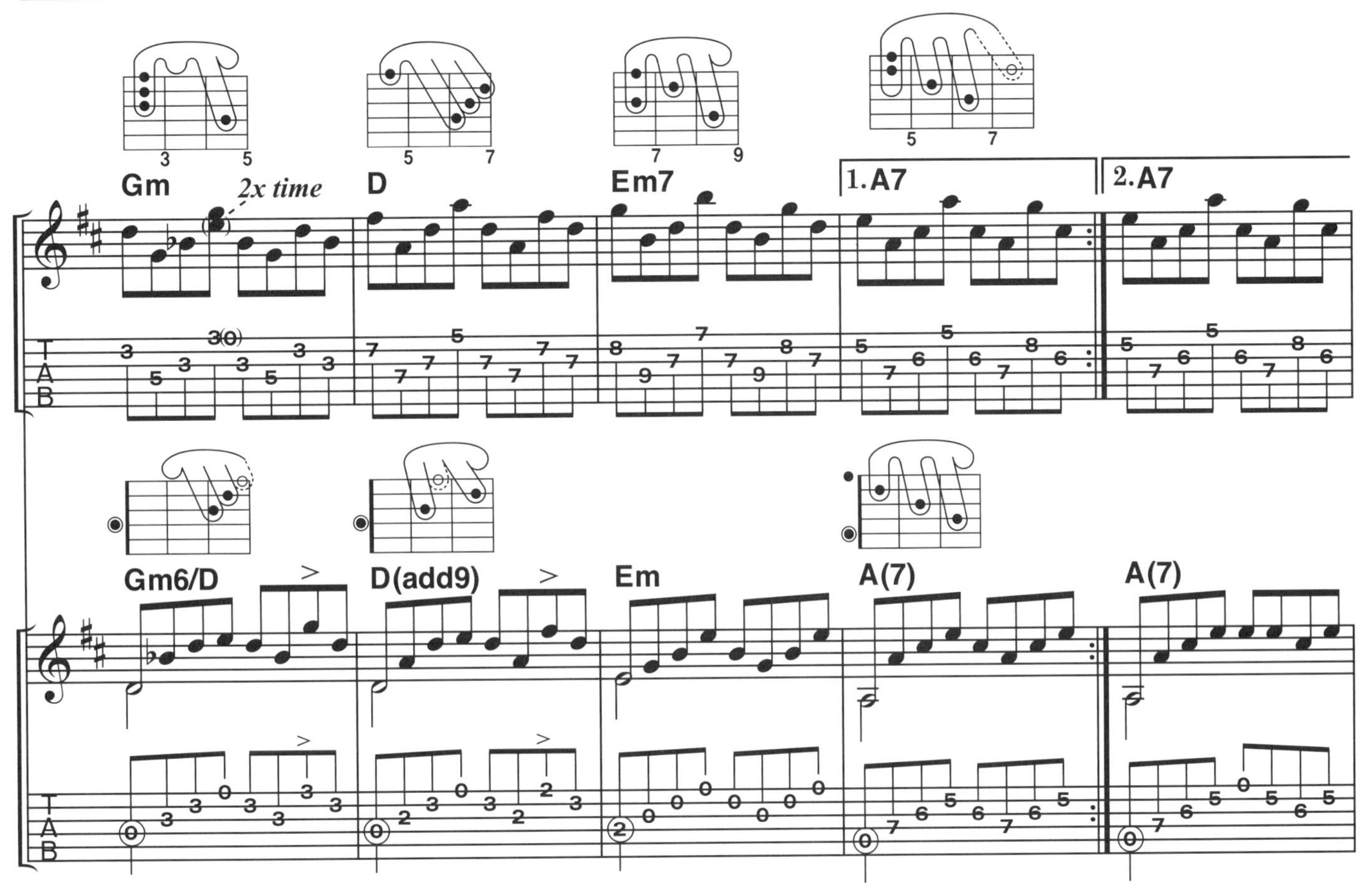
Gm
2x time
D
Em7
1. A7
2. A7
Gm6/D
D(add9)
Em
A(7)
A(7)

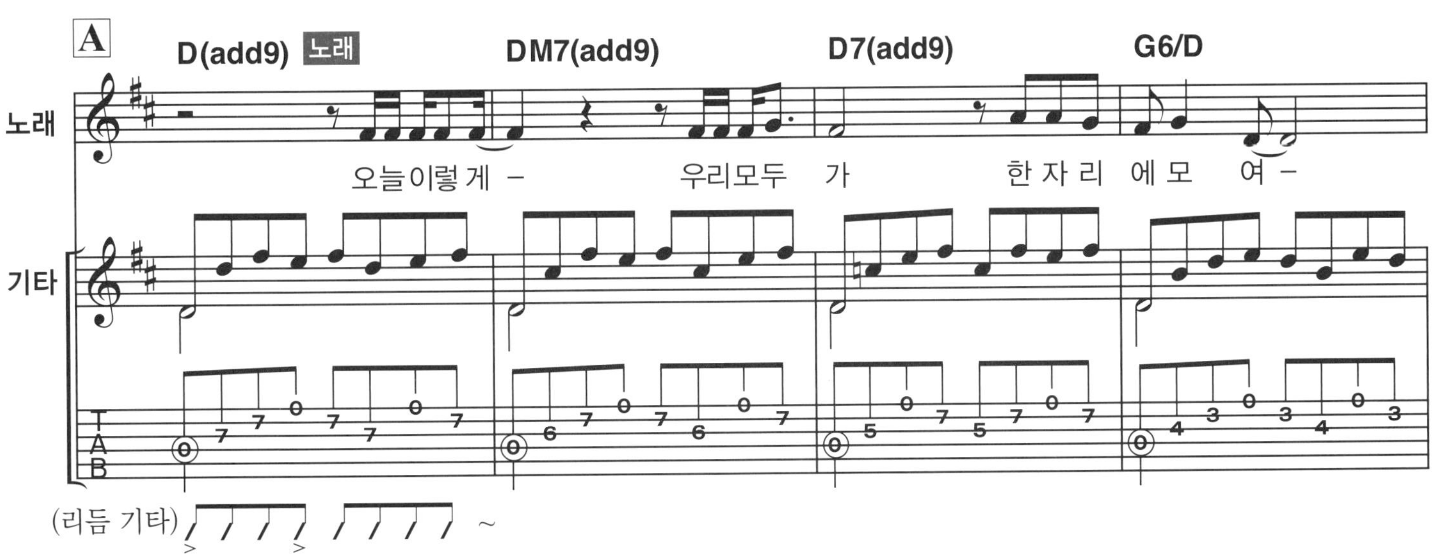
A
D(add9)
노래
DM7(add9)
D7(add9)
G6/D
노래
오늘이렇게 – 우리모두 가 한 자 리 에 모 여 –
기타
(리듬 기타)

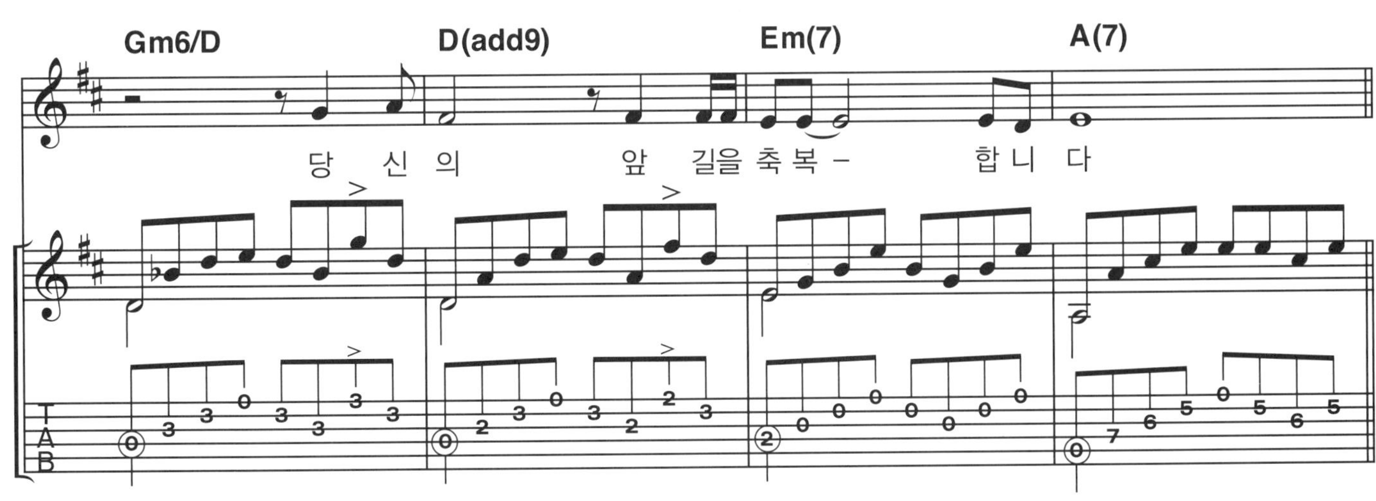
Gm6/D
D(add9)
Em(7)
A(7)
당 신 의 앞 길을 축 복 – 합 니 다

D(add9)
DM7(add9)
D7(add9)
G6/D
그 동 안 – 지 나 온 – 수 많은 일 들 이 –
Gm6/D
D(add9)
Em(7)
A(7)
하 나 둘 – 눈앞 을 스 – 가 는 데
2 A
D(add9)
DM7(add9)
D7(add9)
G6/D
때 로 는 – 기 쁨 에 때 로 는 슬 픔 에 –
이 제 는 – 모 두 가 지 나 버 린 일 들 –
Gm6/D
D(add9)
1.Em(7)
A(7)
울–음 과 – 웃음으 로 지나온 – –날 들
우리에 겐 – 앞으로 의

축복합니다-4
2. Em(7) A7 D
B G A7
밝은 날들 뿐
언젠가 우리다시
T A B
Ⓣ i m r m i m r Ⓣ T i m r i m r
D D/C♯ Bm G A7
만 날 – 때 에 는
웃 으 며 서 로 다 시
D D/C♯ B7
만 날 수 있 도 록
3 A D(add9) DM7(add9) D7(add9) G6/D
우리함 께 – 다짐하 며 – 오 늘 의 영 광 을 –

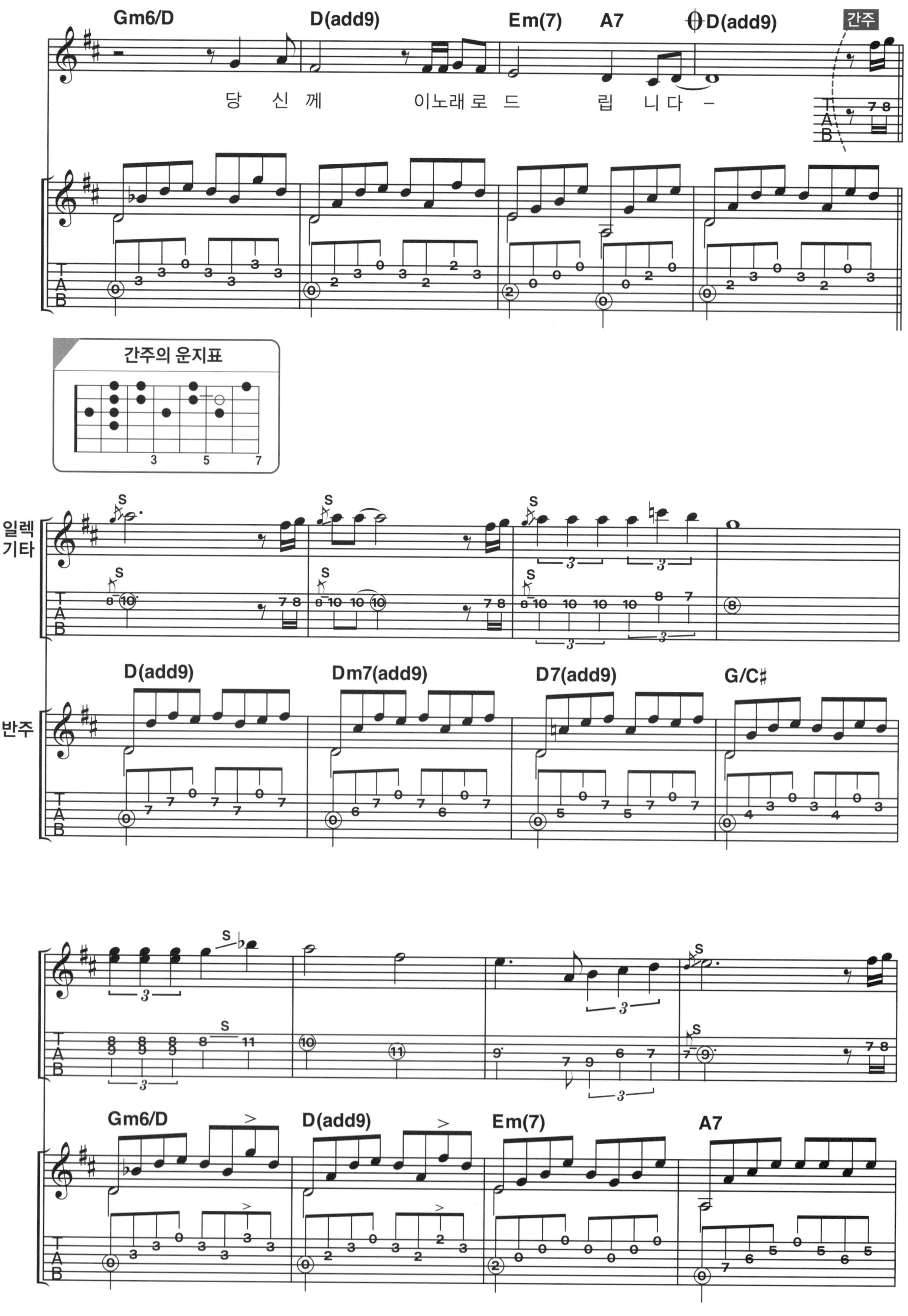
Gm6/D
D(add9)
Em(7)
A7
D(add9)
간주
당 신 께 이노래로 드 립 니다 –
간주의 운지표
일렉 기타
반주
D(add9)
Dm7(add9)
D7(add9)
G/C♯
Gm6/D
D(add9)
Em(7)
A7

D(add9)
DM7(add9)
D7(add9)
G6/D
Gm6/D
D(add9)
Em(7)
A7
D
D7
D.S. al Coda
D
rit.
Bm
G
Gm
D

Why Worry

앨범 「Brothers In Arms」1985

Mark Knopfler 작사 · Mark Knopfler 작곡 · Dire Straits 노래 · 이정선 편곡

Capo 4프렛(Original E Key)

- 원곡은 E Key이지만 카포를 4번 프렛에 사용하여 C Key로 연주합니다.
- 원곡에서는 3대의 기타가 어울려서 분위기를 만들고 있습니다만 여기에서는 2대의 기타로 정리했습니다.
- 일렉 기타로 컴프레서(Compressor)와 리미터(Limiter)등의 이펙터를 사용해서 날카롭지 않게 부드러운 음색으로 분산화음을 연주하고 있습니다.
- G7코드로 연주할 부분도 그냥 G코드로 연주해서, 분위기를 몽롱하게 유지하고 있는 반주입니다.

Medium Beat

전주

솔로 기타

반주 기타

C G C G

C F D/F♯ G F/A G/B

솔로 기타
반주 기타
C G C G
C F D/F♯ G F/A G/B
C F G C F G
S H P H&P

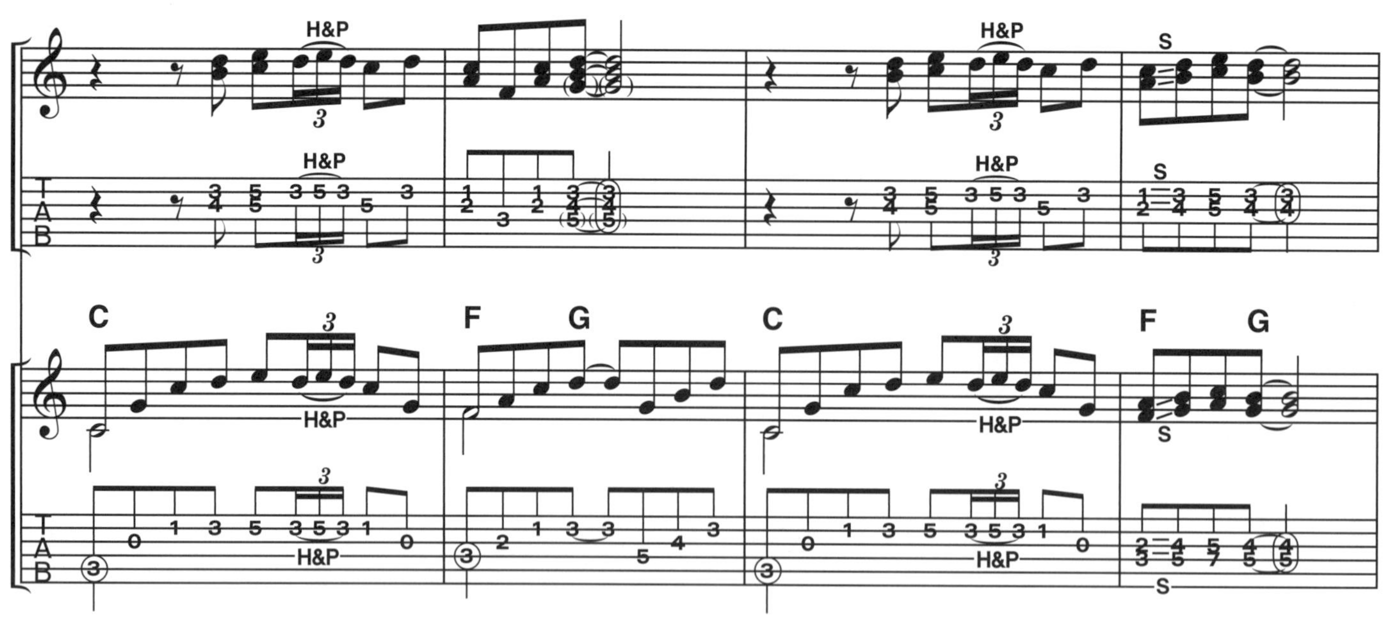
H&P
H&P
C
F
G
C
F
G
S

S
F
G
F
G
F
G

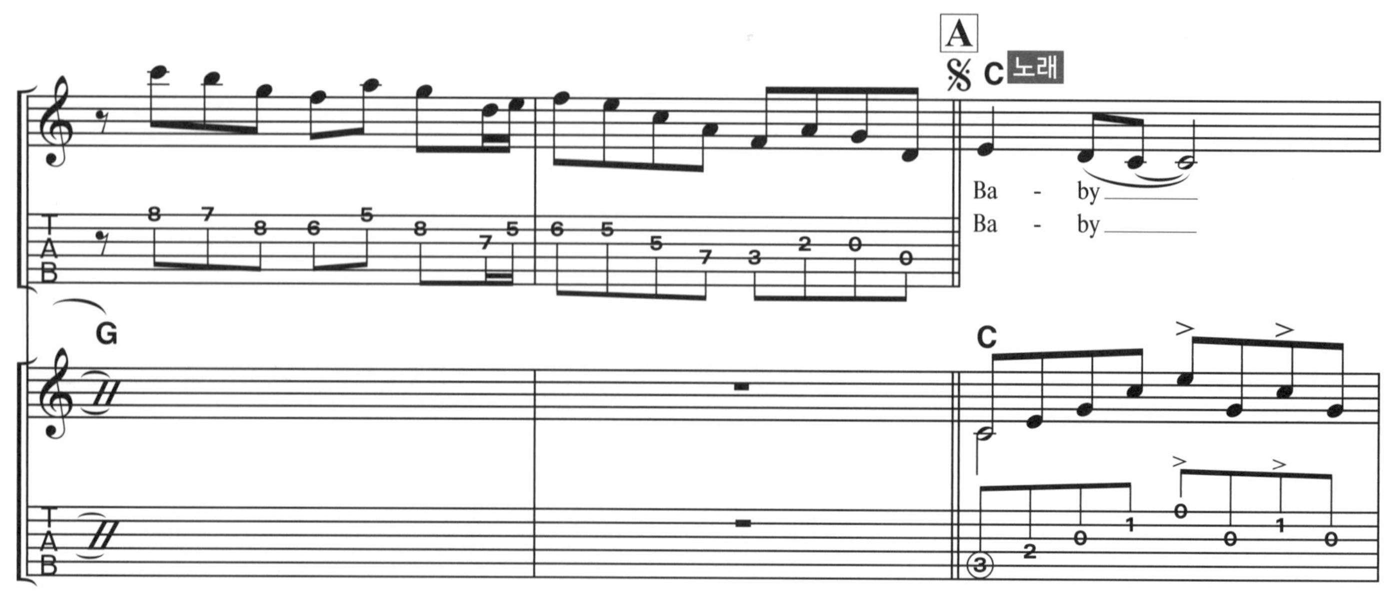
A
C 노래
Ba - by
Ba - by
G
C

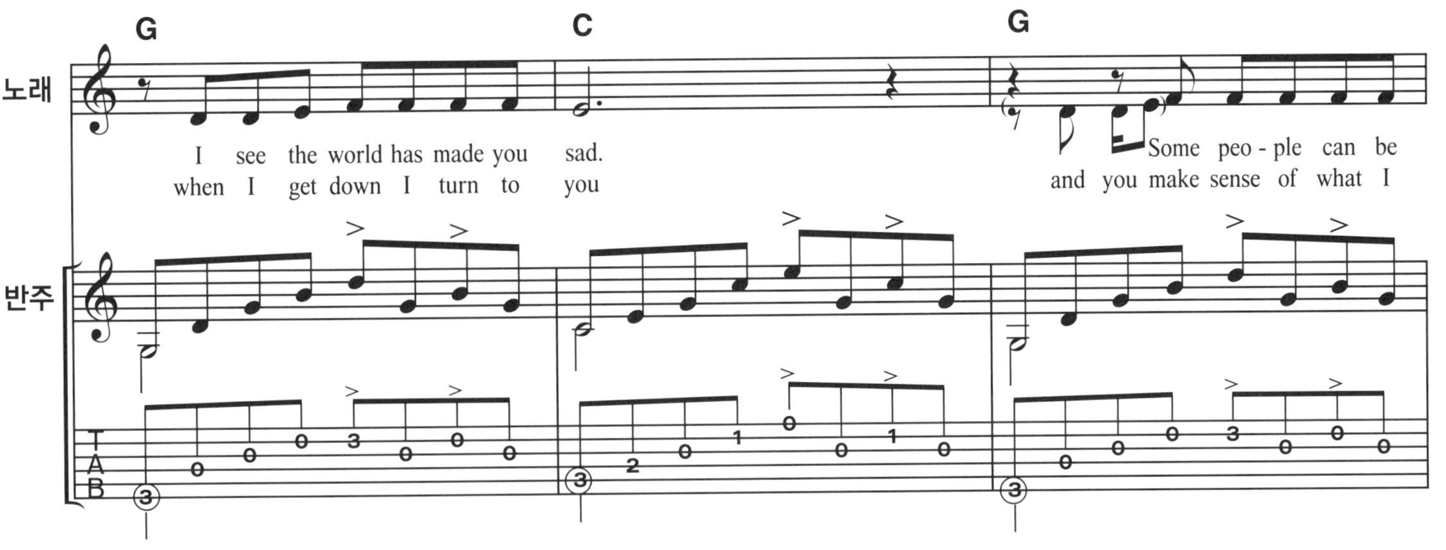
G
C
G
노래
반주
I see the world has made you sad.
when I get down I turn to you
Some peo - ple can be
and you make sense of what I
TAB

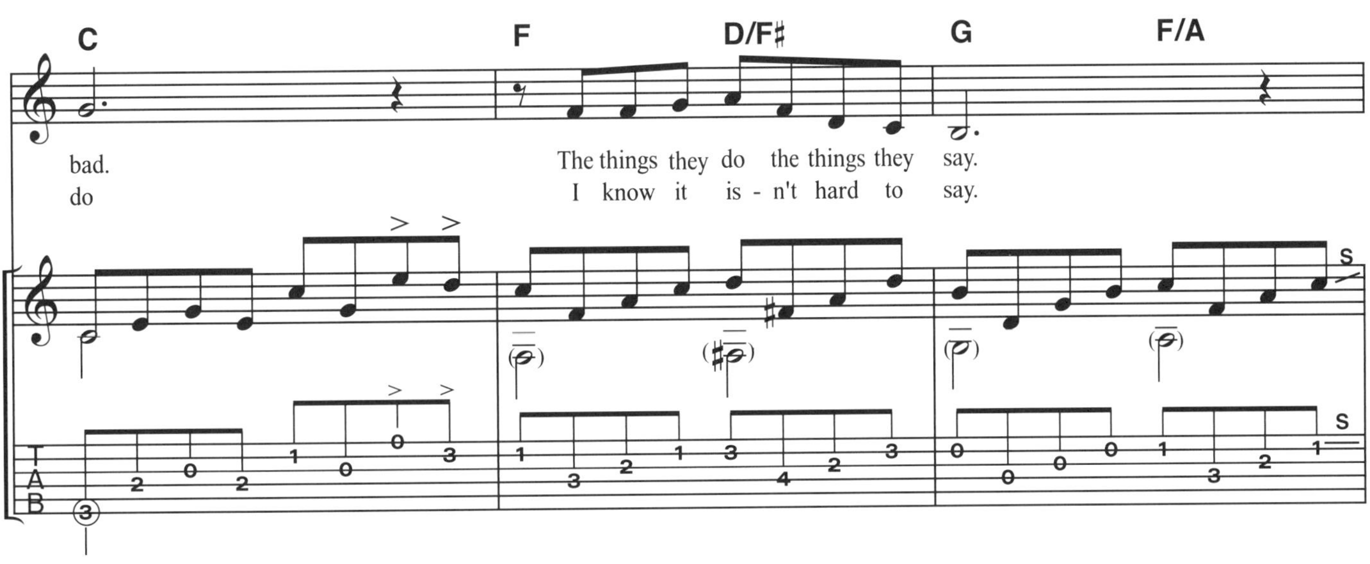
C
F
D/F♯
G
F/A
bad.
do
The things they do the things they say.
I know it is - n't hard to say.
TAB

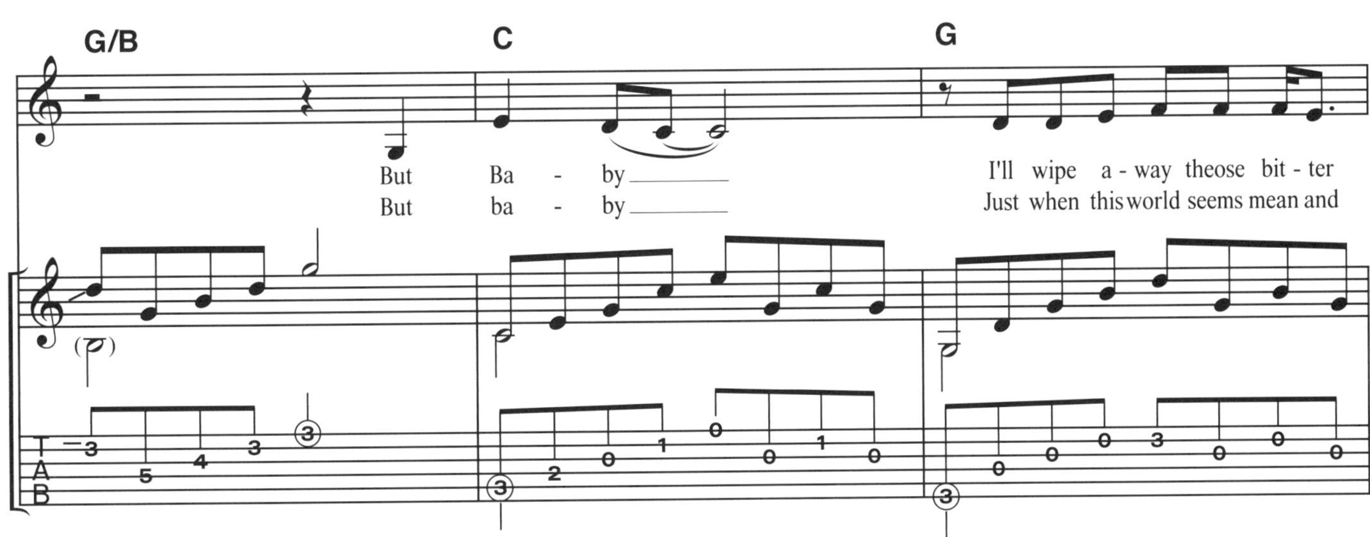
G/B
C
G
But Ba - by
But ba - by
I'll wipe a - way theose bit - ter
Just when this world seems mean and
TAB

C
G
C
tears
cold.
I'll chase a - way these rest-less
Our love come shin - ing red and
fears
gold
T
A
B

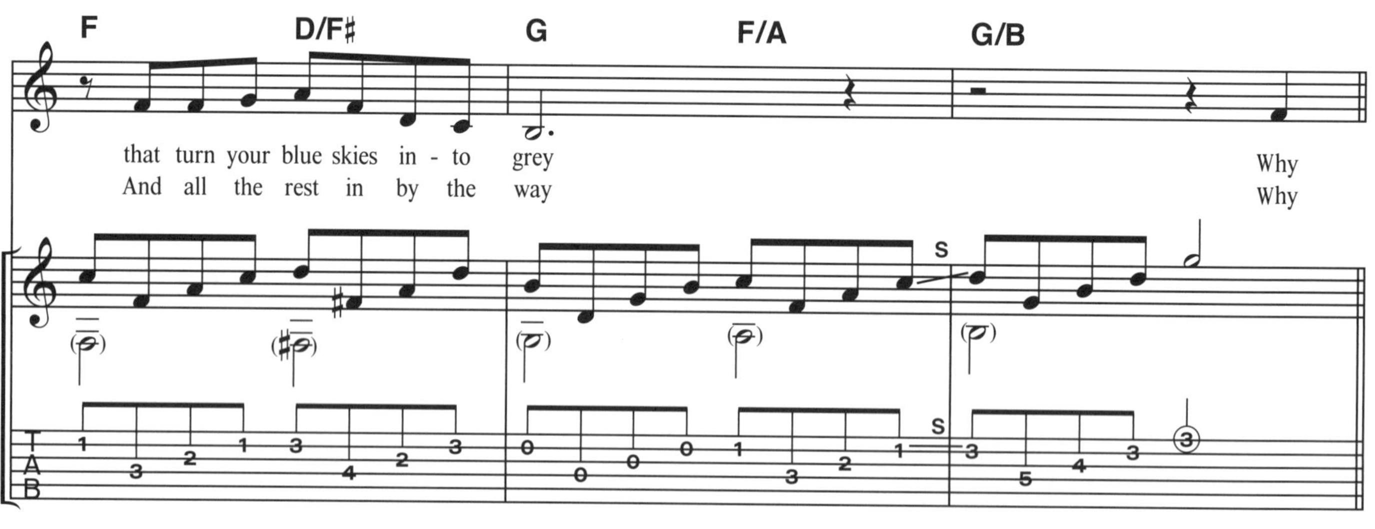
F
D/F♯
G
F/A
G/B
that turn your blue skies in - to
And all the rest in by the
grey
way
Why
Why
S
T
A
B

B
C
F
G
C
wor - ry
there should be laugh-ter af - ter
pain.
S
T
A
B

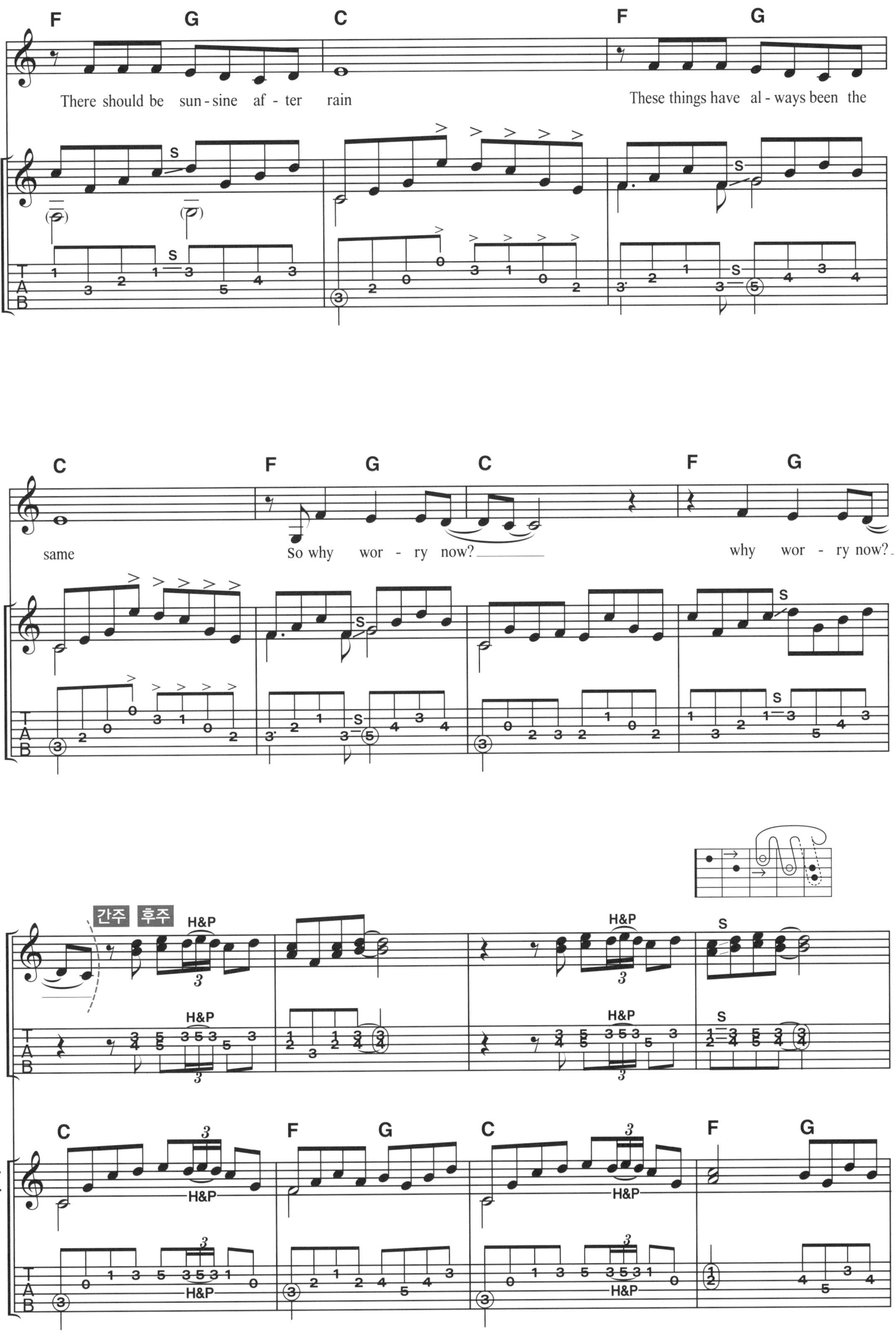

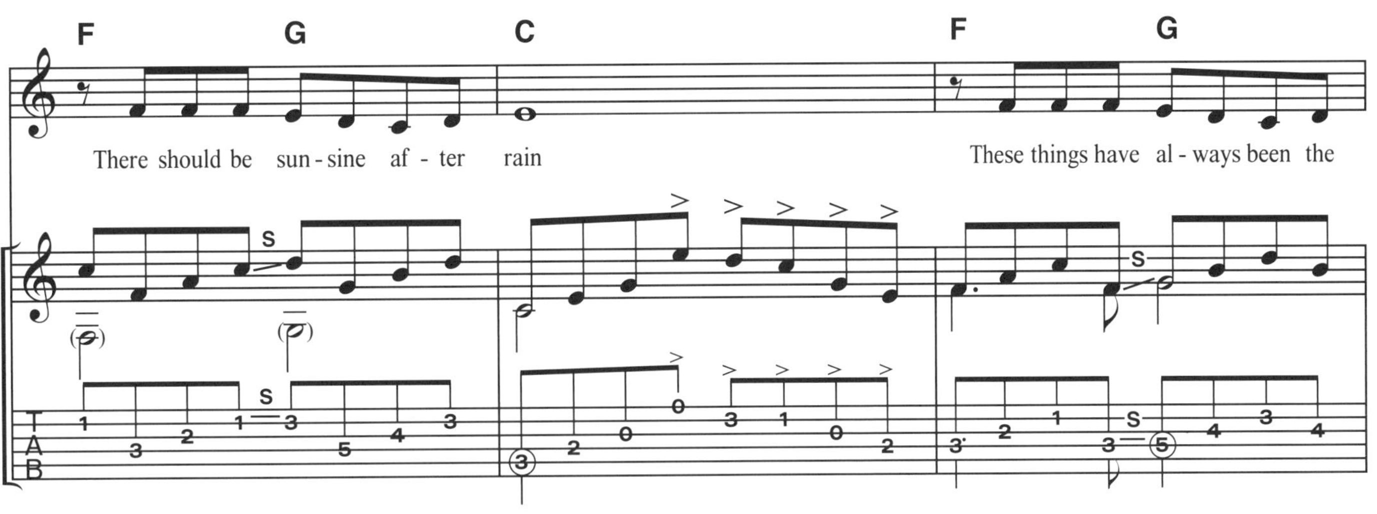
F G C F G
There should be sun - sine af - ter rain
These things have al - ways been the
S
S

C F G C F G

same So why wor - ry now? why wor - ry now?

S S S

간주 후주

솔로 기타

H&P H&P S

반주 기타

C F G C F G

H&P H&P

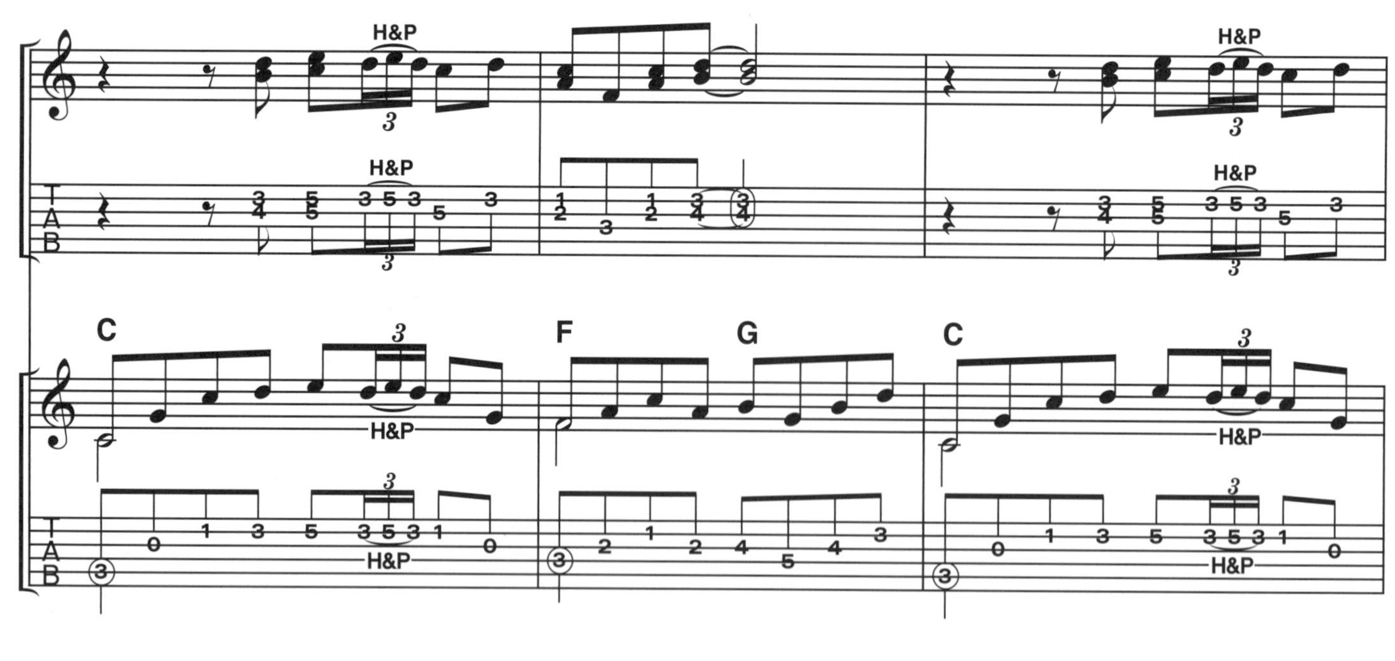

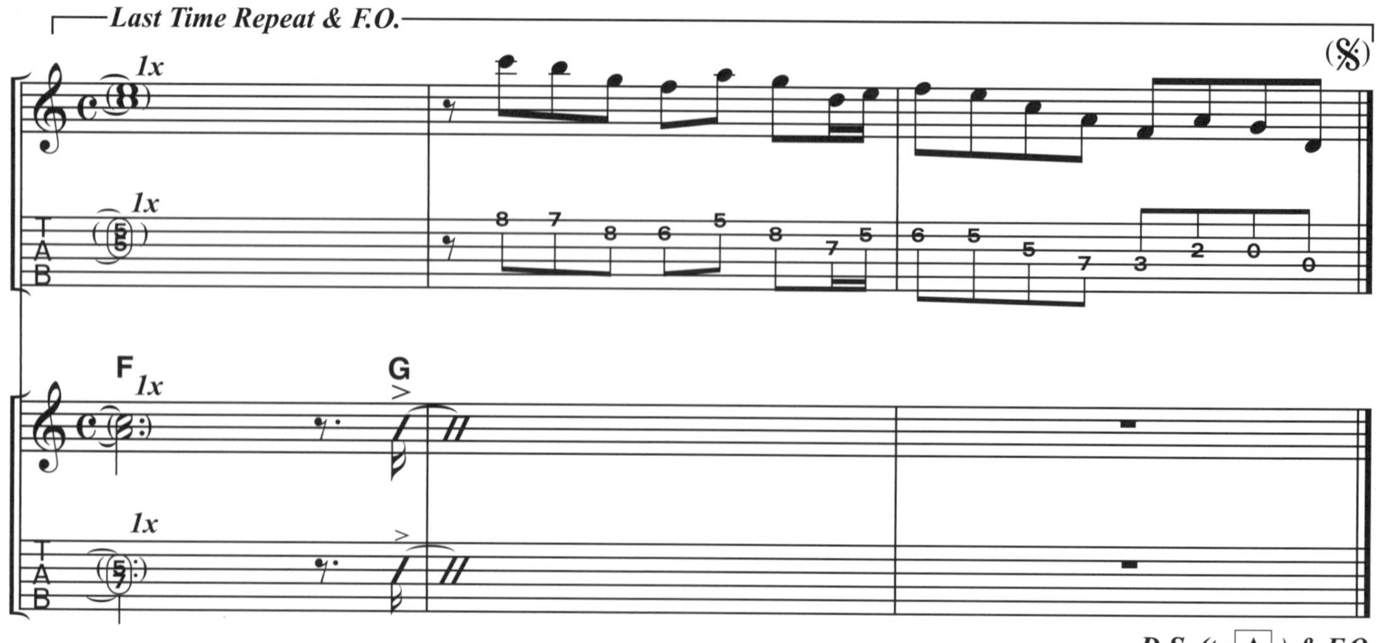

D.S. (to A) & F.O.

벙어리 바이올린

앨범「윤설하 1집」1991

백창우 작사 · Leonard Cohen 작곡 · 윤설하 노래 · 이정선 편곡

● 이 노래의 반주는 2대의 기타가 각각 다른 패턴 피킹으로 연주하면서 앙상블을 이루고 있습니다.

● 1st 기타 는 2핑거링(Ⓣ T i T T i~)으로 연주합니다.

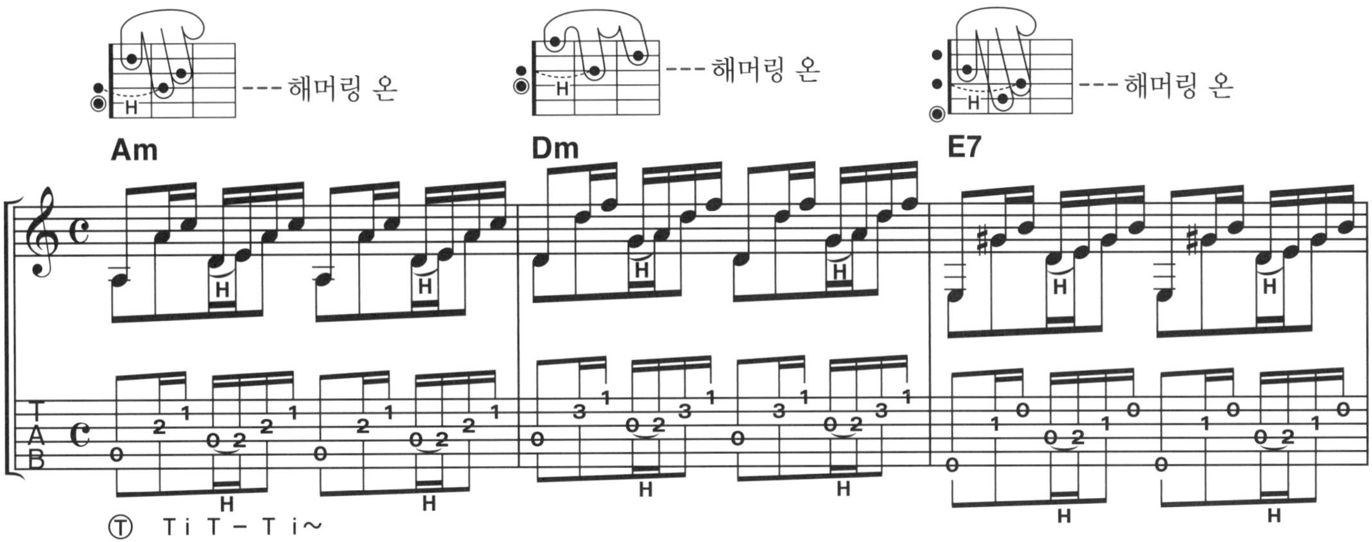

● 2nd 기타 는 3핑거링(m Ⓣ T i Ⓣ m T i~)으로 연주합니다.

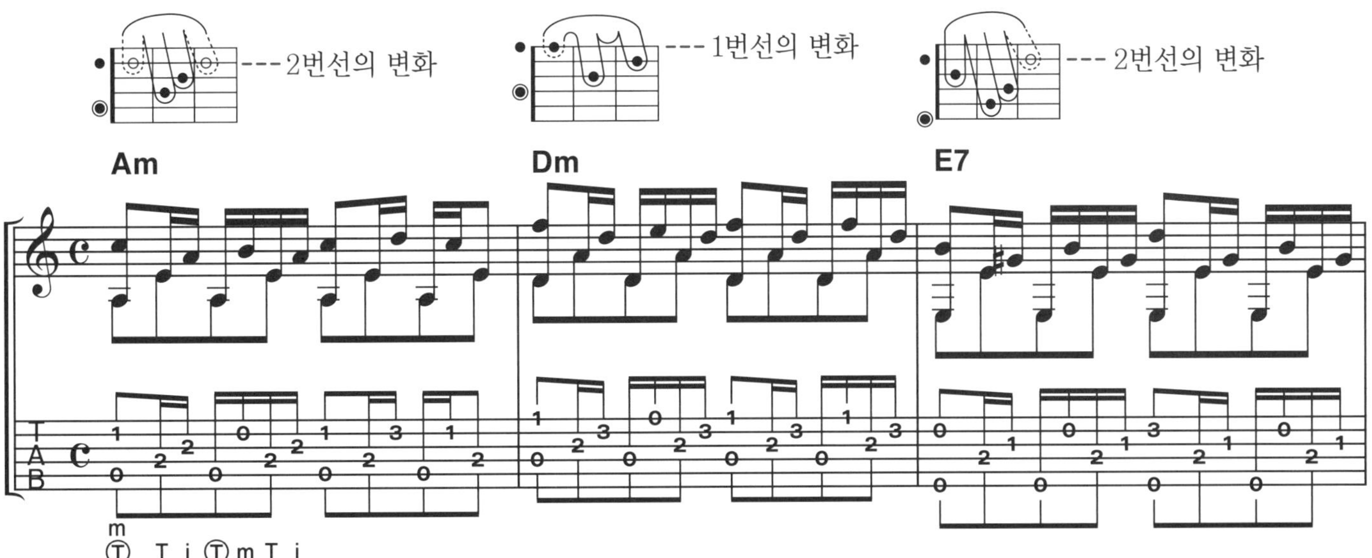

● 간주는 아코디언 솔로이지만 기타로 편곡했습니다.

Slow Beat(2 Fingering, 3 fingering) ♩= 70

B

Dm Am Dm

내 마 음 을 울 리 던그 대 의 바이 올 린 주 인 없 는 빈 방 - 에
꿈 이 높 은 사람 들 의- 도 시 를 떠 나 먼 들 녘 의 제 비 꽃 이
밤 이 내 린 거 리 를쓸 쓸 히 걷 다 가 그 대 의 맑 은 웃 음 이
침 묵 의 강 에떠 있 는- 낡 은 바이 올 린 어 느 날 에 닫 혀 있 는

Am Dm Am

혼 자 놓여 있 네 이 젠 그 대 가- 부 르 던 슬 픈 노 래 들 은 누
되 고 싶- 다 며 욕 심 없 는 착 한 눈 을 글 썽 거 리 던 그
문 득 떠- 올 라 조 그 만 그 까 페 - 를 찾 아 갔 지 만 그
가 슴 을- 열 까 아 흔 아홉 어두 운 굽 이 어 디 쯤 에 서 다

E7
Am
E7
Am
간주
가 들 려 줄 까 누 가 들 려 줄 까
대는 지금 어 디 에 그 대는 지금어 디 에
대는 – 없 었 네 그 대는 – 없 었 네
시 눈 을 뜰 까 다 시 눈 을 뜰 까
(아코디언)
간주
8va
아코디언 솔로
Dm
Am
E7
Am
1st 기타
2nd 기타

8va
(𝄋)
Dm
Am
E7
Am
H
T
A
B
D.S. (to A) al Coda
노래
Dm
Am
E7
Am
라라 – 라라 라라 라라 – 라라 라라 라라 라 라 라
Fade Out

▶초급편

오늘 같은 밤이면

앨범 「박정운 2집」1992

박정운 작사 · 박정운 작곡 · 박정운 노래 · 이정선 편곡

Capo 4프렛(Original E Key)

- 원곡은 E Key이지만 카포를 4번 프렛에 사용하여 C Key로 연주합니다.
- 원곡의 키보드 연주를 기타로 연주할 수 있게 편곡했습니다.

간주의 운지표

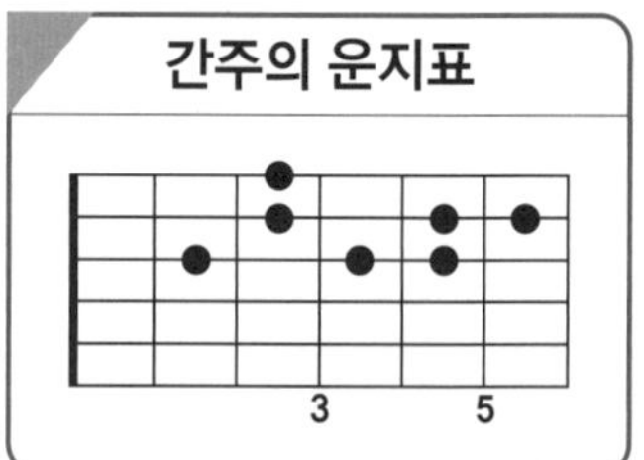

Slow Beat ♩= 67

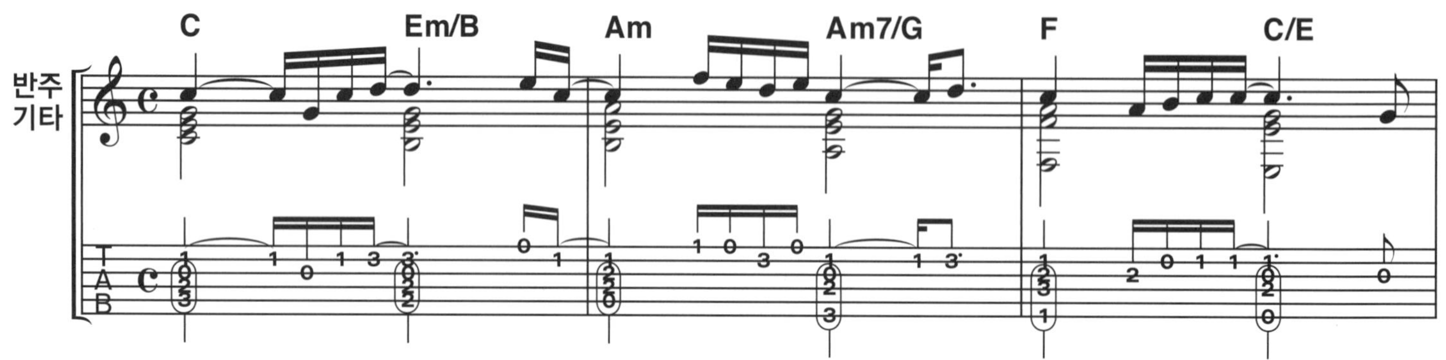

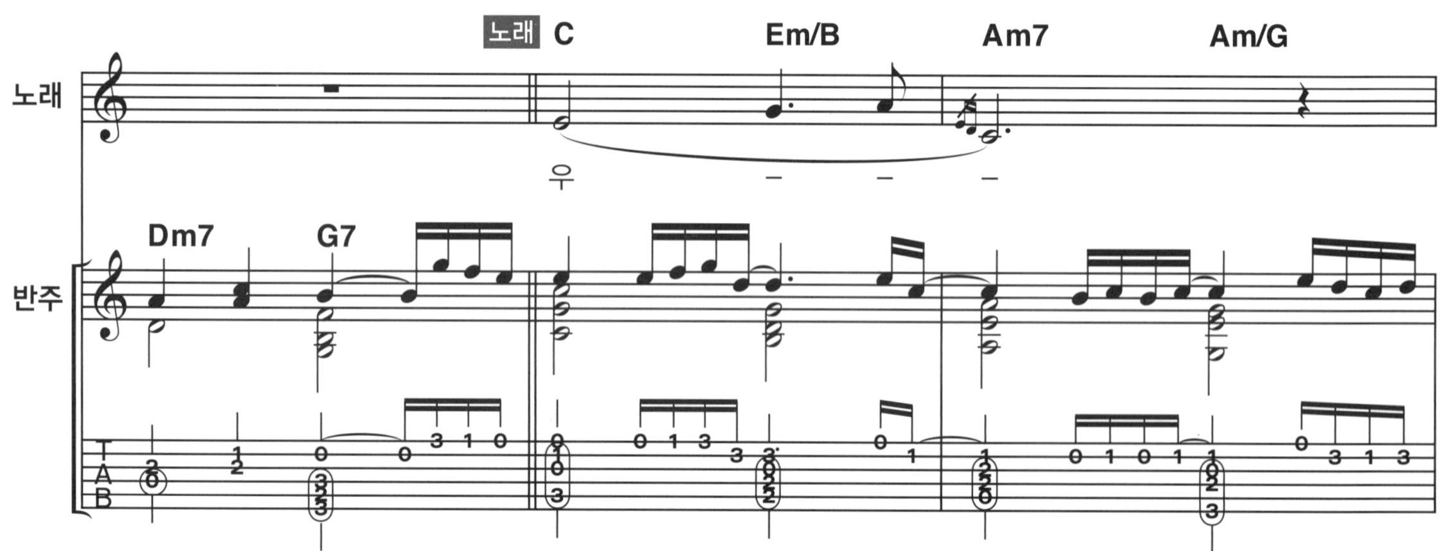

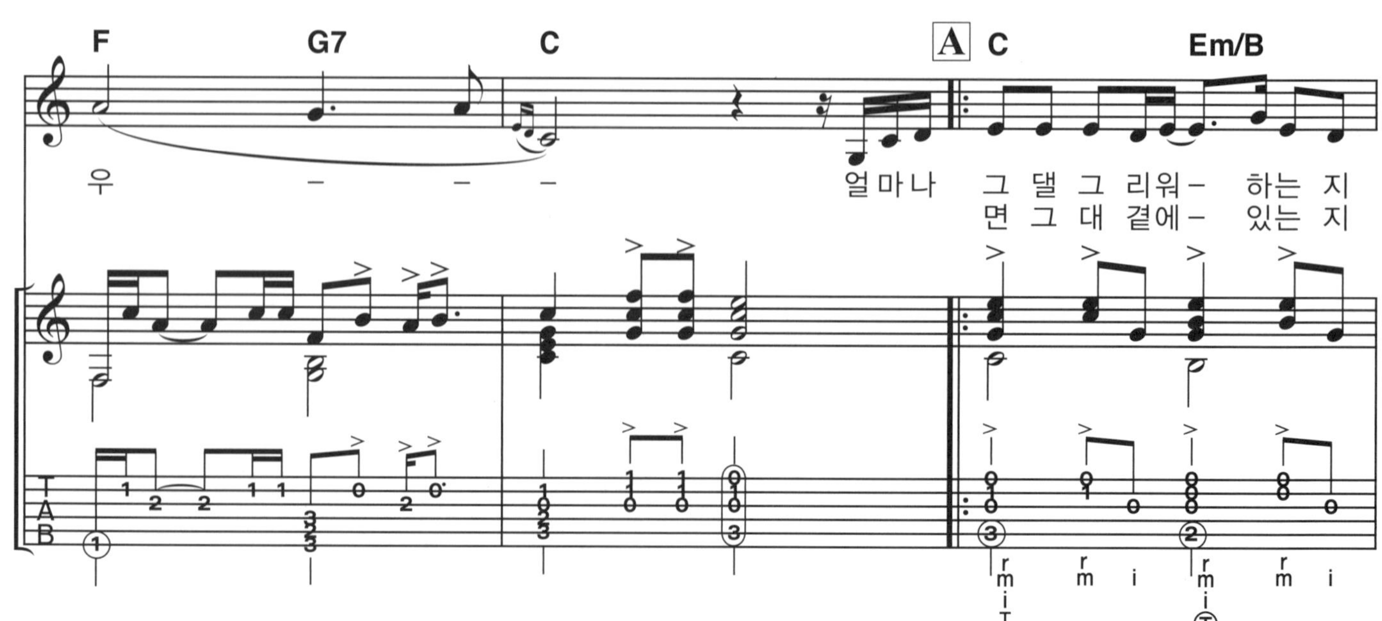

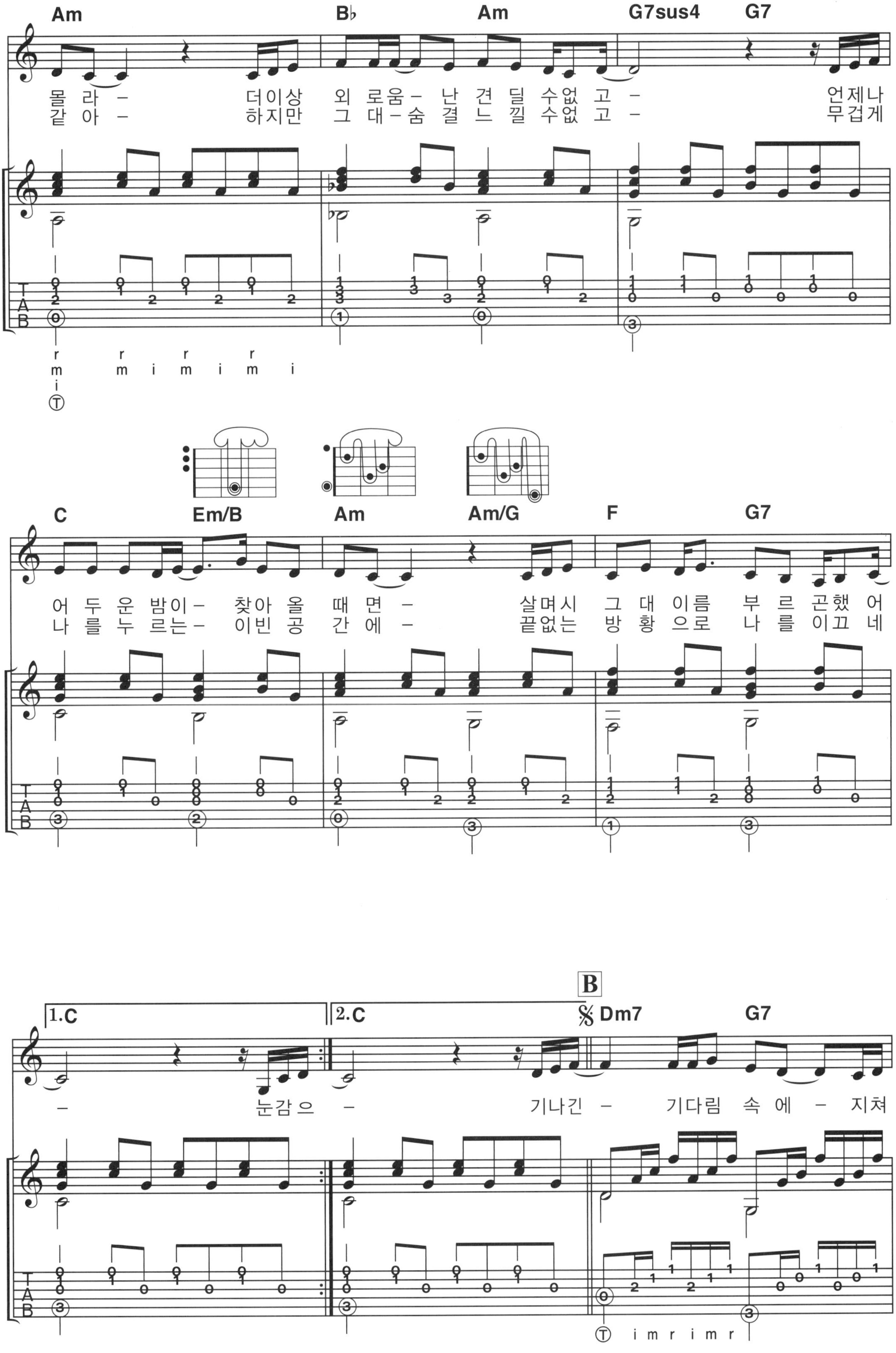

Am B♭ Am G7sus4 G7

몰 라 – 더이상 외 로움– 난 견 딜 수없 고 – 언제나
같 아 – 하지만 그 대–숨 결 느 낄 수없 고 – 무겁게

C Em/B Am Am/G F G7

어 두 운 밤이– 찾아 올 때 면 – 살며시 그 대 이름 부 르 곤했 어
나 를 누 르는– 이빈 공 간 에 – 끝없는 방 황 으로 나 를 이끄 네

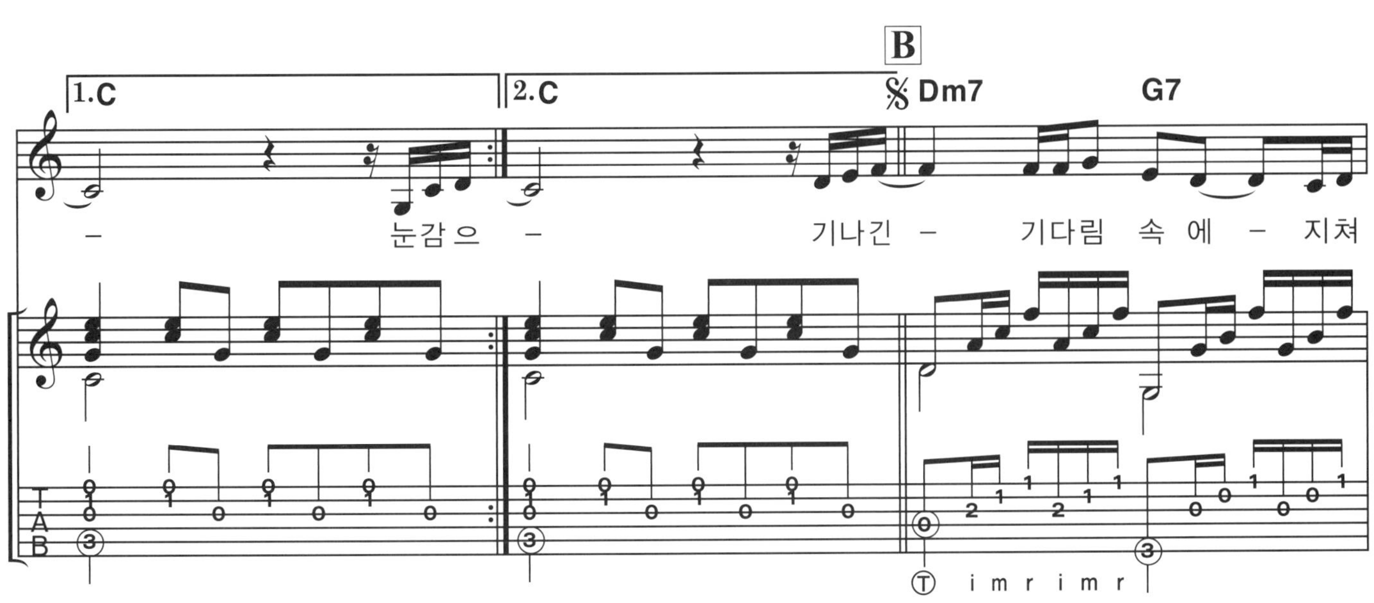

C
Dm7
G7
C
Em/B
도 그대 외 롭 다고 눈 물 – 짓지 마 언 젠가
i m T i m r

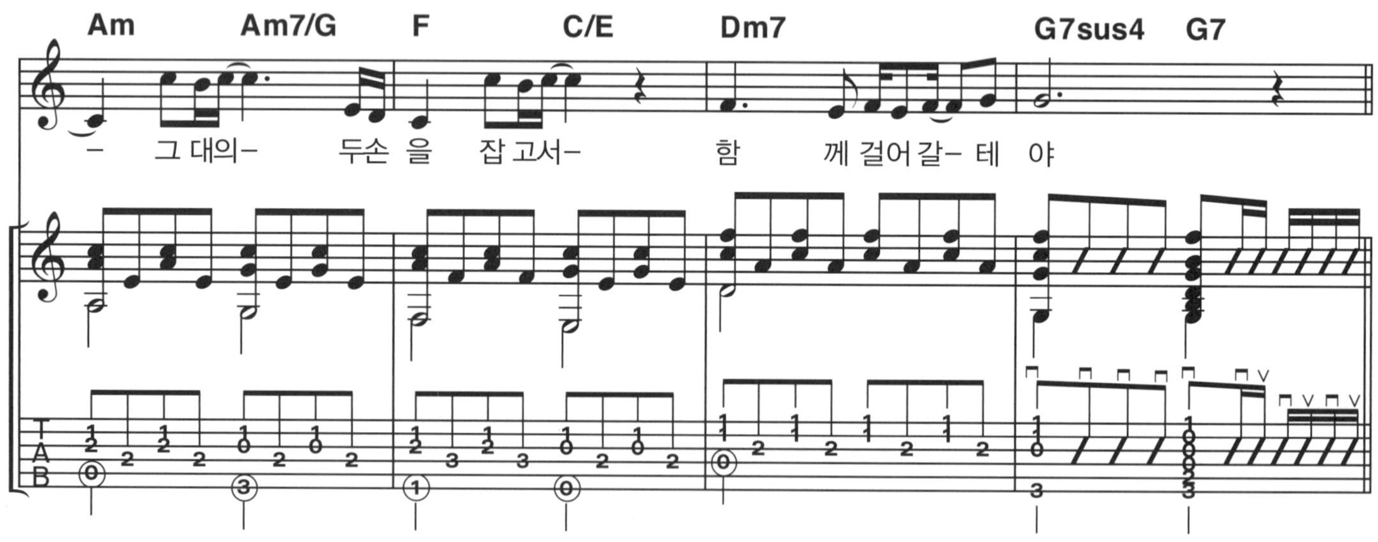
Am
Am7/G
F
C/E
Dm7
G7sus4
G7
– 그 대의– 두손 을 잡 고서– 함 께 걸어 갈– 테 야

Last Time Repeat & F.O.
C
C
Em/B
Am
Am/G
F
G7
오 늘 같은 밤 이 면 그대를 나 의 품에 가 득 안고 서 –

C
Em/B
Am
Am/G
F
G7
멈 춰 진 시간 – 속 에 그 대와 영 원 토록 머 물 고싶 어

C
간주
솔로
1x only
C
Em/B
Am7
Am7/G
반주
F
G7sus4
G7
C
Em/B
노래
기나긴
D.S. (to B) & F.O.
Am7
Am7/G
F
G7
C
T T T i m r m i T

Cavatina/카바티나(He Was Beautiful)

S. Myers 작곡

● 존 윌리엄스(John Williams)의 연주로 영화 「디어 헌터」의 주제곡으로 사용되면서부터 우리에게 친숙해진 곡입니다.

● 고음부의 멜로디가 선명하게 들리도록 연주합시다.

B(sus4)
B7
E
C♯m7
• 앞 코드의 폼이 그대로 유지됩니다.
C♯m7/F♯
BM7
G♯m/B
F♯m7
B7
EM7
E7
AM7
Coda
DM7
F♯7/E
B7/D♯
D6

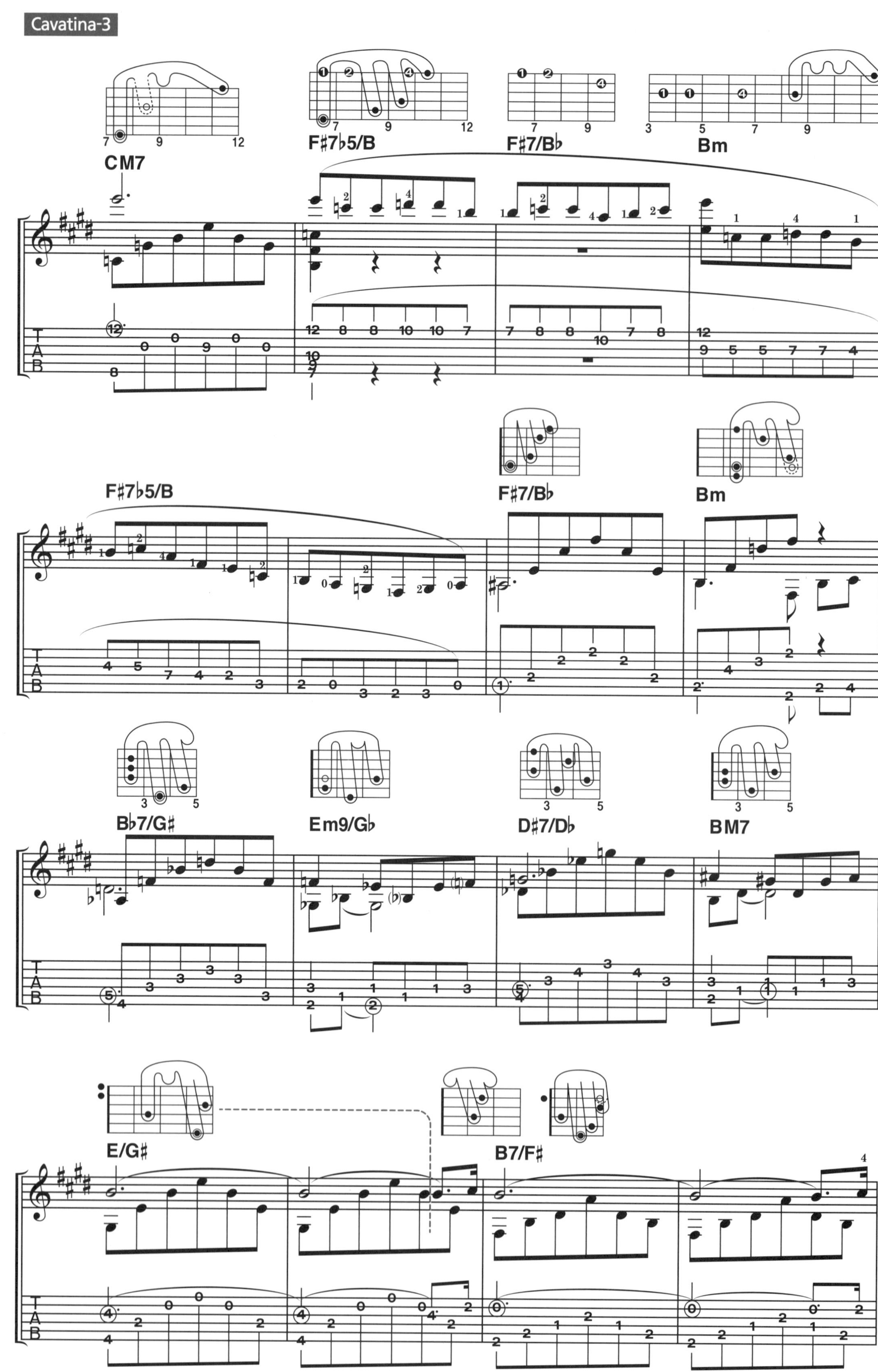
CM7
F♯7♭5/B
F♯7/B♭
Bm
F♯7♭5/B
F♯7/B♭
Bm
B♭7/G♯
Em9/G♭
D♯7/D♭
BM7
E/G♯
B7/F♯

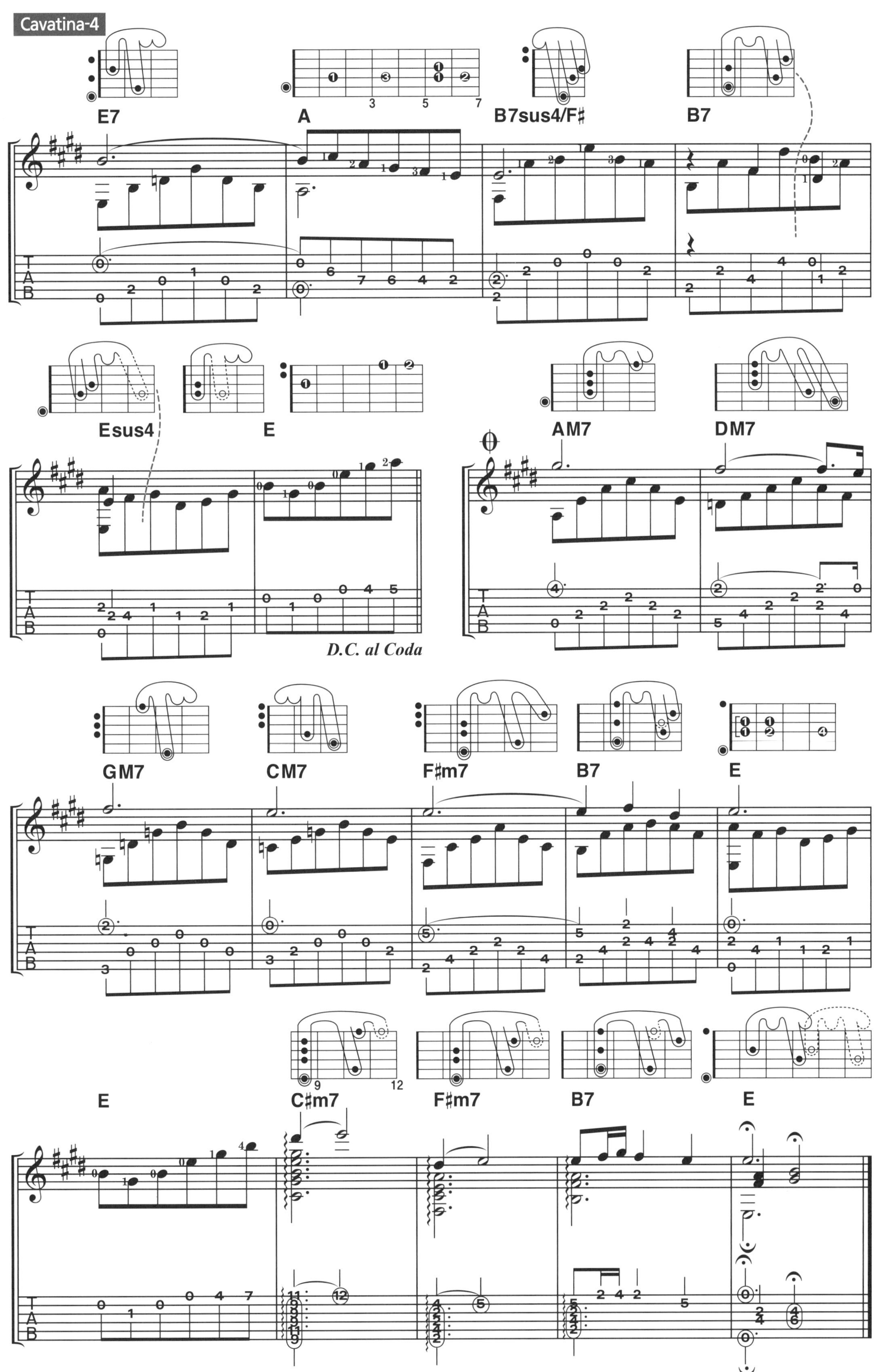
E7
A
B7sus4/F♯
B7
Esus4
E
AM7
DM7
D.C. al Coda
GM7
CM7
F♯m7
B7
E
E
C♯m7
F♯m7
B7
E

별이 진다네

앨범 「여행 스케치 1집」1989

조병석 작사 · 조병석 작곡 · 여행 스케치 노래 · 이정선 편곡

Capo 4프렛(Original B Key)

- 원곡은 B Key이나 카포를 4번 프렛에 사용해서 G Key로 연주합니다.
  (코드에 자신이 있으면 카포를 2번 프렛에 사용해서 A Key로 연주해도 재미있을 것입니다)
- 노래 부분의 반주를 자유스러운 분산화음으로 처리해도 괜찮습니다.
- Medium Tempo, Slow Tempo, Free Tempo등 템포의 변화가 많은 곡입니다.

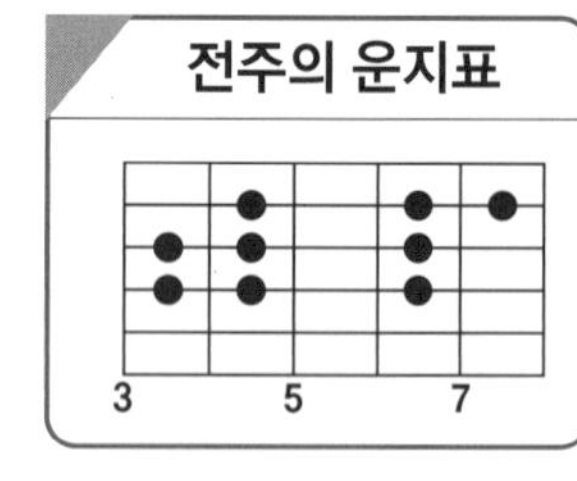

Medium Beat

전주

1st 기타

2nd 기타

• 4번선 12프렛에서 하모닉스 음을 만듭니다.

12harm

• 5번선 7프렛

7harm

12harm

• 전주의 2째 마디와 같은 운지입니다.

Slide

• 6번선 7프렛
7harm
G
Am
H&P
H
• 이 코드가 1프렛씩 내려감
2x
free tempo
Bm
B♭m
Ddim
노래
A
Em
CM7
D7
어제
는
별이졌 다
네
나 의
가 슴 이
무너
졌
반주

• 베이스 F#음(6번선)을 퉁긴 후
1번(집게)손가락을 한 줄 밑으로 내려
6번선을 해머링 온 합니다.
free tempo
Am Am7/G Bm(7)/F♯ B7 Em
네 별은 그저 – 별 일 뿐 이 야 모 두
free tempo
C Am D7sus4/A D7
a tempo
2 A G GM7 Em Em7
들 내게– 말 하 지 만 오 늘 도 별이진다 네 아름
Em/E♭
• 이 페이지 맨 윗단의 2마디와 같은 운지를 사용합니다.
CM7 Ddim Am Am7/G Bm(7)/F♯ B7 Em Em/E♭
다 운 나 의별 하 나 별이 지면 – 하 늘 도 슬 퍼 – 이렇

B
C Am7 D7 G B7 Em Em/E♭
게 비만– 내리는거야 – 나의가 슴 속에접 어 오–는 그 대그– 리 움만이– 이밤
T
A
B

H
Am7 D7 G B7 Em Em/E♭
도 저비되어나를또울 리– 고– – – 아름다 웠 던 우리 옛 일 을 생 각 해–보 면 – – 나의
H
T
A
B

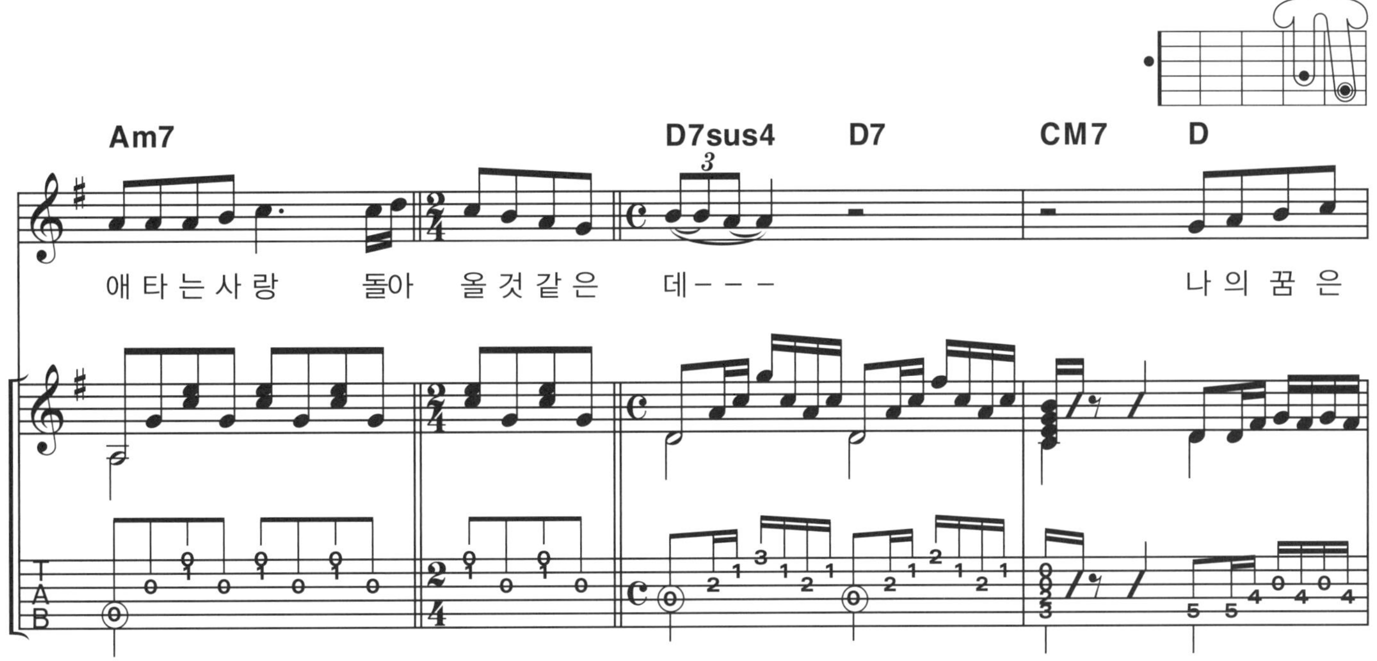
Am7 D7sus4 D7 CM7 D
애 타 는 사 랑 돌아 올 것 같 은 데– – – 나 의 꿈 은
T
A
B

G G/F♯ Em C Cm G D7
사 라 져 가 고 슬픔 만 이 – 깊 어 가 는 데 – –––
H
H
CM7 D7 Bm Em Em/E♭ CM7 Am7
나 의 별 은 사 라 지 고 어둠 만 이 – 짙 어 가
rit.
간주의 운지표
3 5 7
Moderato
간주
솔로
는데
G Am G Am G Am Bm B♭m Am
반주

a tempo
노래
나의가
G Am G Am G Am
노래
는데
Am D7
반주
D.S. (to B) al Coda
Bm B♭m Am CM7 Am7
rit.
후주
a tempo
어둠 만 이 – 짙 어 가
는데
Bm B♭m Am
G Am G Am
(Slowly)
음 – 음 – 음
G Am Bm B♭ Am Am D(7) GM7

Happy Birthday To You

앨범「difference」1999

유기환 작사 · 권진원 작곡 · 권진원 노래 · 이정선 편곡

- 전주는 피아노 솔로를 기타로 편곡하고 간주는 아코디언 솔로를 기타로 옮겨 적었습니다.
- A와 C부분은 얼터드 베이스를 활용한 배킹(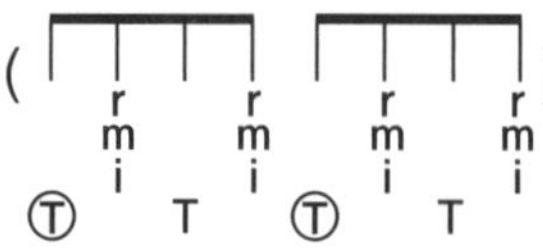)이고,

  B와 간주는 경쾌한 삼바 리듬의 반주입니다.

  리듬도 피크를 사용하지 않고 손가락으로 연주합니다.
- 저음줄과 고음줄을 나누어서 스트로크하고 리듬을 뮤트시키는 것이 요령입니다.

  원곡을 듣고 참고하십시오.
- B부분에서 다섯째 소절부터 D Key가 F Key로 전조됩니다.
- C부분의 코드가 약간 어렵지만 A부분을 충실하게 연습한다면 C부분도 연주할 수 있습니다.

♩= 110

전주 D Em A D Em A 노래

노래: 이

기타 솔로

• 피아노를 기타로 편곡했습니다.

A 𝄋 D Fdim Em A D D7 G B7/F♯

노래:

슬 비가–내 리– 는 오 늘 은 사 랑 하는–그 대– 의 생일 날 – 온

가 까운–책 방– 에 들 러 서 예 쁜 시집–에 내– 맘 담았 죠 – 그

반주 기타

Em Gm F♯m B7
1. Em7 A7
종 일 난 그 대 - 를 생 각 하 면 서 무 엇 을 할 까 고 민 - 했 죠 난
다 음 엔 근 처 - 꽃 집 으 로 가 서 빨
• 이런 식으로 연주해도 됩니다.
2. Em7 A7 D
B
G(9) A F♯m7 Bm7
간 장 미 한 송 이 - 샀 죠 내 려 오 는 비 를 맞 - 으 며 그대에 게 가 - 는
• 저음현과 고음현의 구분, 뮤트에 신경을 써서
연습하십시오.
Em7 A7 D
길 너 무 상 - 쾌 해 품 속 에 는 장 미 한 - 송 이 - 책 한 권 과 - 그

Gsus4
C7
C
F
A♭dim
Gm
C
댈위한– 깊 은 내 사랑 – – 아 름다운–그 대– 를 만 난 건 하
F
F7
B♭
D7
Gm
B♭m
Am
D7
느 님께–감 사– 드 릴 – 우 연 작은 내 맘 알아주 는– 그 대 가 있기에 이
Gm7
C7
F
간주
B♭(9)
C
Am7
Dm7
세 상 이 난 행 복 해 –
(아코디언)
H
• 아코디언을
기타로 편곡했습니다.
(Coda)

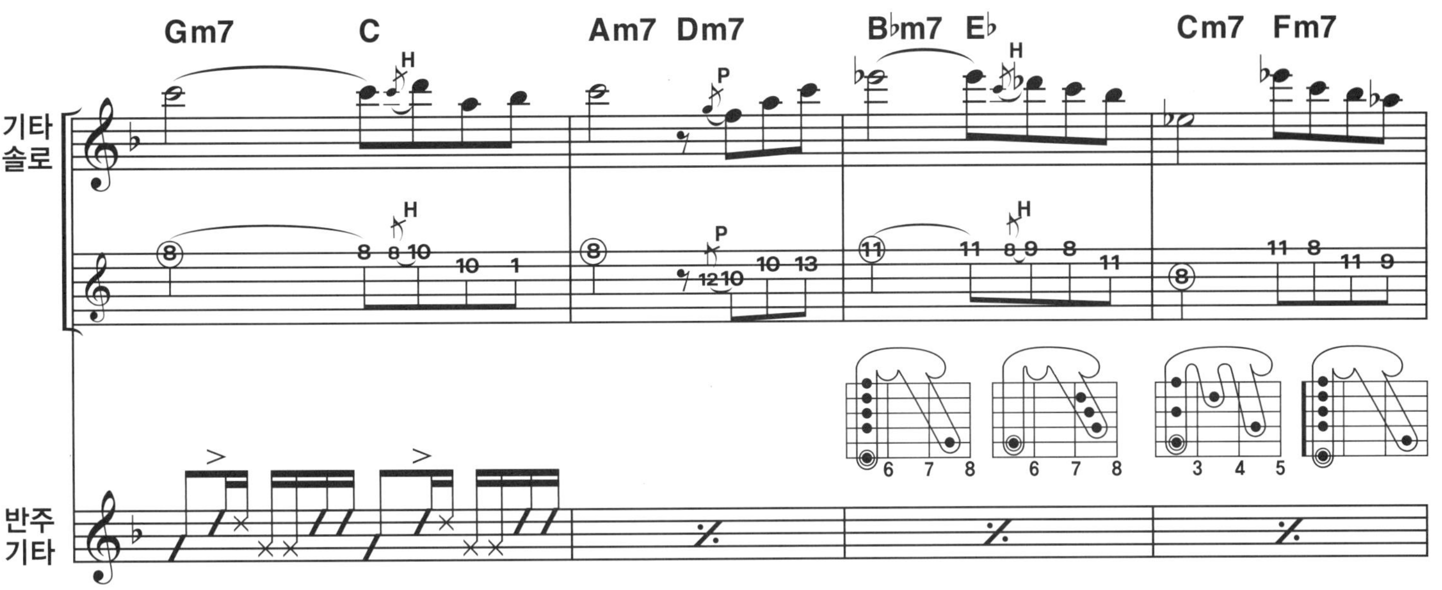
Gm7
C
Am7
Dm7
B♭m7
E♭
Cm7
Fm7
기타 솔로
반주 기타

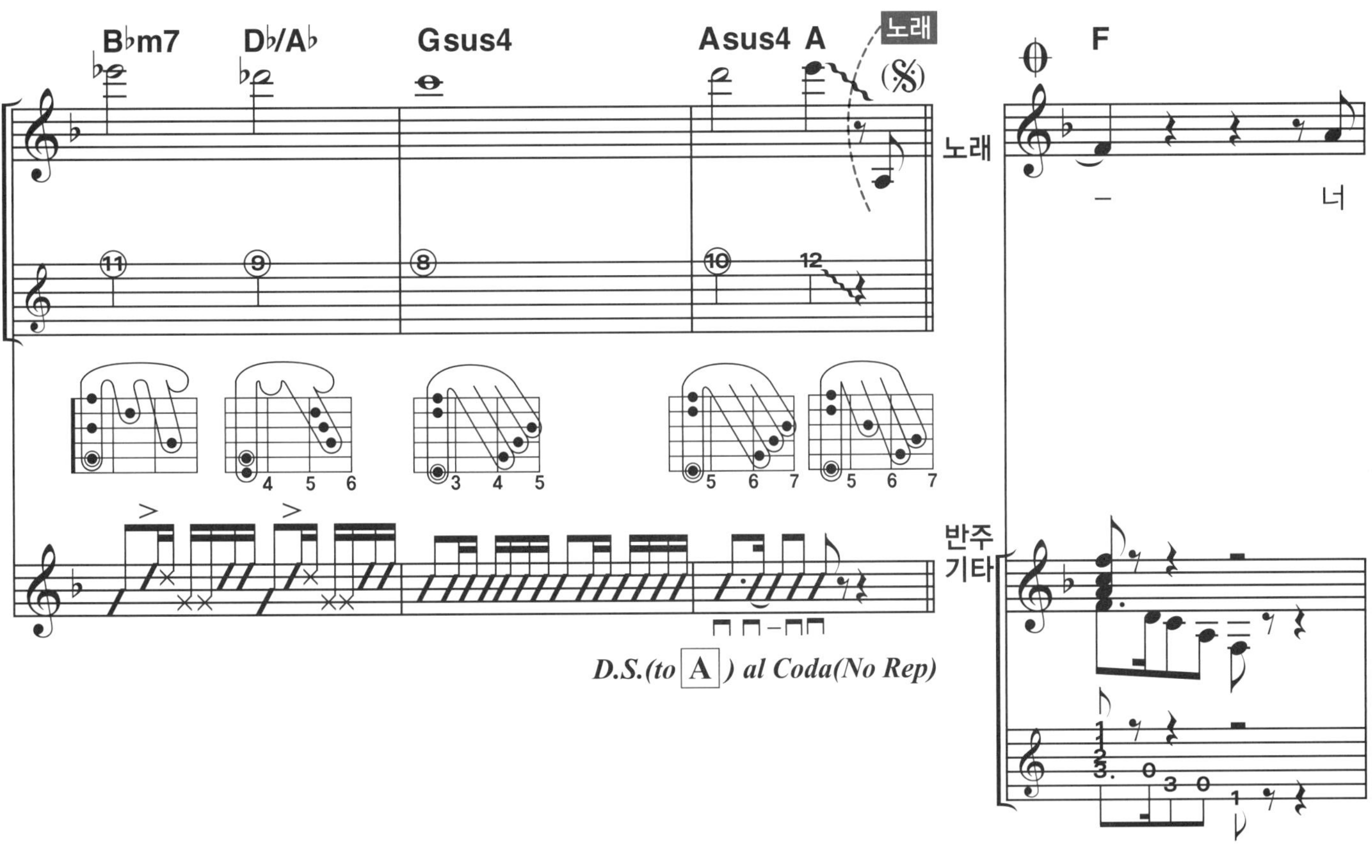
B♭m7
D♭/A♭
Gsus4
Asus4
A
노래
F
노래
너
반주 기타
D.S.(to A) al Coda(No Rep)

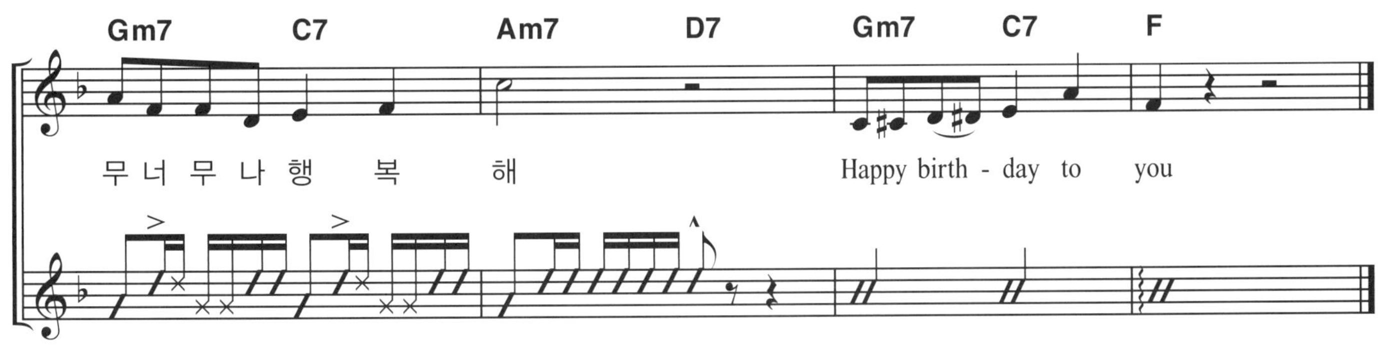
Gm7
C7
Am7
D7
Gm7
C7
F
무 너 무 나 행 복 해
Happy birth - day to you

Antonio's Song

앨범 「Sleeping Gypsy」1977

Michael Franks 작사 · Michael Franks 작곡 · Michael Franks 노래 · 이정선 편곡

- 비발디 송(Vivaldi's Song)과 함께 우리나라에서 사랑받고 있는 곡으로 보사노바 리듬의 대부인 안토니오 카를로스 조빔(Antonio Carlos Jobim)에게 바치는 마이클 프랭크스의 노래입니다.
- 약간 느린 템포의 부드러운 보사노바 리듬입니다.
- ~의 리듬과 ~의 베이스를 합쳐서 ~으로 핑거링합니다.
- 전주와 노래 앞부분, 간주 앞부분 등 기타 반주에서 다음에 나오는 코드의 베이스 음이 반 박자 먼저 연주되는 것에 주의하여 연주합시다(싱코페이션).
- 여러가지 모양의 A7♭9 → A7의 코드표가 나오는데 알아두면 좋을 것입니다.

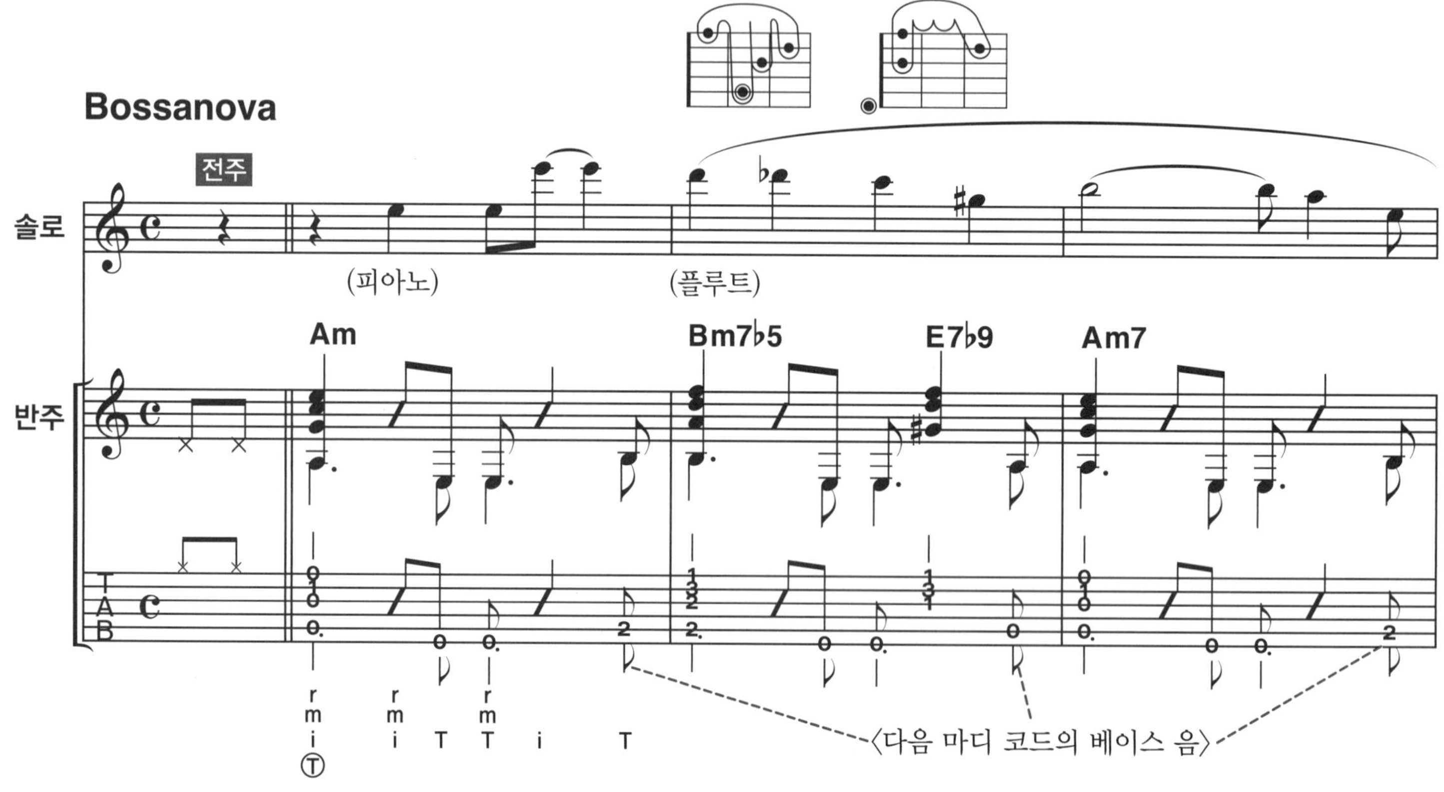

A
노래
Am7
Dm7
노래
An to - ni - o lives life's fa - vor. An -
to - ni - o - loves the de - sert. An -
Bm7♭5
E7
반주
Am7
A7♭9
A7
Dm7
to - ni - o prays for truth An - to - ni - o says our friend -
to - ni - o prays for rain An - to - ni - o knows that plea -
Am7
Bm7♭9
E7+9
E7♭9/(B)
- ship is a hund - red proof The
- sure is the child of pain And

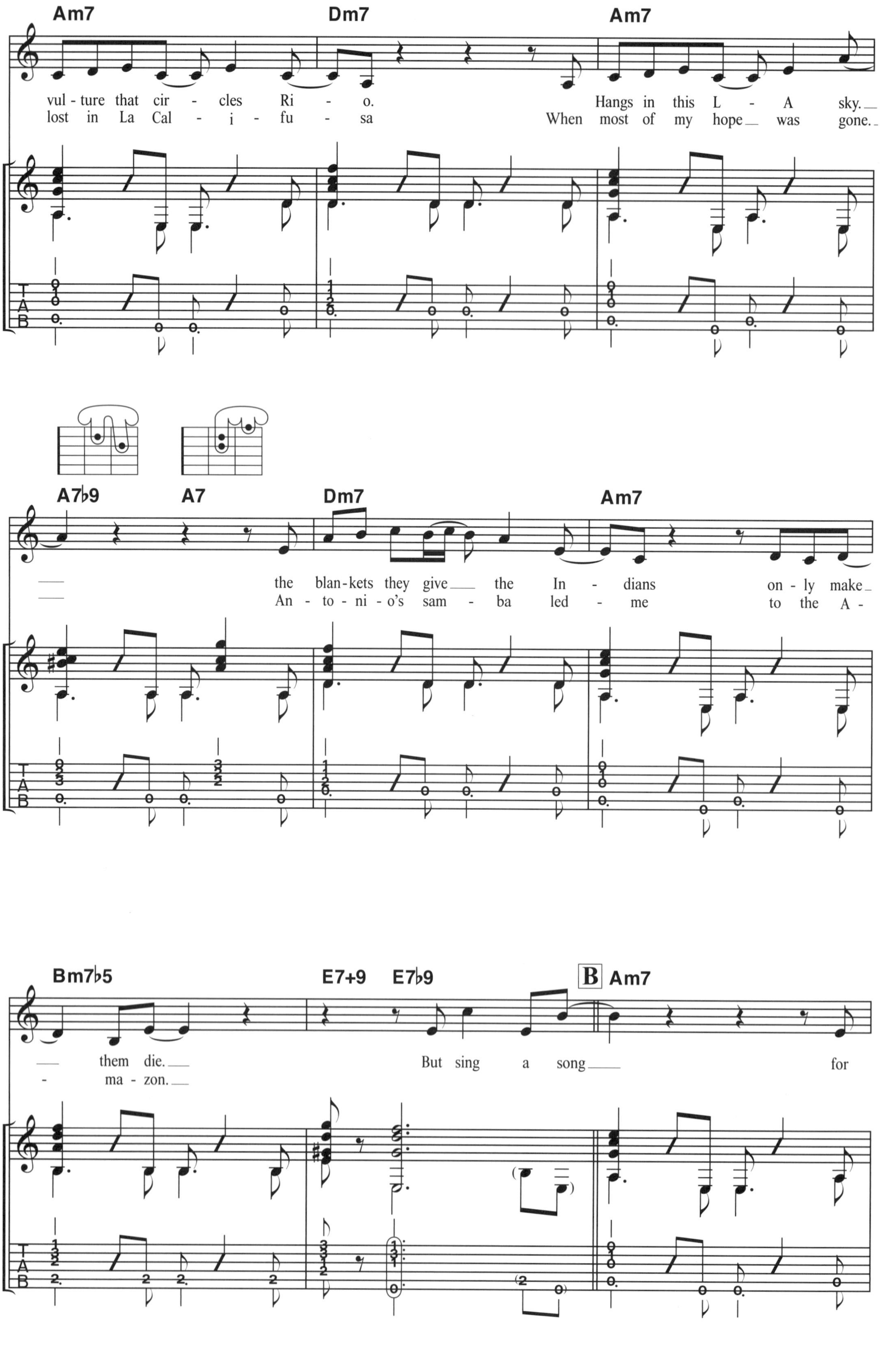

Am7 Dm7 Am7

vul - ture that cir - cles Ri - o. Hangs in this L - A sky.
lost in La Cal - i - fu - sa When most of my hope was gone.

T A B

A7♭9 A7 Dm7 Am7

the blan-kets they give the In - dians on - ly make
An - to - ni - o's sam - ba led - me to the A -

T A B

Am7 A7 Dm7 Dm/C
gotten for so long and let the music flow
Bm7♭5 E7♭9 Am7
like light into the rainbow
Bm7♭5 E7♭9 Am7 A7
we know the dance, we have, we still have a chance
Dm7 Dm/C Bm7♭5
to break this chains and flow like light

E7♭9
Am7
간주 8va
— in - to — the rain - bow
Bm7♭5
E7♭9
피아노 솔로
8va
피아노 솔로
Am7
Dm7
Am7
반주
A7♭9
A7
Dm7
G7
CM7
FM7

Bm7♭5
E7+9
E7♭9
Am7
Dm7
Am7
A7♭9
A7
Dm7
G7
CM7
FM7
Bm7♭5

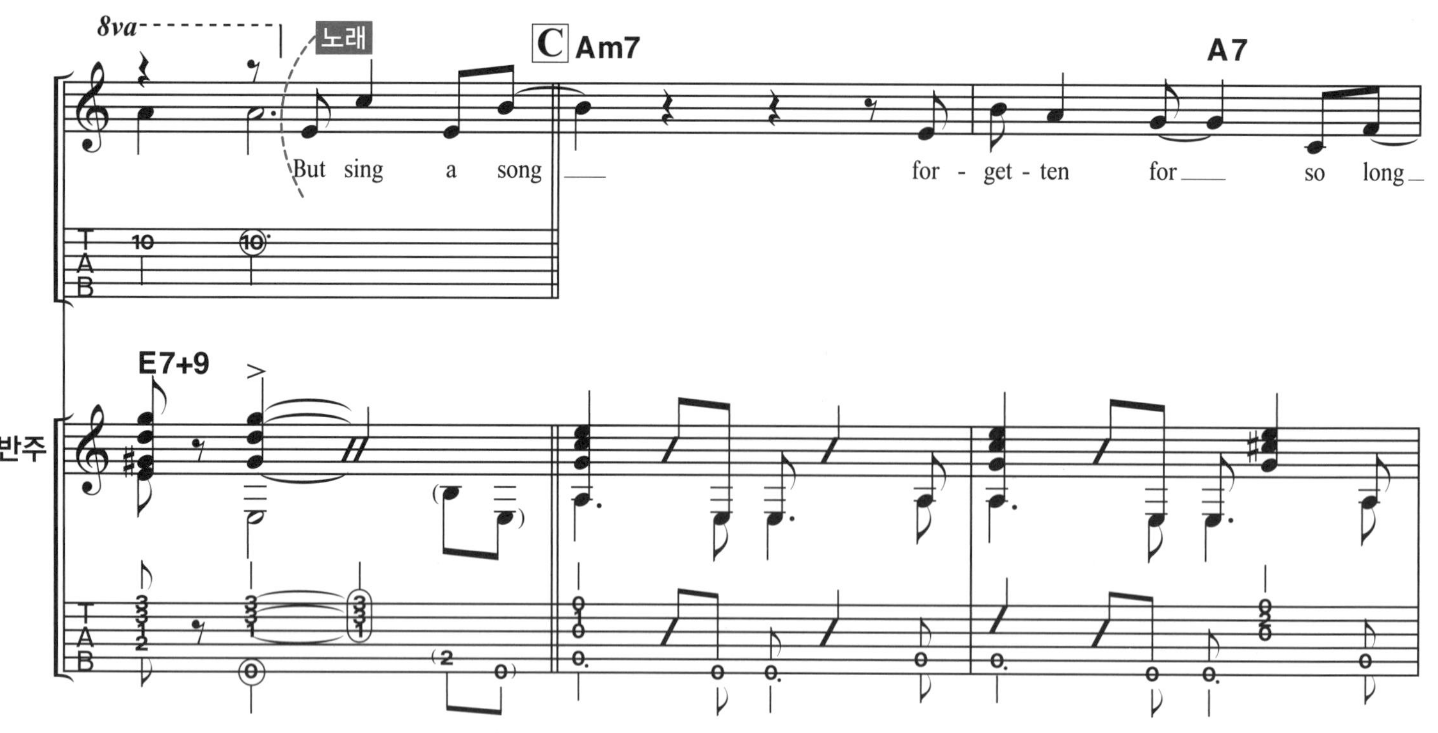
8va
노래
C Am7
A7
But sing a song
for - get - ten for so long
E7+9
반주

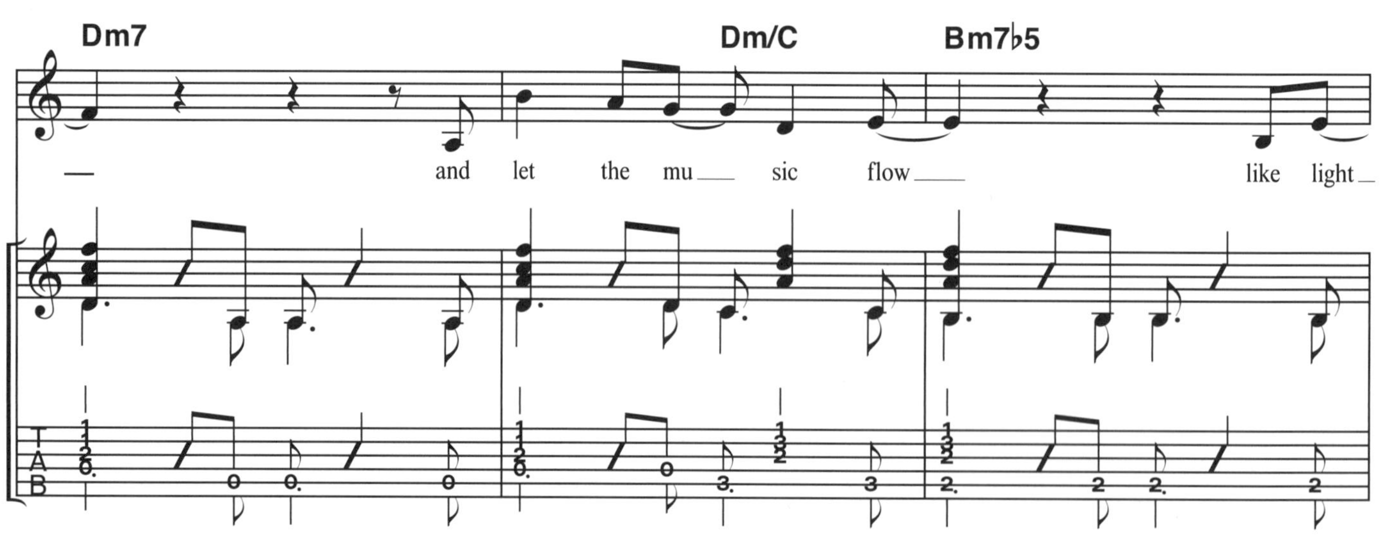
Dm7
Dm/C
Bm7♭5
and let the mu sic flow
like light

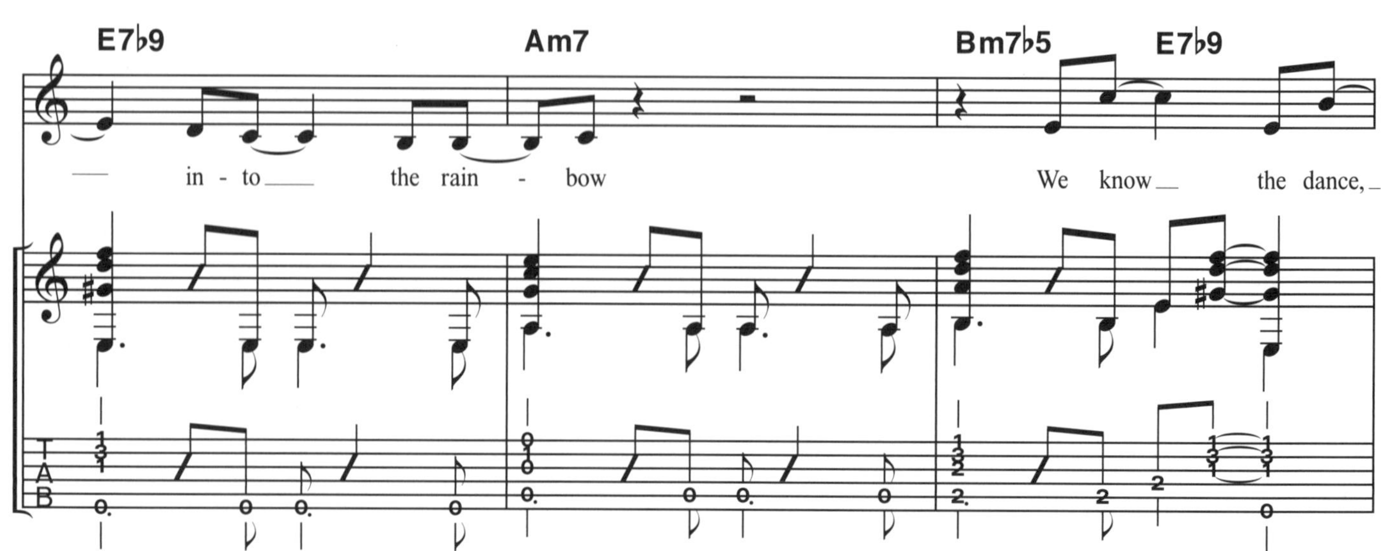
E7♭9
Am7
Bm7♭5
E7♭9
in - to the rain - bow
We know the dance,

Am7
A7
Dm7
we have, we still have a chance to
Dm7
Dm/C
Bm7♭5
E7♭9
break this chains and flow like light in - to the rain -
Am7
Bm7♭5
E7
(𝄋)
- bow. An
D.S. (to A) al Coda
Am7
- bow.
솔로
반주
Bm7♭5
E7♭9
후주
(색소폰)
Am7
A7
Fade Out

Donna

영화「La Bamba」사운드 트랙 1987

Ritchie Valens 작사 · Ritchie Valens 작곡 · Ritchie Valens 노래 · 이정선 편곡

- 비행기 사고로 요절한 초창기 로큰 롤 가수「리치 발렌스」의 일대기를 영화화한 라 밤바(La Bamba)에서 많은 사람들에게 사랑을 받은 러브 송입니다.
- 50년대 로큰 롤 답게 원곡에서의 리듬 기타는 ~일정하게 리듬을 연주하고, 솔로 기타는 중간중간에 오블리카토를 연주하고 있지만, 여기에서는 하나의 기타로 연주할 수 있도록 편곡했습니다.
- F, B♭, C7의 3개 코드로 작곡된 곡입니다.

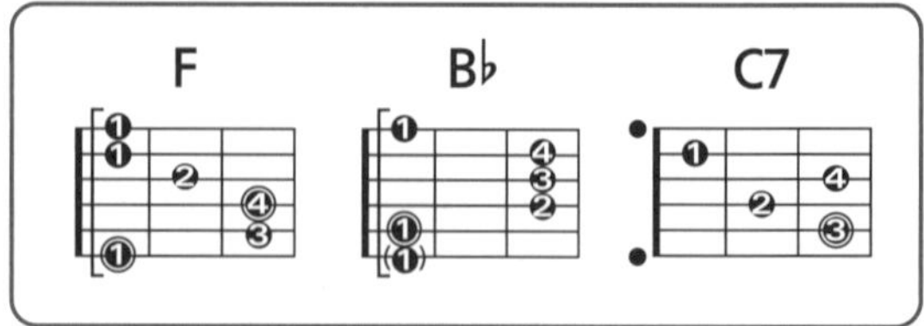

Rock Slow

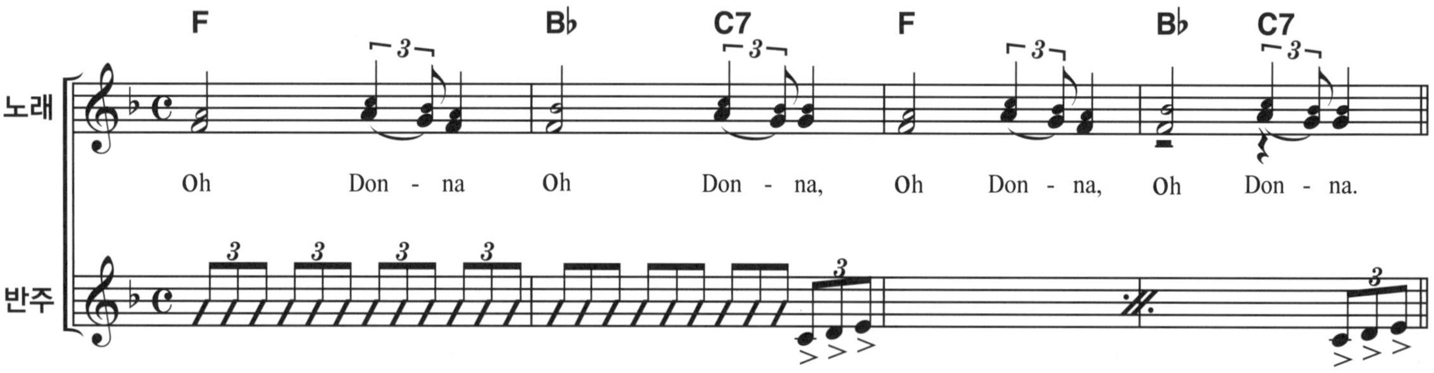

F
B♭
C7
2 A
F
be?
where can you be?
Now that you're gone I'm

B♭
C7
F
B♭
C7
left all a - lone.
All by my-self to won - der and roam 'cause I

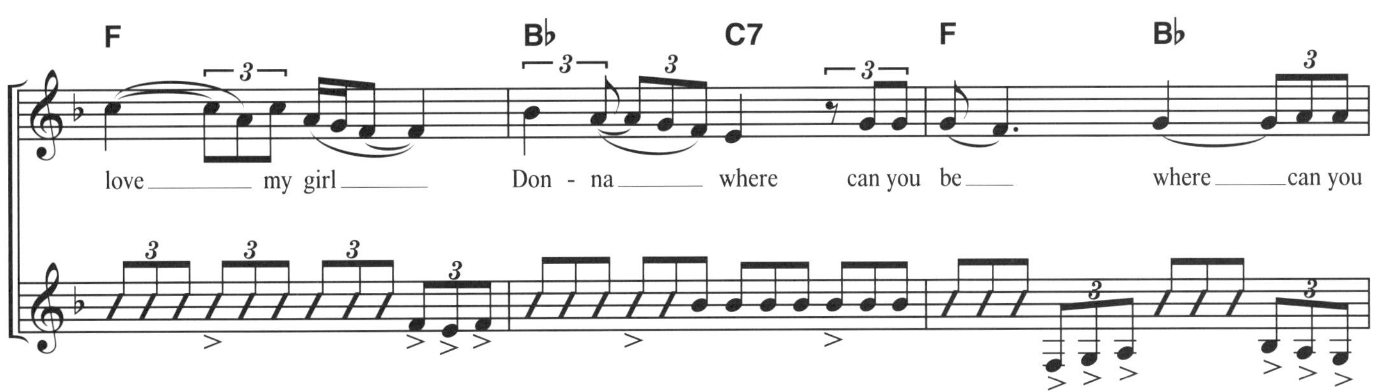
F
B♭
C7
F
B♭
love my girl
Don - na where can you be
where can you

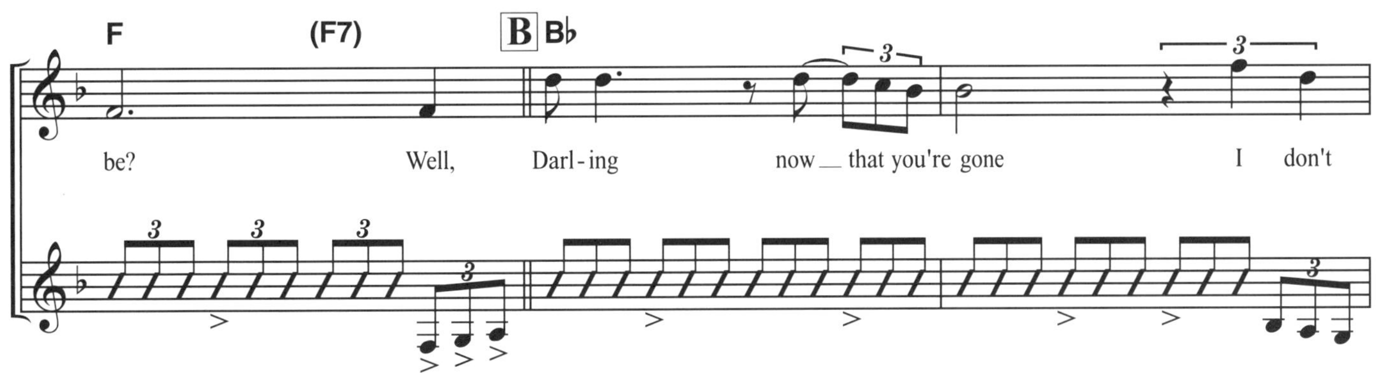
F
(F7)
B
B♭
be?
Well,
Darl-ing now that you're gone
I don't

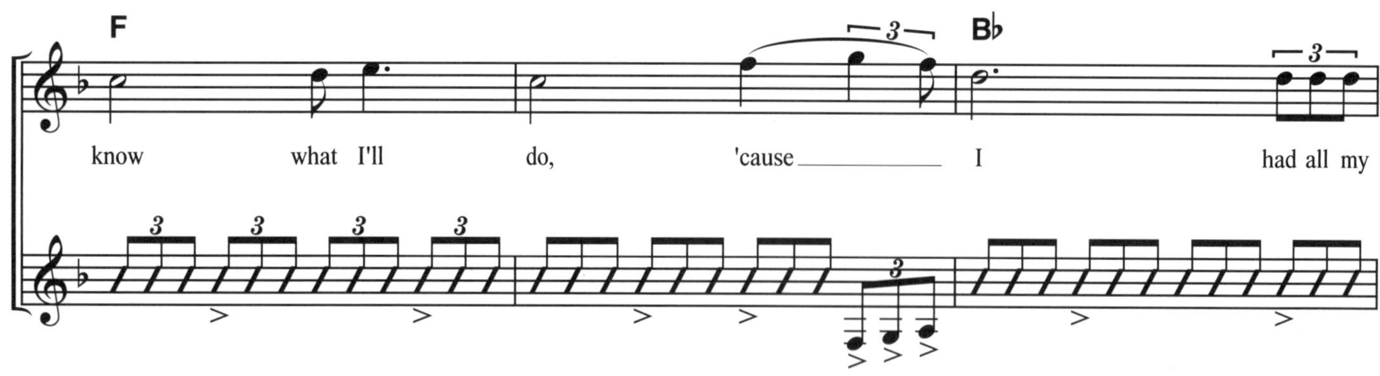
F
B♭
know what I'll do, 'cause I had all my

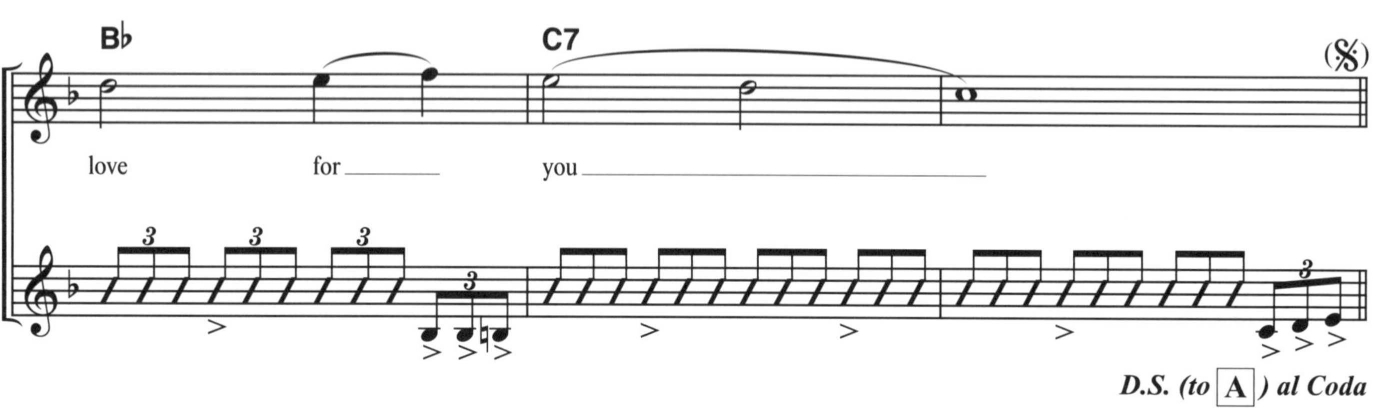
B♭
C7
love for you
D.S. (to A) al Coda

F
B♭
C7
oh Don - na, oh Don - na,

F
B♭
C7
F
Oh Don - na, Oh Don - na

Summertime

앨범 「Greatest Hit's」*1973*

Dubose Heyward 작사 · George Gershwin 작곡 · Janis Joplin 노래 · 이정선 편곡

- 「Summertime」은 거쉬원 작곡의 뮤지컬 「포기와 베스」에서 자장가로 알려졌던 노래입니다.
  이 책에서는 70년대 최고의 여성 록 가수인 재니스 조플린과 홀딩 컴퍼니의 버전으로 채보하였습니다.
- 원곡을 들어 보면 에펙터(디스토션 계열)를 사용하지 않는 부분과,
  에펙터를 사용하는 부분이 명확히 나뉘어 있어서 강렬한 인상을 남길 것입니다.
  일렉 기타를 공부하기 좋은 연습곡입니다.
- 두 대의 일렉 기타가 어울리는 **B** 부분(**간주** 부분)은 록 기타의 고전으로 모든 기타리스트들의 마음속에
  감명 깊게 남아 있는 부분입니다.
- 작은 그룹의 연습을 위해서 베이스 기타도 악보를 적었습니다.
- 아래에는 많이 연주되는 Summertime 노래의 코드진행을 적어 두었으니 참고하시기 바랍니다.

Am Bm7(♭5) E7 | Am E7/B | Am E7/B

Sum - mer time ___ and the liv - in; is
daddy's rich, and your mom is good

Am E7/B | 1. Am Am7 | Dm7

eas - y, ___ Fish are jump - in' ___
look - in, ___

FM7 B7 | E7 F7 | E7 Bm7(♭5) E7

and the cot - ton is high ___ Oh your

• E7/B코드로 연주하기도 합니다.

2. Am D7 | C Am | Bm7(♭5) E7

___ So hush, lit - tle ba - by, ___ don't ___ you

Am E7/B | Am E7/B | Am

cry.

Summertime-2

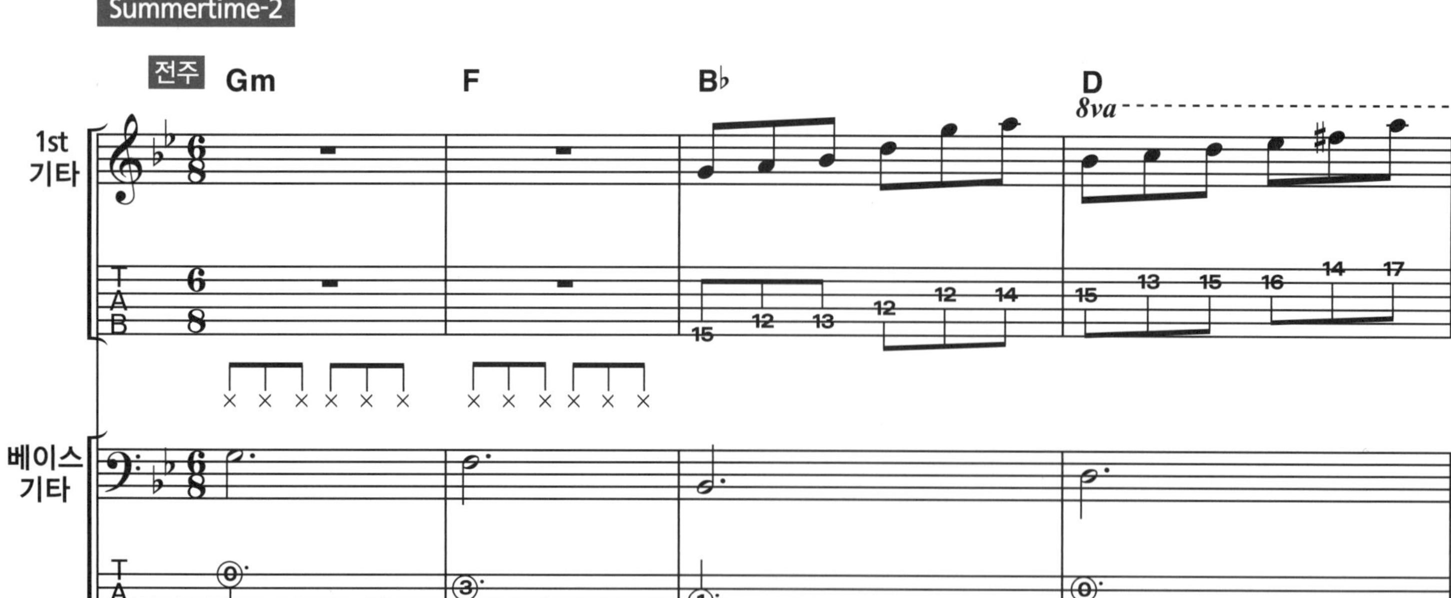

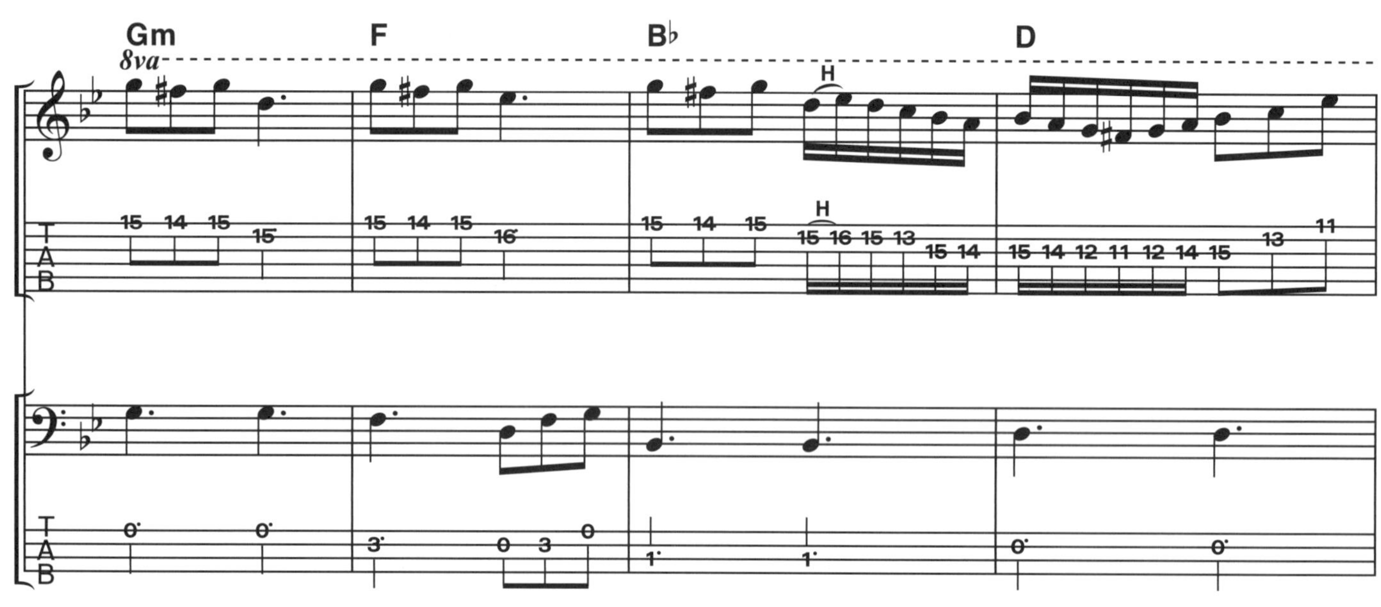

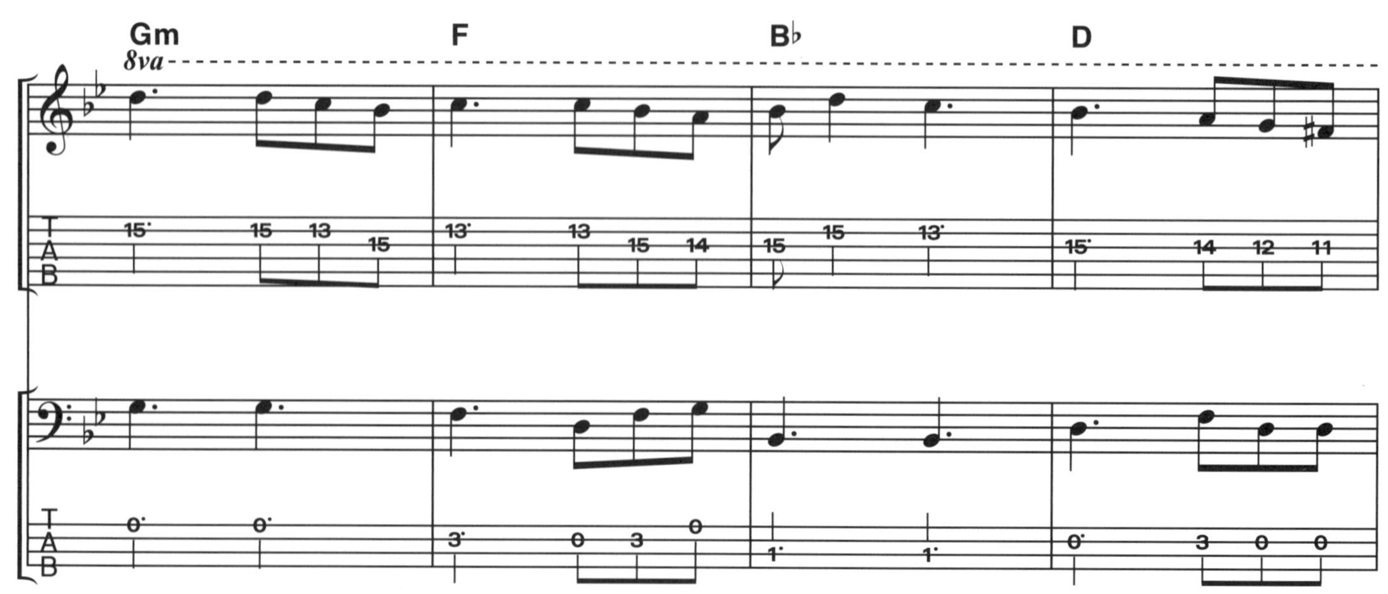

Gm F B♭ D

8va

1st 기타

2nd 기타

베이스 기타

Gm F B♭ D 노래

노래

Sum-mer

8va

1st 기타

2nd 기타

베이스 기타

A

Gm GmM7/F♯ Gm7/F C7-9 F11

time time time Child the liv-ing's

Gm GmM7/F♯ Gm7/F C7 F7

ea - sy Fish are

Cm
jump-ing now
And the Cotton Lord
Cot-ton's
D
E♭
D
Cm
B♭
D/A
high
Lord so high
Your Dad is
8va
H
C
CD

B

Gm GmM7/F♯ Gm7/F C7-9 F11

rich ____ And your Ma's ____

Gm GmM7/F♯ Gm7/F C7 F7

so good look-ing babe ____ She's look-ing good now ____

B♭
Gm
Cm
D
Hush ba - by, ba - by, ba - by, ba - by, ba - by
No no, no, no don't you
Gm
GmM7/F♯
Gm7/F
Cm
D
cry
Don't you cry
8va

C
Gm
F
B♭
D
8va
H
Gm
F
B♭
8va
D

Cm

D

E♭

D

Cm

B♭

D/A

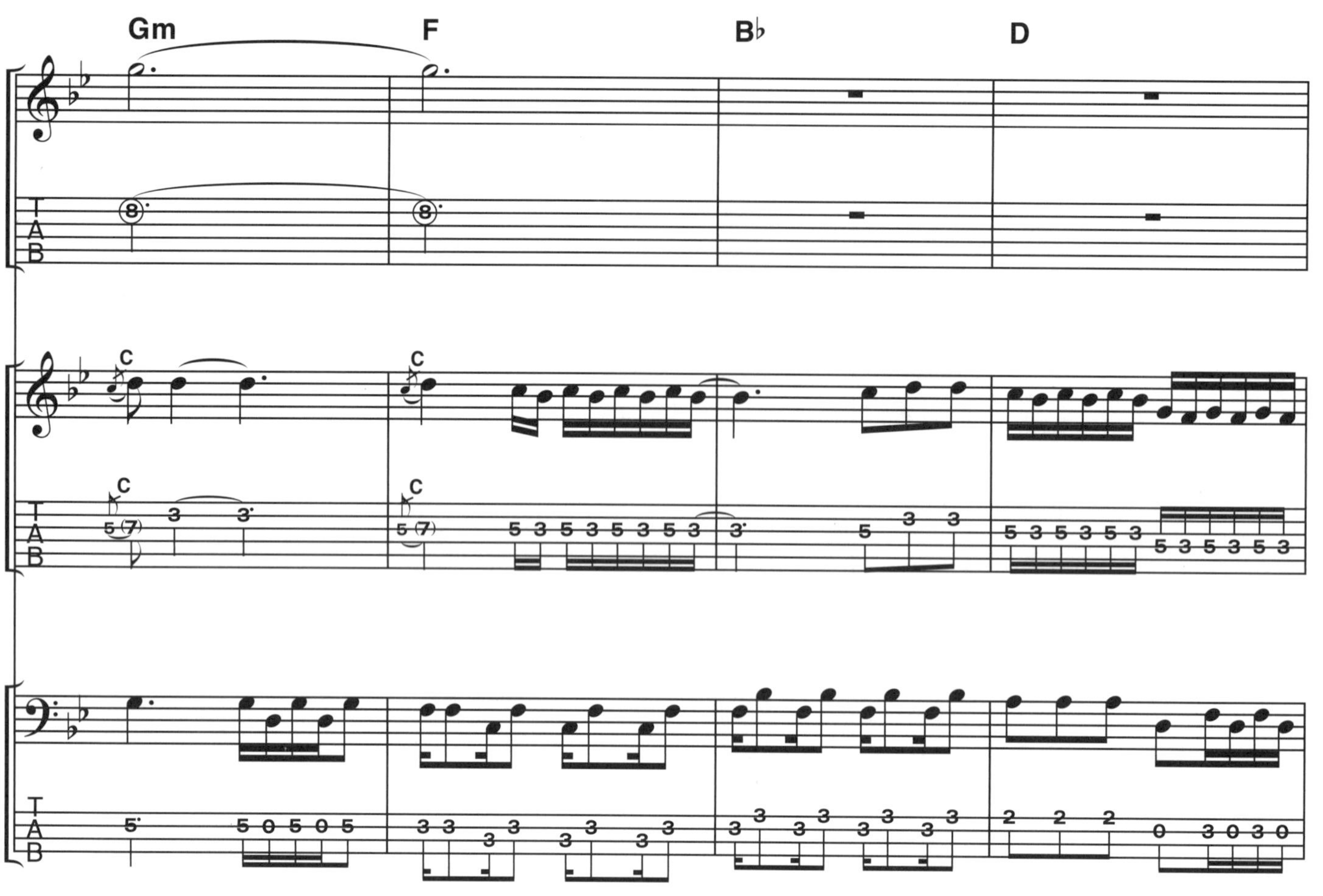
Gm
F
B♭
D
C
C
C
C

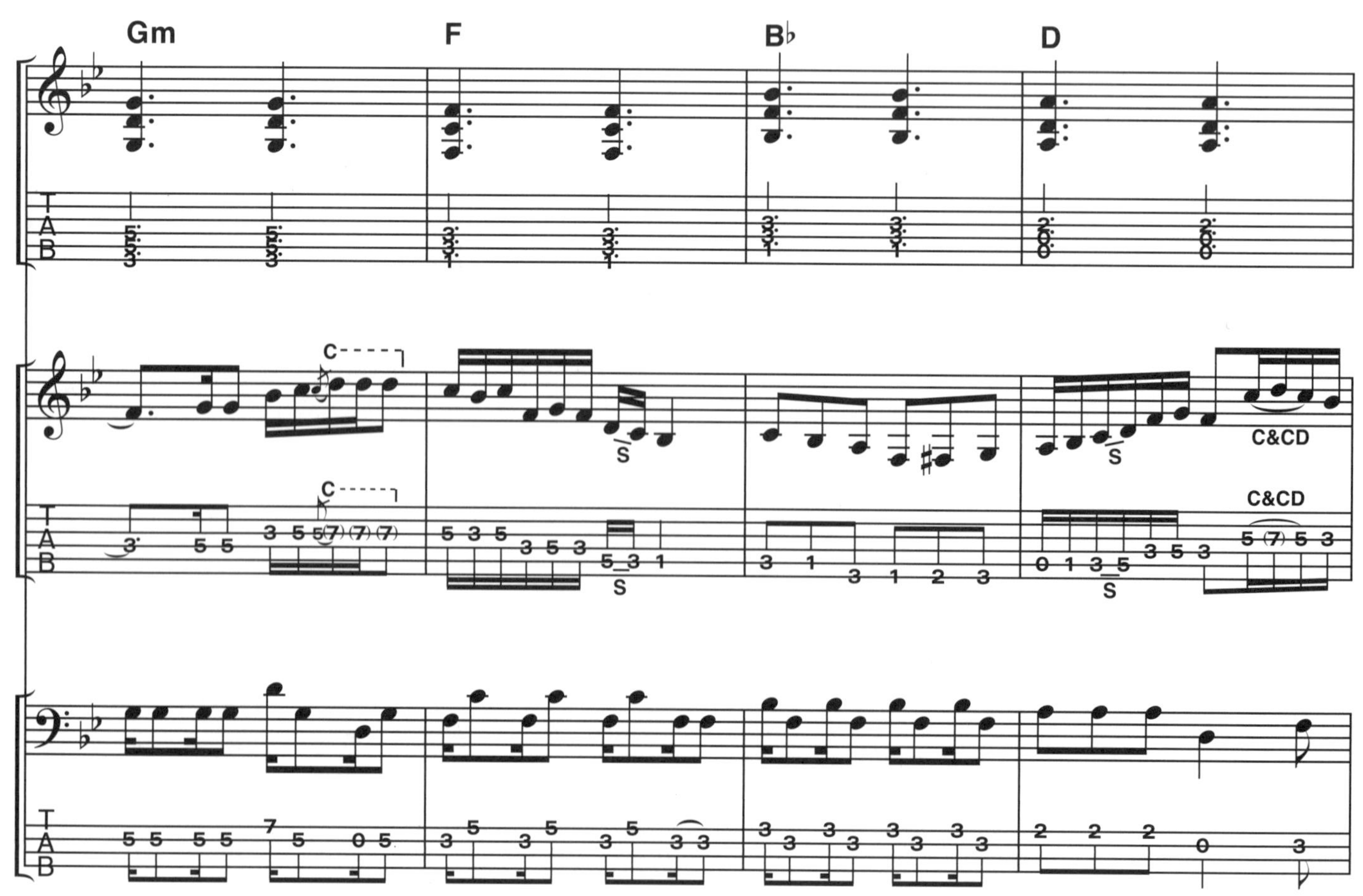
Gm
F
B♭
D
C
S
S
C&CD
C
S
S
C&CD

(3rd 기타) (3rd 기타)

B♭ Gm Cm D

G Gm Cm D

One of these

Gm GmM7/F♯ Gm7/F C 7-9 F 11

mor - nings You're gon-na ri - se,

Gm GmM7/F♯ Gm7/F C7 F7

rise up sing - ing You're gon -

Cm

— na spread your — wings — Child and take — take to the

D E♭ D Cm B♭ D7

sky — Lord the sky — Un - til — that

D

Gm GmM7/F♯ Gm7/F C7-9 F11

morn - ing Ho - ney, n,

Gm GmM7/F Gm7/F C7 F7

no - thing's going to harm you now No, no, no, no, no, no, no, no, no, no, no, no, no, no, no,

B♭ Gm7 Cm D

—, No, no, no,no,no, no, no, no, no, no, no, no, no, no, no, no, no, No, no, no, no, no, no, no, no, no, Don't you

Gm F B♭ D *rit.* G

cry — Ah — ah ah —

8va H *8va*

개방현을 활용한 코드 연습

개방현을 활용해서 만든 기타만의 매력있는 코드 사운드의 노래를 모았습니다.
연습하다보면 기타의 매력을 다시 한 번 느끼게 될 것입니다.

벚꽃 엔딩 | 매일 그대와 | 아메리카노

▶고급편

벚꽃 엔딩

앨범 「**버스커 버스커 1집**」2012

장범준 작사 · 장범준 작곡 · 버스커 버스커 노래 · 이정선 편곡

- 기타의 1, 2번선 개방현의 울림이 매력적인 반주의 곡으로 **Bm7** → **E7** → **A(9)**의 진행입니다.
  기타만이 낼 수 있는 매력 있는 사운드입니다.

원곡은 6번선 7프렛을
왼손 엄지로 누르면서 5번선을 뮤트합니다.

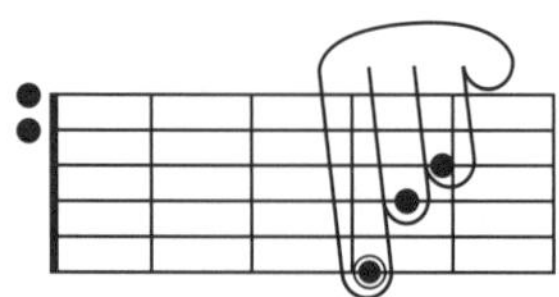

1번 손가락으로 6번선을 누르면서
5번선을 뮤트해도 됩니다.

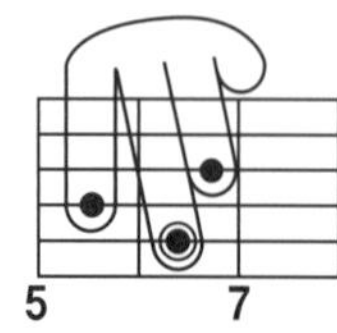

2번 손가락으로 5번선 7프렛으로 개방현 부터
해머링을 하면서 **E7**코드를 잡으면 됩니다.

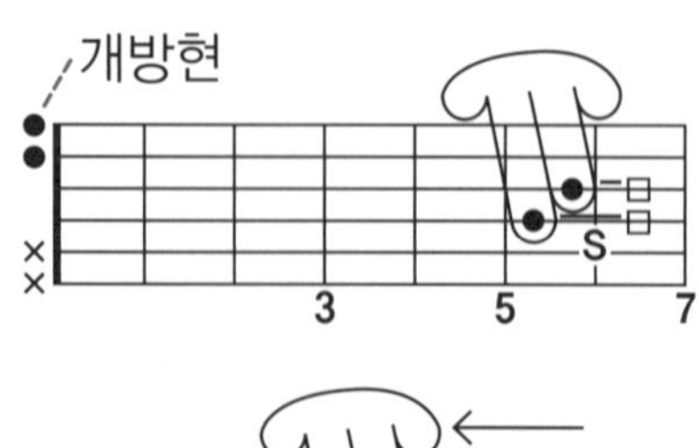

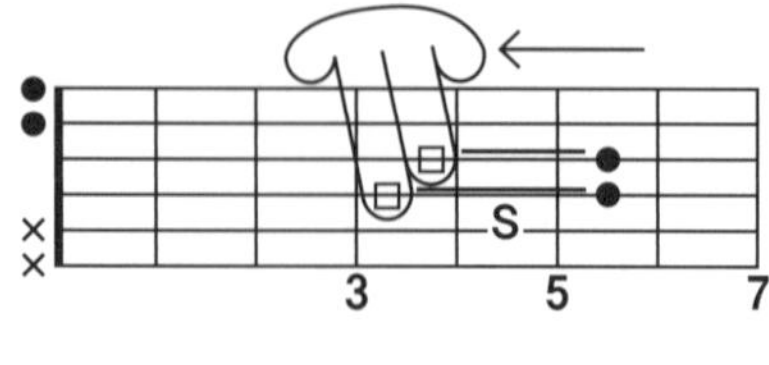

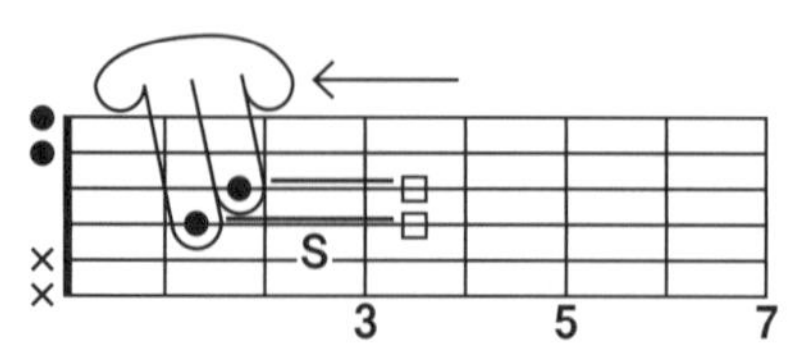

A코드의 두 소절은 계속 슬라이드로 내려가면서 독특한
사운드를 만들고 있습니다.

- 1, 2번선은 계속 개방현으로 유지합니다.

● 개방현의 울림을 코드의 구성음으로 취급해서
Bm7(11) → E7 → A(9), G♯m7(13) → A(9)/E로 코드를 적기도 하지만 기타의 개방현의 울림을 살리기 위해서는 **Bm7 → E7 → A**로 표기하는 것이 기타 음악다운 표기라고 생각합니다.

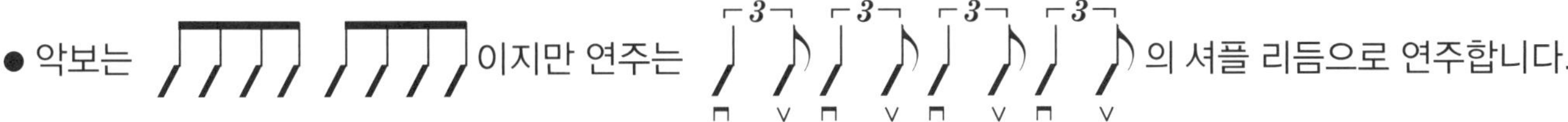
● 악보는 (8분음표) 이지만 연주는 (셔플 리듬) 의 셔플 리듬으로 연주합니다.

● 전주 4소절의 반주 패턴이 계속됩니다. 그러니까 4소절의 반주를 잘 연습하면 반주 기타를 연주하기에 힘들지는 않을 것입니다.

Moto ♫ = (3) **(셔플)**

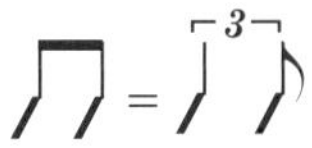

인트로

Bm7 E7 A(9) 멜로디언

노래: 그 대 여 그 대 여 그 대 여 그 대 여 - 그 대 여

기타

• A코드 안에서의 진행

전주 간주

Bm7 E7 A(9)

멜로디언

기타

Bm7
E7
A(9)
A
오 늘 은 우 리 – – 같 이 – 걸 어 요 이 거 – 리 를
그 대 여 우 리 – – 이 제 – 손 잡 – 아 요 이 거 – 리 에
밤 에 들 려 오 는 자 장 노 래 – 어 떤 – 가 요 오 – 예 – 몰 랐 던
마 침 들 려 오 는 사 랑 노 래 – 어 떤 – 가 요 오 – 예 – 사 랑
– 그 대 와 – 단 둘 – 이 – 손 잡 고 – 알 수
하는 그 대 와 – 단 둘 – 이 – 손 잡 고 – 알 수

Bm7
E7
A(9)
없는 이 – 떨림과 – 둘이 걸어요 봄 바람 휘날리며
없는 이 – 거리를 – 둘이 걸어요
B
Bm7
E7
A(9)
– – 흩 – 날리는 벚꽃잎이 – – 울 – 려 퍼질 이 거리를
Bm7
E7
1. A(9)
– – – – 둘 – 이 – 걸어요 봄 바람 휘날리며
2. A(9)
걸어요 오 – 예 –
간주
멜로디언
D.S. al
A(9)
걸어요 바람불면

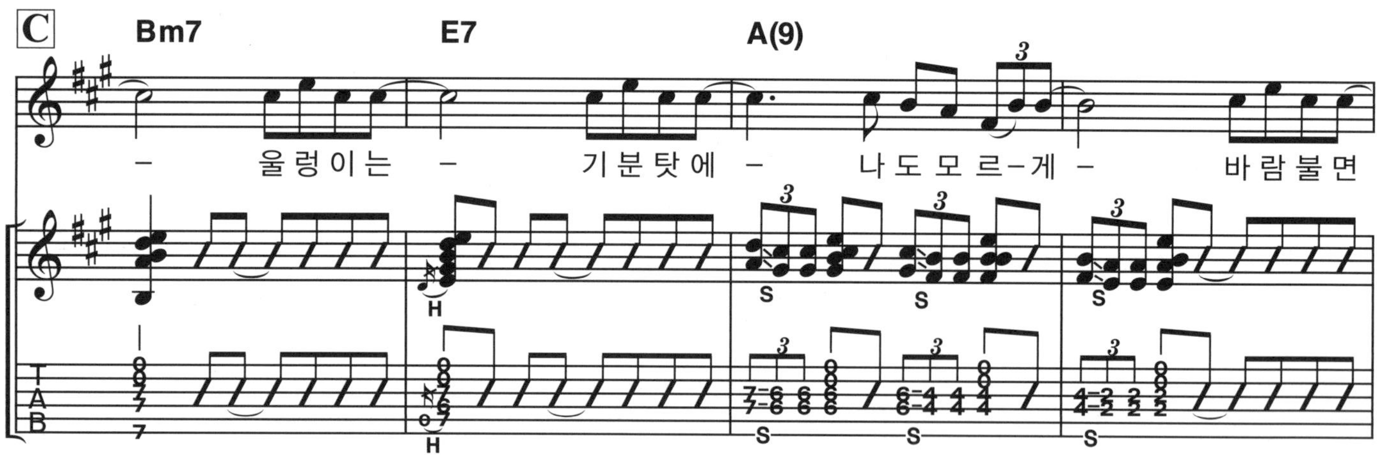
C
Bm7
E7
A(9)
– 울렁이는 – 기분탓에 – 나도모르–게 – 바람불면

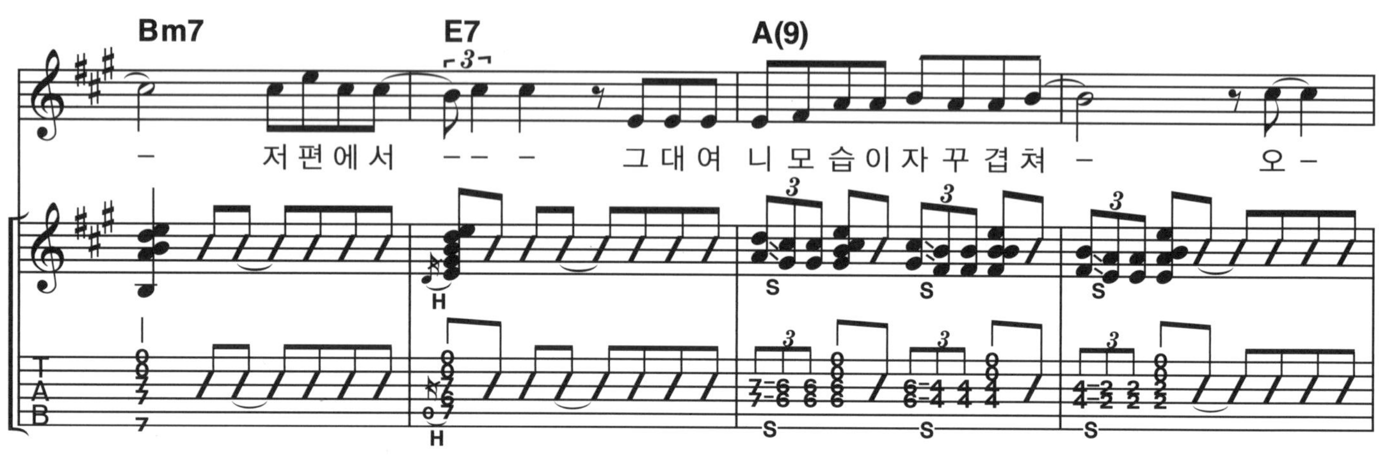
Bm7
E7
A(9)
– 저편에서 ––– – 그대여 니모습이자꾸겹쳐 – 오 –

Bm7
E7
A(9)
또 울렁이는 – 기분탓에 – 나도모르–게 – 바람불면

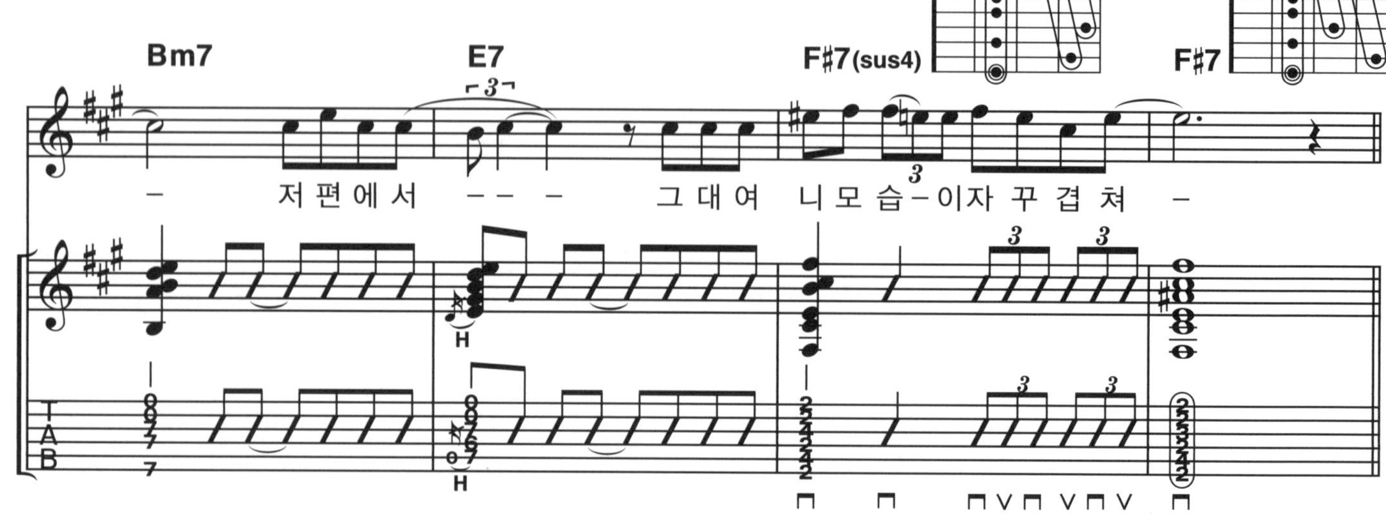
Bm7
E7
F♯7(sus4)
F♯7
– 저편에서 ––– – 그대여 니모습–이자 꾸 겹 쳐 –

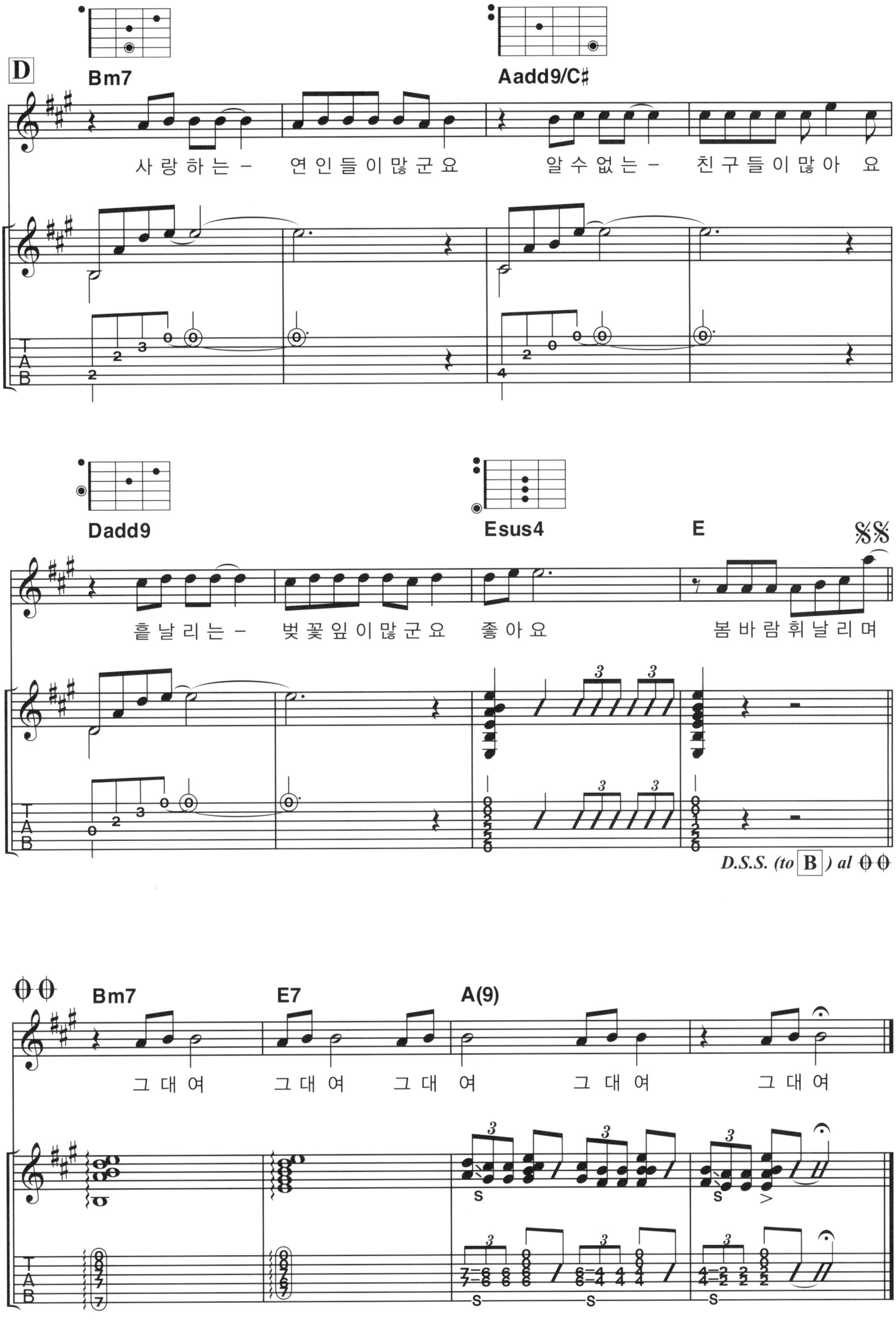

D

Bm7 Aadd9/C♯

사 랑 하 는 – 연 인 들 이 많 군 요 알 수 없 는 – 친 구 들 이 많 아 요

Dadd9 Esus4 E 𝄋𝄋

흩 날 리 는 – 벚 꽃 잎 이 많 군 요 좋 아 요 봄 바 람 휘 날 리 며

D.S.S. (to **B** *) al* ΦΦ

▶중급편

매일 그대와

앨범 「들국화 1집 행진」1985
앨범 「응답하라 1988 OST」2015

최성원 작사 · 최성원 작곡 · 들국화 노래 · 이정선 편곡

- 1번선의 개방현이 계속 울리면서 기타로만 할 수 있는 코드 사운드의 매력적인 배킹입니다.
- 원곡은 두대의 기타로 연주했지만 여기에서는 하나의 기타로 편곡했습니다.
- 전주 부분 코드의 운지를 먼저 익히면 다른 부분의 반주는 쉬울 것입니다.
- 리듬은 모두 다운(⊓)으로 연주합니다. (~등)

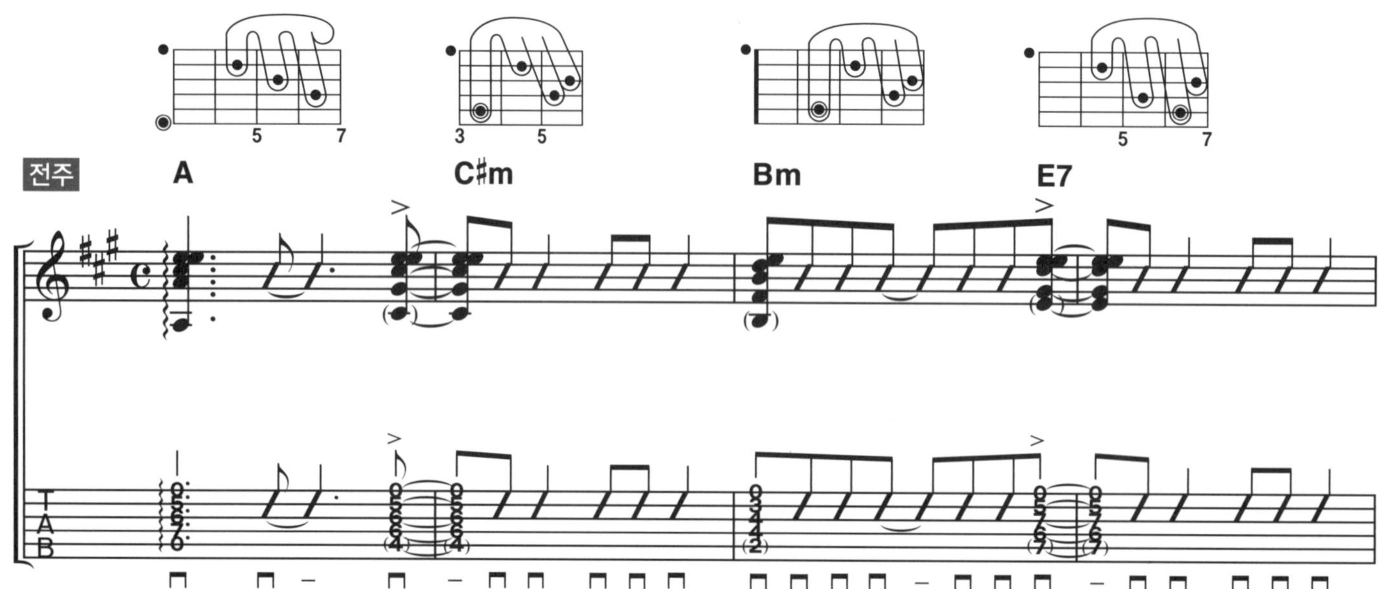

• 다른 기타가 리듬을 연주해주면 ( )속의 음은 연주하지 않고 1,2,3,4번 줄만 연주해도 됩니다.

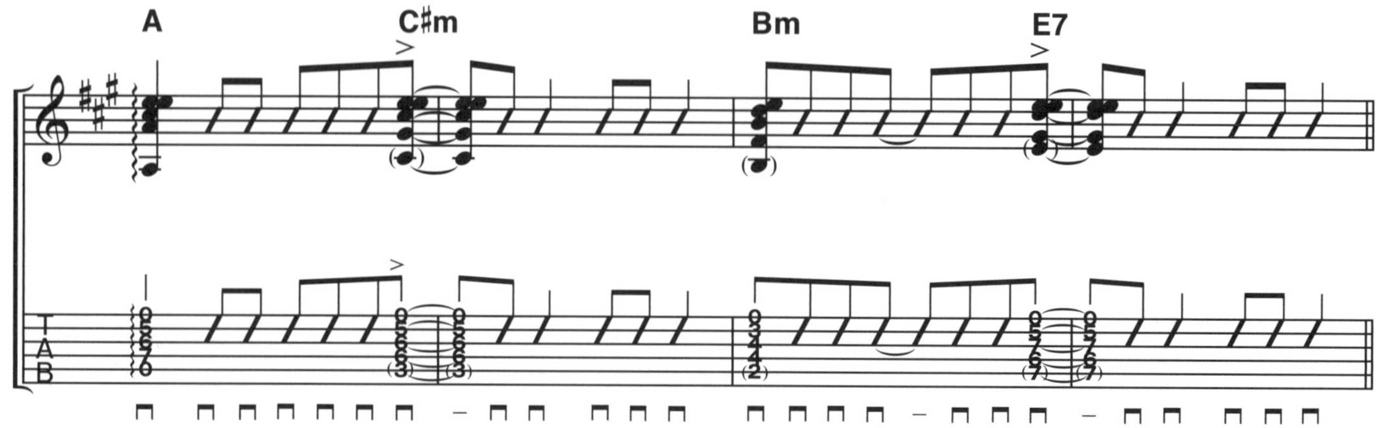

A
노래
A
C#m
Bm
E7
노래
반주
매 일 그 대 와 — — —
아 침 햇 살 — 받 으 며
매 일 그 대 와 — — —
도 란 도 란 — 둘 이 서
T
A
B

A
C#m
Bm
A
매 일 그 대 와 — — —
눈 을 뜨 — 고 — 파 —
매 일 그 대 와 — — —
얘 기 하 — 고 — 파 —
T
A
B

• 코드에서 6번 선은 연주하지 않습니다.

B
D
C#m
F#7
Bm
3
5
새 벽 비 — 내 리 는 거 리 도 —
저 녁 노 을 불 타 는 하 — 늘 도 —

Dm
A
B7
E7
Eaug
5
7
우리 를둘러싼 모 든것－ 같이－나누고 파 하
(Coda)

2 A
A
C♯m
Bm
E7
매 일 그 대 와 － － － 밤 의 － 품 에 － － 안 겨 －

• 전주 와 같음 ~

A
C♯m
Bm
A
매 일 그 대 와 － － － 잠 이 들 － 고 － 파 －

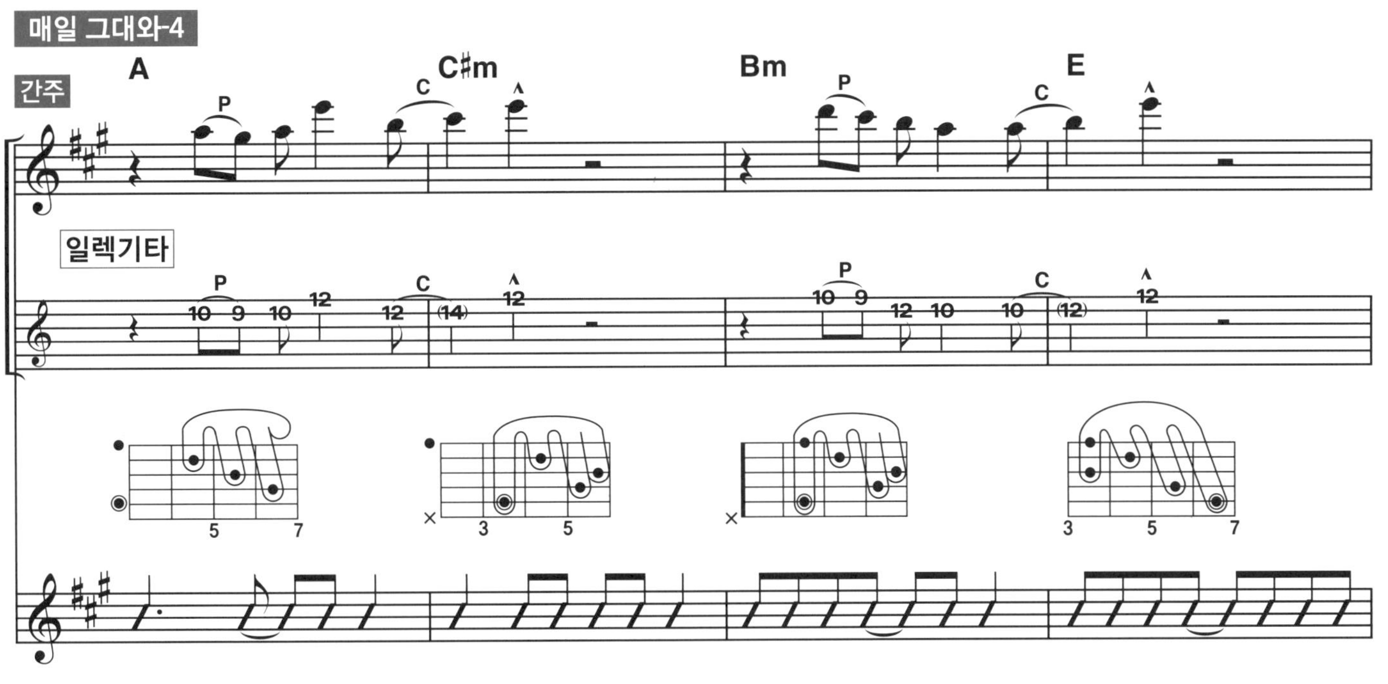
A
C♯m
Bm
E
간주
일렉기타
P
C
P
C
5
7
3
5
3
5
7

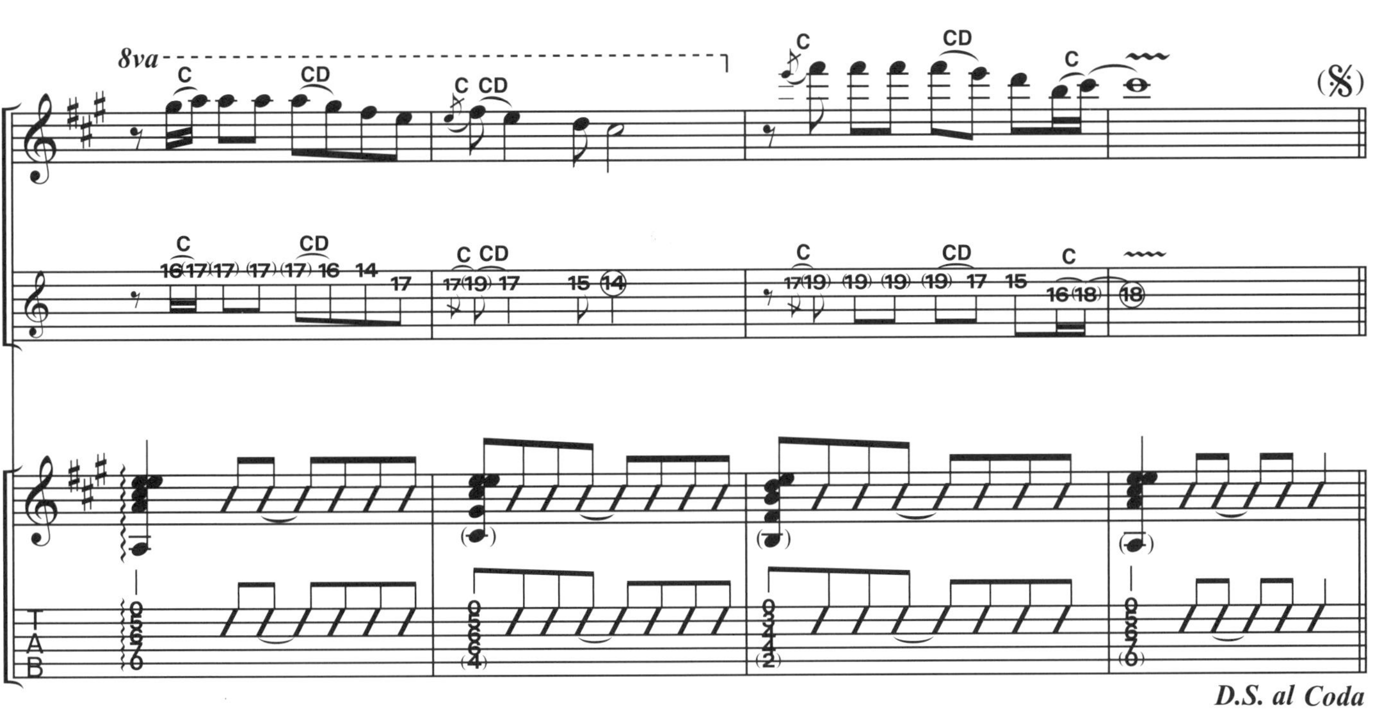
8va
C
CD
C CD
C
CD
C
D.S. al Coda

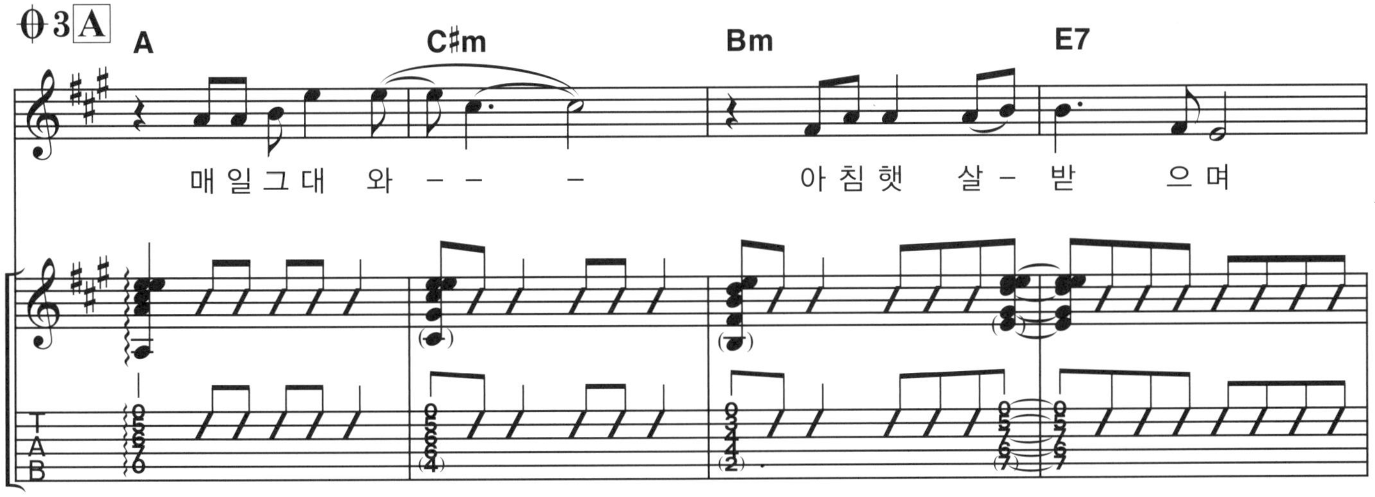
3 A
A
C♯m
Bm
E7
매 일 그 대 와 – – –
아 침 햇 살 – 받 으 며

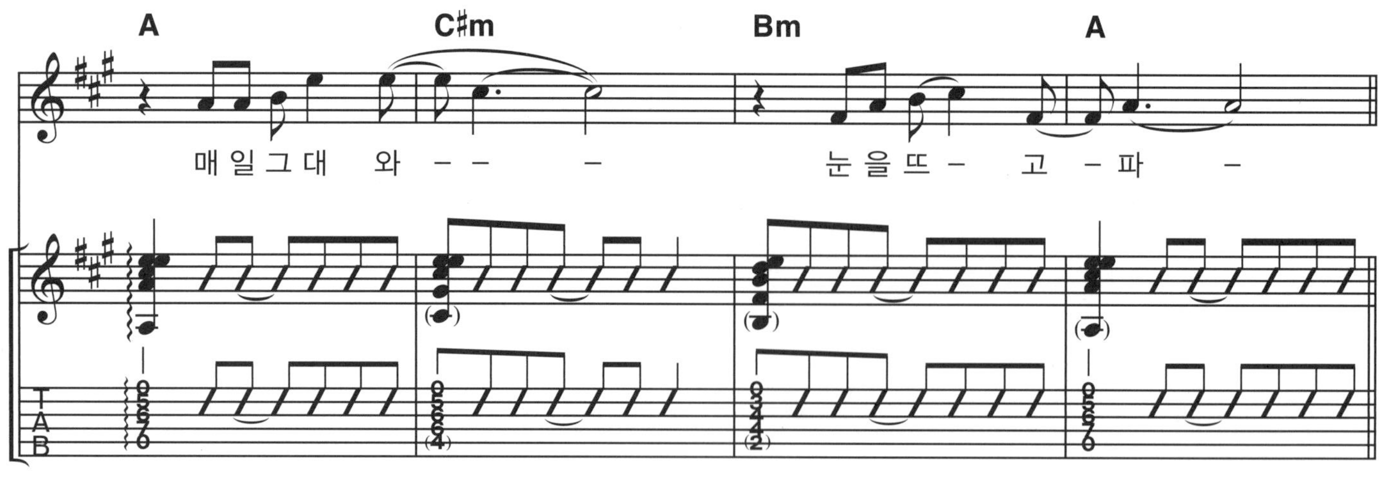
A
C#m
Bm
A
매 일 그 대 와 – – – 눈 을 뜨 – 고 – 파 –
T
A
B

Bm
A
Bm
A
Bm
매 일 그 – 대 – 와 – 잠 이 들 – 고 – 파 – 매 일 그 – 대

A
Bm
A
Bm
A
– 와 – 얘 기 하 – 고 – 파 – 음 – – – – – – –

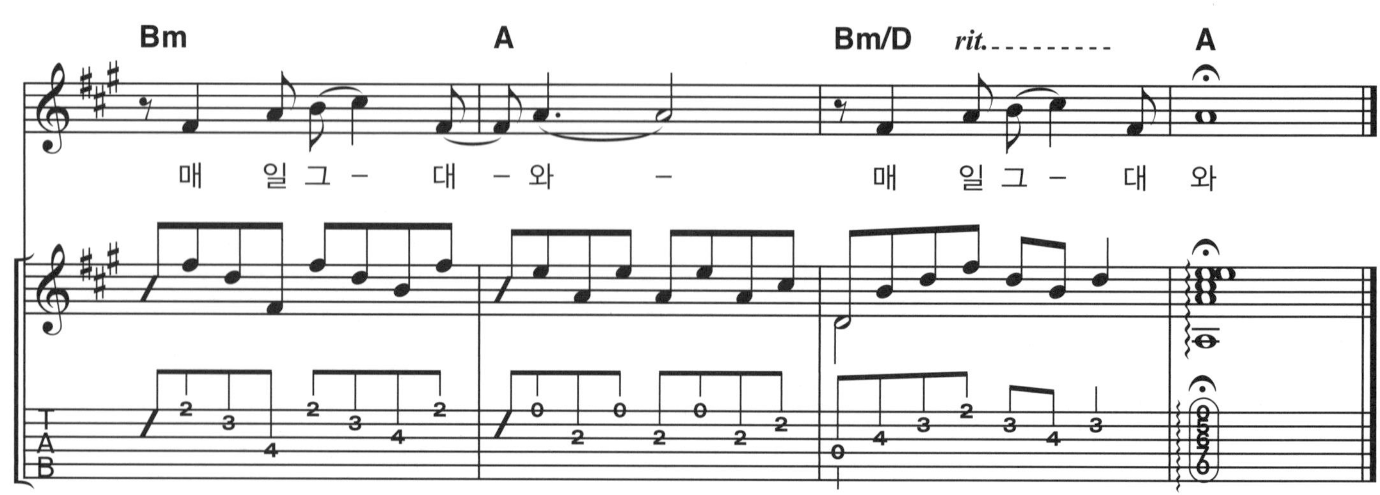
Bm
A
Bm/D
rit.
A
매 일 그 – 대 – 와 – 매 일 그 – 대 와
T
A
B

아메리카노

앨범「10cm 싱글 아메리카노」2010

권정열, 윤철종 작사 · 권정열, 윤철종 작곡 · 10cm 노래 · 이정선 편곡

● 템포가 ♩= 166 정도로 빠른곡이라 기타 반주를 하기가 엄두가 나지 않겠지만, 몇가지 패턴을 천천히 익히고 나면 반주에 도전하고 싶을 것입니다.

● 인트로(Intro)는 악센트 부분만 코드 소리를 내고 나머지 부분(로 표기)은 뮤트시켜서 연주합니다.

로 불규칙하게 들리지만 연습을 하다보면 나름대로 질서가 느껴질 것입니다.

● A 부분은 4소절 반주 패턴이 반복됩니다.

E코드 부분에서

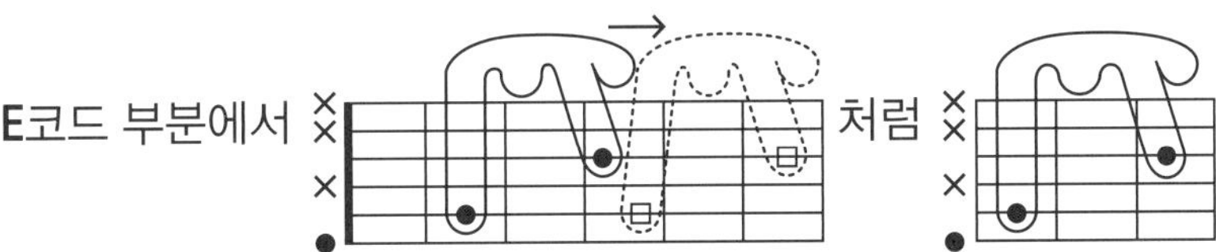

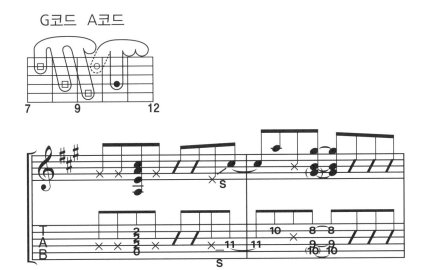

처럼

손가락이 계속 이동하는 중에도 6번선의 개방현이 계속 울리고 있는 것이 중요합니다.

● B 부분의 3,4소절 입니다.

G코드 A코드

7 9 12

● 전주 부분은

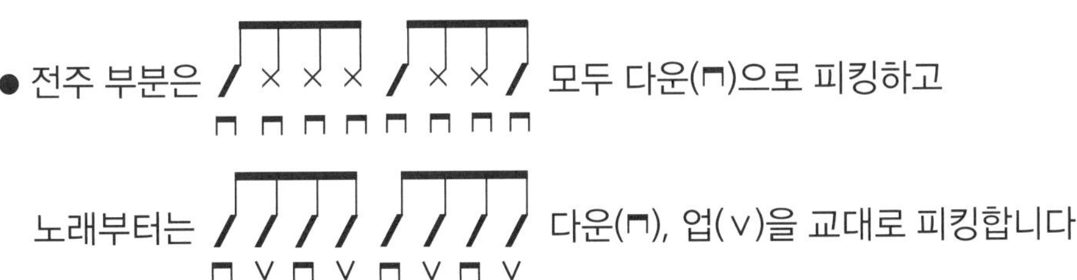

모두 다운(ㄇ)으로 피킹하고

노래부터는 다운(ㄇ), 업(∨)을 교대로 피킹합니다.

● A 부분의 연주는 의 코드 진행입니다.

Asus4 Asus4 Asus4 Asus4 Asus4
A A A A A A A A E

Moto

인트로
E
노래
아 메 아 메 아 메 – 아 메 아 메
반주
T
A
B

E
아 메 아 메 아 메 – 아 메 아 메 아 메 아 메 아 메 – 아 메 아 메 리 카

A
A
E
3 5 7 9
노 좋 아 – 좋 아 – 좋 아 –
아 메 리 카

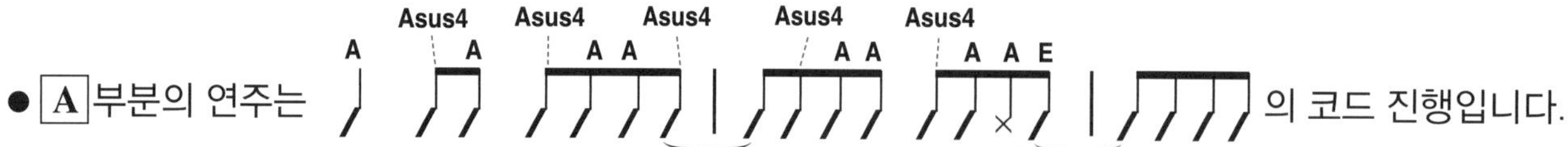

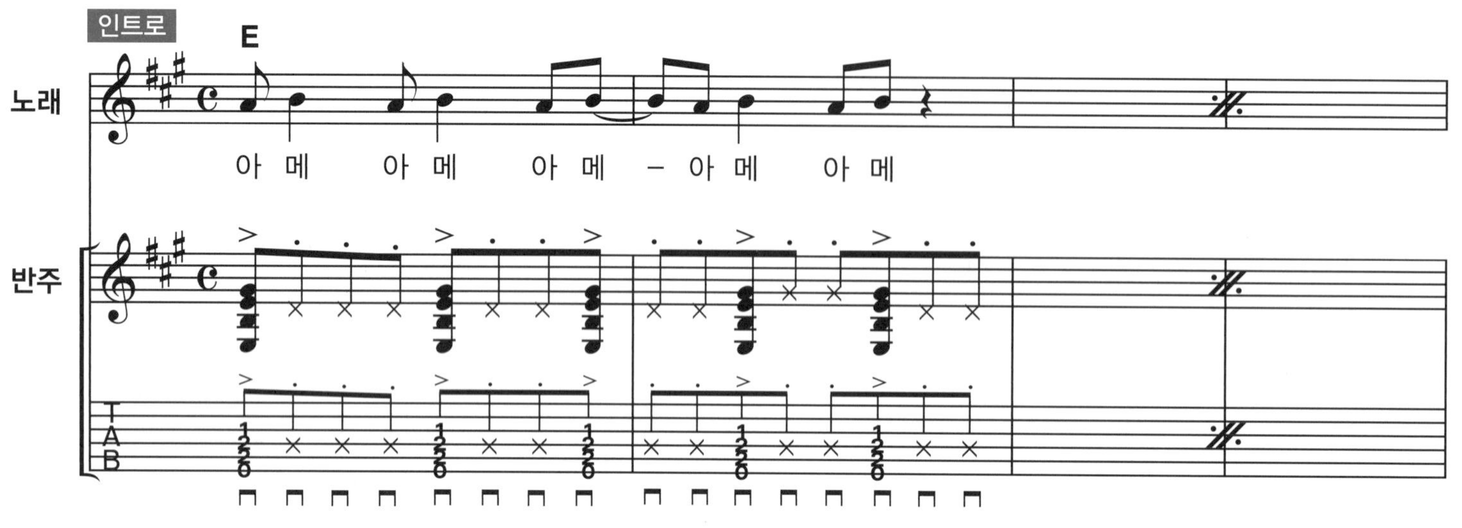

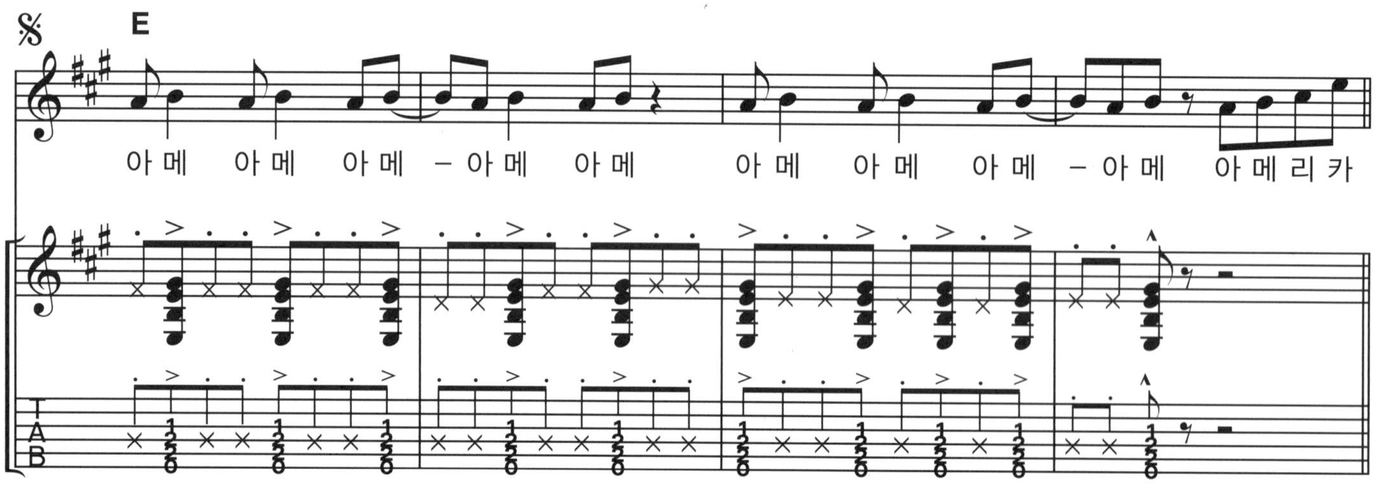

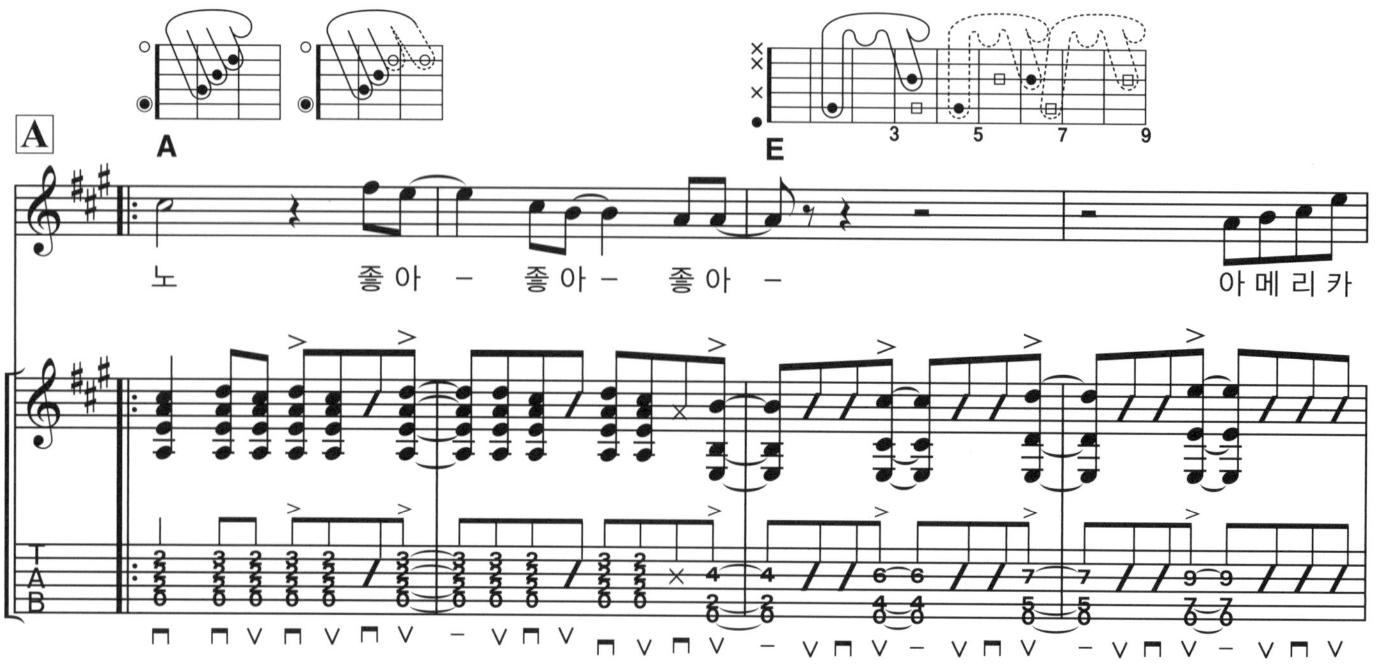

A
E
노 진해 – 진해 – 진해 – 어떻게하
노 깊어 – 깊어 – 깊어 – 어떻게하

A
E
노 시럽 – 시럽 – 시럽 – 빼고주세
노 설탕 – 설탕 – 설탕 – 빼고주세

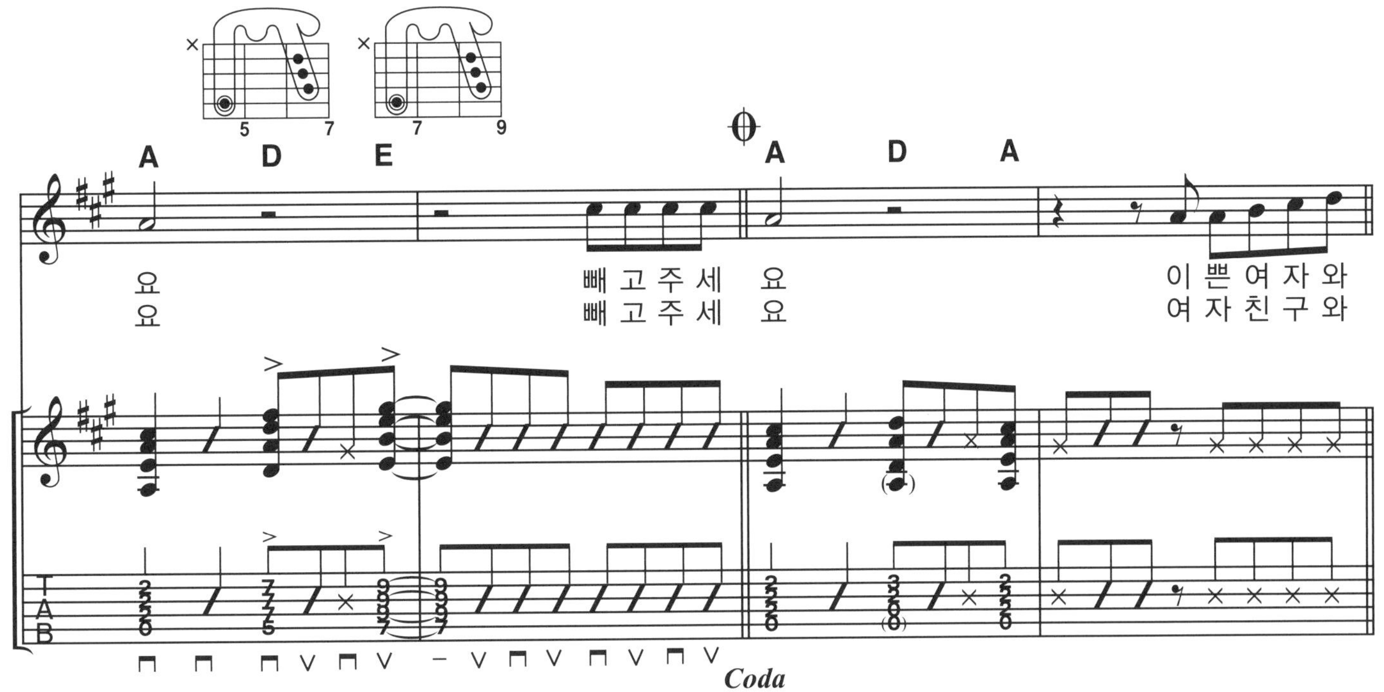
A D E
A D A
요 빼고주세 요 이쁜여자와
요 빼고주세 요 여자친구와
Coda

C♯m Cm Bm A G
담 배 피 고 – 차 마 실 때 – – 메 뉴 판 이
싸 우 고 서 – 바 람 필 때 – – 다 른 여 자 와
C♯m Cm Bm A G
복 잡 해 서 – 못 고 를 때 – 사 글 세 내 고
입 맞 추 고 – 담 배 필 때 – 마 라 톤 하 고
C♯m Cm Bm A
돈 없 을 때 – 밥 대 신 에 – 짜 장 면 먹 고
감 질 나 게 – 목 축 일 때 – 순 대 국 먹 고
C♯m Cm Bm 1. E
후 식 으 로 – 아 메 아 메 아 메 – 아 메 아 메
후 식 으 로 –

E
2.E
아 메 아 메 아 메 – 아 메 아 메 리 카 아 메 아 메 아 메 – 아 메 아 메
D.S. al Coda
(No. Rep)
A D E A D E A D E
요 빼고주세 요(우) 빼고주세 요
후렴
E
아 메 아 메 아 메 – 아 메 아 메 아 메 아 메 아 메 – 아 메 아 메
E
아 메 아 메 아 메 – 아 메 아 메 아 메 아 메 아 메 – 아 메

No.
T
A
B
T
A
B
T
A
B
T
A
B
T
A
B

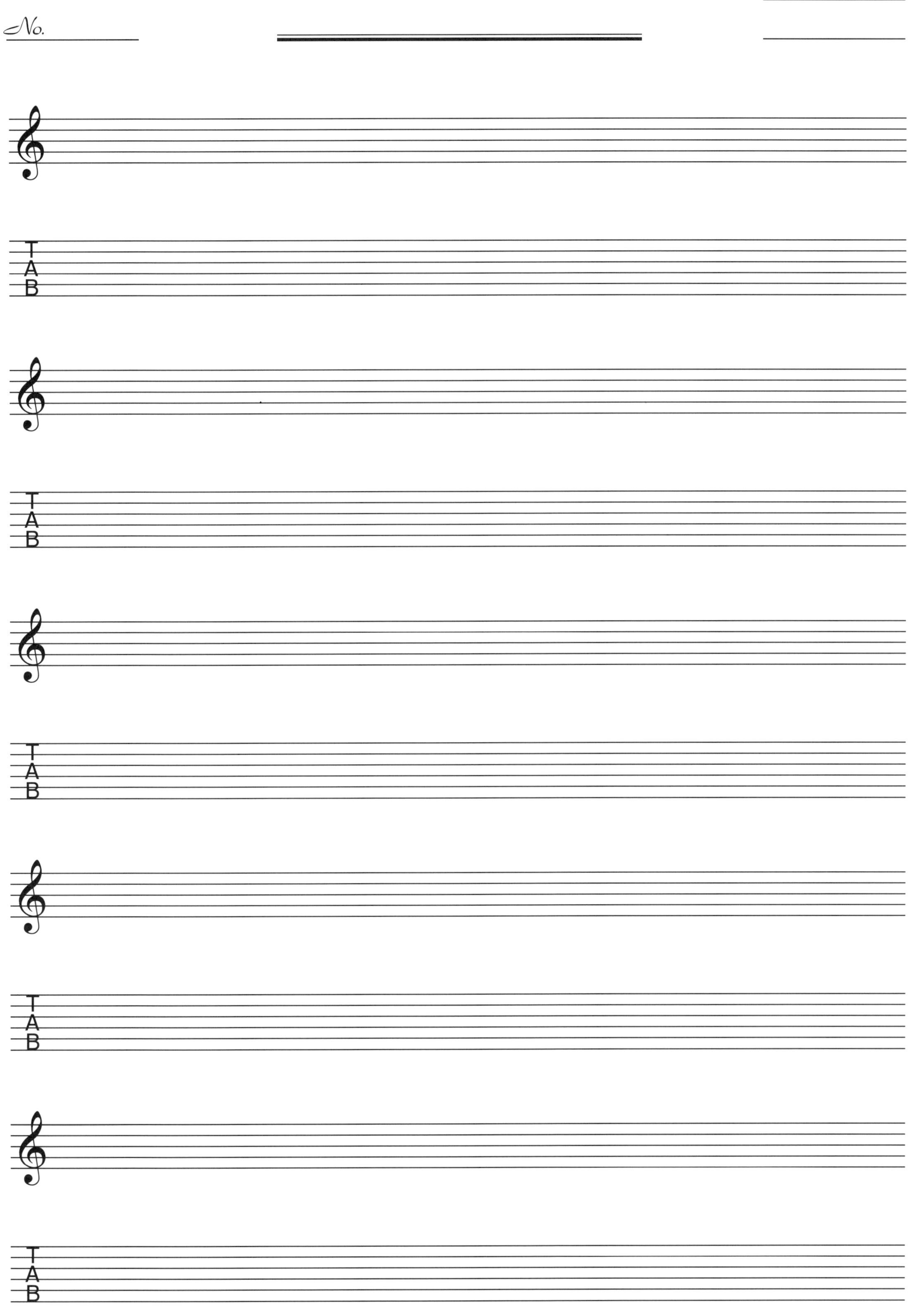
No.
T
A
B
T
A
B
T
A
B
T
A
B
T
A
B

개정판

이정선 기타교실 5

저자 이정선

발행인 정의선
이사 전수현
콘텐츠기획실 최지환
편집 배현정, 서보람
미술 강현희
기획마케팅실 사공성, 한은영, 장기석
제작 박장혁, 전우석

1쇄 발행일 2018년 8월 30일
3쇄 발행일 2024년 3월 15일

발행처 ㈜음악세계
출판등록 제406-2019-000124호
주소 경기도 파주시 Bookcity 171 ㉾ 10881
전화 영업 031-955-1486　편집 031-955-6996
팩스 영업 031-955-6988
홈페이지 www.eumse.com

ISBN 979-11-6680-533-2-14670
979-11-90801-28-7-14670(전 9권)